ノットワーキング

Knotworking

結び合う人間活動の創造へ

山住勝広　Katsuhiro Yamazumi /
ユーリア・エンゲストローム　Yrjö Engeström 編

新曜社

まえがき――ノットワーキングの可能性

ユーリア・エンゲストローム
山住勝広・訳

ノットワーキング（knotworking）は、多くの行為者が活動の対象を部分的に共有しながら影響を与え合っている分かち合われた場において、互いにその活動を協調させる必要のあるとき、生産的な活動を組織し遂行するためのひとつのやり方をいう。ノット（knot：結び目）という考え方が指し示そうとするのは、行為者や活動システムは弱くしか結びついていないのに、それらの間の協働のパフォーマンスが急遽、脈打ち始め、分散・共有され、部分的に即興の響き合いが起こってくる、ということである。協働でなされる仕事の中で、ノットは結ばれたりほどけたりするが、特定の個人や固定された組織がコントロールの中心になるわけではなく、ノットをそのような存在に還元することはできない。主導権のありかは、一連のノットワーキングにおいて、刻々に変化していく（Engeström, Engeström & Vähäaho, 1999）。

ノットワーキングが出現し広まっているのは、仕事や組織において進行している歴史的な変化と関連している。ヴィクターとボイントン（Victor & Boynton, 1998, p.195）は、協働の編成・配置（co-configuration）について書いているが、その中でこう述べている。「そこで会社は、製品をより個々のユーザーに対応したものとしていくために、この顧客 - 製品のペアと共にこれからも仕事を行っていく」。インターネットに媒介されたグローバルな生産の発展の中で、ノットワーキングのよりどころは、ますます「社会的生産（social production）」あるいは共同生産（peer production）と呼ばれるものにおかれていくだろう。そこでは、「何千というボランティアが複合的な経済プロジェクトで協働するために、集結するだろう」（Benkler, 2006, p.59; Tapscott & Williams, 2006 も参照）。

しかしながら、本書の各章が明らかにしているように、ノットワーキングはインターネットの影響に還元できない。それは、教育の諸機関（山住勝広論文、保坂裕子論文、山住勝利論文）、医療（ユーリア・エンゲストローム論文）、団地再生（平山洋介論文）、その他多くの活動の場（たとえば、細見和之論文）の中で、それらをめぐって起こりえるのだ。

ここでは三つの例を付け加えよう。バードウォッチングの活動（たとえば、Cocker, 2001; Obmasick, 2004）、スケートボーディング（たとえば、Borden, 2001）、そして国際赤十字や他の諸機関によって組織されているボランティアを基本にした災害救援（たとえば、Majchrzac, Järvenpää & Hollingshead, 2007: 本書の渥美公秀論文も参照）である。これらはまた「野火のような活動（wildfire activities）」とも呼べるだろう。なぜなら、それらは、ある場所から消えて無くなったかと思えばまったく別の場所で、あるいは同じ場所でも長い潜伏期間の後、急に出現して活発に発達するといった独特な能力を持っているからである。これらの活動の参加者は互いにコミュニケートし、対象（珍しい鳥、スケーティングに格好の場所、救助の必要な現場）に関する情報を広めるために、共通してモバイル・テクノロジーを使うけれども、それらの活動自体は携帯電話やインターネットよりもずっと古いものである。バードウォッチングには数百年の歴史があり、スケートボーディングは少なくとも１９７０年代初頭までさかのぼるものであり、赤十字は１８６３年に設立された。さらに、二つの特徴を付け加えねばならるまい。バードウォッチング、スケートボーディング、災害救援といった活動は、社会的な積極行動主義（activism）、仕事、スポーツ、アートを独特なかたちで結合している。そして、それらは、広大な起業の機会を提供しながらも自らは商業的な動機に支配されたものにはならず、完全な商業主義になることを絶えず拒み続けてきた。重要なのは、フォン・ヒッペル（von Hippel, 2005, p.93）が示しているように、こうした活動が、「ユーザーが自分自身でイノベーションを発達させたりテストしたり広めたりできるようにして、スピードと効果性」をラディカルに「高めていく」、パワフルなイノベーションのコミュニティを生成していることである。

私の見るところ、ノットワーキングはその媒体あるいは基盤として、やがて菌根（mycorrhizae: 菌糸と高等植物の根との共生体）のような形態を必要とするだろう（Engeström, 2006）。この形態に典型的なのは、それが厳格に定められたメンバーシップの基準を持たないことである。メンバーは、彼らの積極行動によって認定される。菌根は、草の根の活動家やクライアントや被災者から公認の専門家や研究者や起業家や代弁者に至るまで、非常に多様なメンバーを含むであろう。菌根は、生きた拡張的なプロセス（あるいは発達しつつある結合の質感）であると同時に、相対的に耐久性のある、安定化した構造でもある。つまり、メンタルな風景あるいは「心象風景（mindscape）」であるとともに、物質的なインフラストラクチャーでもある。この点、菌根は、カシンズ（Cussins, 1992）の「認知的形跡（cognitive trail）」やクノール - セイティーナ（Knorr-Cetina, 2003, p.8）の「流れ構造（flow architecture）」に似通っている。クノール - セイティーナは「流れ構造」をこう特徴づけている。「再帰的な調整の形態であり、性質上、フラット（非階層的）なものである。ところがそれは、同時に、物事の包括的な概観、すなわち熟考され推定された全体的な文脈と関わり合いのシステムにも、もとづいている」。

ヘルシンキ大学活動理論・発達的ワークリサーチセンターでは、スィルタラ、フリーマン、ミィエティネン（Siltala, Freeman & Miettinen, 2007）が最近、オープン・ソース・ソフトウェアのプロジェクトが、ますますハイブリッドな形態によって具体化されていることを明らかにした。オープン・ソースのボランティアや活動家が、伝統的な会社と協働している。垂直的な構造との共生関係は、水平的なノットワーキングの菌根がサヴァイヴするためには必要であるようだ。このことが意味するのは、ノットワーキングが、異なる世界の間を運動するものでもある、ということである。それは、根本的に異なりしばしば衝突するようなロジックに従う諸活動の間で、その境界を横断していくのだ。

ここでスケッチしたノットワーキングの可能性は、未来志向の作業仮説と理解されるべきものである。それは、協働の研究と討論への、開かれたいざないなのである。

目次

第2章　拡張的学習の水平次元——医療における認知的形跡の編成

ユーリア・エンゲストローム
山住勝広・訳　107

第Ⅱ部　即興・多声・記憶のノットワーキング

装幀＝クリエイティブ・コンセプト

序章

ネットワークからノットワーキングへ
――活動理論の新しい世代

山住勝広

1 活動理論――教育・学習・発達研究の新しいパラダイム

(1) 社会変化の中の活動理論

今日、仕事や組織の社会的実践活動は、大量生産のパラダイムから、組織間のネットワーク、コラボレーション、パートナーシップの構築といった、新しい形態へと急速に変化している。それにともない、人間の教育・学習・発達の領域でも、新しいパラダイムが求められている。学校や仕事の中で創造的な活動を生み出し、人々が自らの未来を自らの力で形成していく主導的な担い手となるような学習とは何か。来るべき社会の新たなかたちを展望しつつ、こうした問いに応答し挑戦していくことは、教育・学習・発達研究の現代的なテーマである。

本書は、歴史的に確立されてきた仕事・組織・文化・制度の間にある境界を横断していく人間活動の新しい形態に注目して、そうしたコラボレーションを創り出す人々の学習の潜在力や挑戦を発見しようとしたものである。この意味において本書は、学習の新しい理論を求めるものである。学習理論は、伝統的に、学習を「人間の行動や認知における永続的な変化」としてとらえてきた。しかし、それは、形式的な「実験室」や「教室」、「標準テスト」の内部に閉ざされたものでしかなかった。本書が主題とする「学習」は、人々が生活の新たな形態を探し求め、格闘しながらそれを生み出していく、現実的な生活世界における学習である。本書が提案しようとする学習は、自らの生活や未来を形成していく主導的な役割を、自らが担っていくためのものであるからだ。

このような学習のための教育はまた、教室の中にカプセル化されたものではない。教育の営みは、現実の人間活動、すなわち人々の生活世界を実際的に組織化する上で必要不可欠なものと考えられるのである。本書では、こうした広い意味での教育の実践を探究していく。そうした教育は、ひとつの正解を上から教えていくような、あの「教室」に閉ざされた、父権的《パターナリスティック》な教育ではない。本書が探し求めたのは、自由で創造的な学習のために、人々の多様な社会的実践の中に分散＝共有されている教育の働きなのである。

「文化・歴史的活動理論（cultural-historical activity theory）」（以下、活動理論という）は、人間の「活動システム（activity system）」の文化・歴史的発達に関する理論である[1]。それは、人間の多様な活動（たとえば、学校、科学・技術、文化・芸術、仕事や組織、コミュニティなど）を分析し、かつそれを新たにデザインしていくための理論的枠組みといえるものである。

本書では、活動理論を教育・学習・発達研究の新しいパラダイムとしてとらえている。なぜなら、活動理論は、人間活動のシステムに関するコンセプト、モデル、ヴィジョン（理論、信念の集まり）の探究にもとづいて、人間活動の諸分野における実践者の革新的な協働の学習へ「介入（intervention）」していくことを通して、人間活動の新たな形態を創造していこうとするものだからである。「人間の発達とは、新しい社会的活動システムの真の生産にほかならない」（エンゲストローム 1999, p.211）。活動理論は、「人々は自らの周りの状況を変えることによって、いかに自分たち自身を変えることができるのか」（p.i）という問いにアプローチする、人間の協働的な創造活動、学習、そして発達の理論であり、教育の研究と実践に関する新しいパラダイムといえるものなのである。

ハリー・ダニエルズ（2006）は、『ヴィゴツキーと教育学』の中で、レフ・ヴィゴツキーの理論を今日の人間の学習と発達の研究に生かそうとする活動理論が、次のような根源的な問いを差し出すものであると述べている。

……人間は自らの発達の途上において、自身を形作る積極的な真の力をも、自ら積極的に形作るのだ……。こうした媒介モデルは、個人や個人を超えた要因の影響を相互に含んでいる。それは、人間の学習

［1］「活動理論」について詳しくは、コール（2002）、ダニエルズ（2006）、エンゲストローム（1999）、Engeström（2005a）、Engeström, Lompscher & Rückriem（2005）、山住（1998, 2004, 2006）、Yamazumi（2005, 2006a, 2006b）、Yamazumi, Engeström & Daniels（2005）を参照されたい。

と発達の諸過程に介入していく可能性を私たちが発展的に理解しようとさまざまに試みるとき、その中心に置かれるべきモデルである。また、このモデルは多くの教育者に〈教育〉の理解を発展させる重要なツールを提供している。大切なことは、この理論的な仕事の中身こそ、所定の知識やスキルを対面的にやり取りしたり、たんに伝達したりすることをはるかに超え、授業と学習の過程を省察していくような〈教育〉的な想像力を開いたり、むしろ迫ったりすることにある。(ダニエルズ 2006, p.2)

人間は、自らの認知や感情の創造に、自ら能動的に働きかけていく存在である。活動理論が探ろうとするのは、自らの生活や未来を自ら創造していく人々の能動的な活動であり、その中でこそ立ち現れてくる教育であり、学習であり、発達なのである。

(2) サンポを探して——歴史への関与と未来への実践

活動理論は人間の行為や実践を分析し理解する枠組みを提供する。それは何よりも人間の行為を文化的な人工物(cultural artifact; ツールや記号、言語やシンボル、コンセプトやモデルやヴィジョン、テクノロジーなど)に「媒介された行為」「対象に向かう行為」としてとらえる。

活動理論が概念化する「活動」とは、環境の中の「対象(object)」、いわば目的や動機に向かっていく諸行為が連鎖し連関する構造のことである。「活動」とは文化的・歴史的・社会的・制度的に構築される、人間の行為と実践の形態のことなのである。「活動」は、私たちの生活を組織化する。

このように活動理論では、「活動」が人間の社会生活の統合的単位、目的や対象に動機づけられた人間の社会的な日常行為の単位であると見なされる。「活動」とは「対象に向けられた活動（object-oriented activity）」である。

活動理論の知的伝統において、その基盤となるものを創設したのは、レフ・ヴィゴツキー（Vygotsky, 1978）、アレクセイ・レオンチェフ（Leont'ev, 1978）、アレクサンドル・ルリア（Luria, 1979）ら、いわゆるヴィゴツキー学派が、１９２０年代、ロシア革命後に行った仕事である。ダニエルズ（2006）は、そうした理論的な仕事が、彼らが生きた時代や社会に対する彼ら自身の応答であった、としている。

> それら（ロシア革命という社会の急速かつ激烈な変動期に練られたヴィゴツキー学派のアイディア——引用者注）は、「教育学的に無視された」ような子どもたちの国家的な教育システムの開発に携わっていた人々によって発展させられた（Yaroshevsky, 1989, p.96）。こうした子どもたちのグループには、当時きわめて多数にのぼった孤児たちも含まれていた。そして、特別な支援を必要とする子どもたちである。１９２４年7月、28歳のレフ・ヴィゴツキーは、公教育人民委員会（People's Commissariat for Public Education）勤務となった。彼は、これまでの教育文化のあり方そのものが深い転換を必要としており、それはロシアで起こった新しい社会環境のもとで可能である、と論じた。彼は、あらゆる学習者のための新しい〈教育〉の開発に彼や他の人々が使うことのできるツールとして、心理学理論を創造しようとした。（ダニエルズ 2006, p.3）

このように、活動理論は、その始まりから実践を基盤にした理論であったし、そのことを通して、歴史へ積極的に関与することを理論の特徴としてきたのである。

それでは、私たちの時代において、活動理論はどのような歴史的な激動にコミットし、どのように新しい世代へ向かおうとしているのだろうか。同じくダニエルズ（2006）はこう言っている。

私たちもまた、急激な社会変化の時期を目の当たりにしている。コミュニケーションの手段とパターンの転換が労働市場や社会的諸関係の基本的な変化の中心である。こうした変化は、授業と学習に対する新たな要請を生み出してきた。また、授業と学習の新しい可能性ももたらしている。そのさい、私たちの学校時代に実践されたような教育の通念や「常識」はもはや適切でないかもしれない。（ダニエルズ 2006, p.3）

また、ユーリア・エンゲストローム（Engeström, 2005a, pp.9-10）は、仕事や組織のあり方そのものが激変する中で、人々の無力感が増している、という歴史的な混迷を論じる。

エンロンやパルマラットのような巨大な私企業では、違法性を帯びた富に対する強欲や金融上の投機、その結果としての資源破壊が、先例のない規模に達している。マネージメントのリズムは、株式市場の素早い動向に左右され、長期的なプランニングや開発を退けるようになってきた。資本が安価な労働力と利益のあがる市場を求めてグローバルに移動するにつれ、おびただしい数の職場が一夜のうちに姿を消していく。産業界の全般にわたる新自由主義的な政策は、公共サービスや社会的なセーフティーネットを、民営化し解体している。

これらの現象は、グローバリゼーション、あるいは金融化と呼ばれるだろう。活動理論の用語でいえば、それらは新しいタイプの「流動化する対象（runaway objects）」の出現を示している。グローバルな市場それ自体、そうした統制不能の巨大な対象である。同様に、ツールとしてあった情報システムは、広く行き渡った監視や指揮命令のシステムへと転回した。崇高なよき対象、たとえば医療や司法や学習といったものでさえ、怪物のような所産を生み出している。伝染病、包括的でなく複雑に混み入った法的ルール、学習成果という名の下に命じられ、いちかばちかで行われるテスト、などのように。（Engeström, 2005a, p.10）

たしかに、私たちは、グローバルに「流動化する対象」、もはや統制不能であるかのように暴走する、巨大な対象に対する無力感が蔓延する時代に生きている。しかし、私たちの仕事を動機づけ、よりよい未来のヴィジョンを生み出すのもまた、活動の対象なのである。活動理論の枠組みにおいて「対象」は、内的な動機を外的な活動へ転換する役割を果たしている。つまり、それは、「何を（what）」、「何のために（why）」という活動の目的を生み出すのだ。また、その拡張が活動形態の転換と新たな創造を可能にするのである。

医療の活動を例にしてみよう。ひとりの患者が医師の診察室に入ってくる。このとき患者は、何よりも生物医学的な疾病の分類によって理解されるかもしれない。たとえば、この患者は糖尿病である、といったように。これは疾病の一般的な範疇の現れとして患者を対象化するものである。しかし、もしたんなる疾病の分類を超え、患者のライフ・ヒストリーや生活状況を理解するならば、対象化のしかたは明らかに異なってくるだろう。なぜなら、そうした対象化では、生物医学的な疾病のカテゴリー以外に、社会的・文化的・歴史的な意味やアイデンティティが構築されるからである〔2〕。

また、たとえばその患者が糖尿病以外に心臓病も併発しているならば、複数の相異なる診療機関の間でコーディネートされた治療計画が求められるだろう。この場合、活動の対象は、複数の相異なる医療機関の間で協働的に構築されたものへ拡張していく。

エンゲストローム（1999）は、人間活動の鍵をこうした対象の構築に見い出しながら、資本制経済の社会における活動の根本的な矛盾に着目している。それは、「交換価値（exchange value）」と「使用価値（use value）」という、商品の価値形態が帯びることになる二重性に根ざしている。彼は、一例として、医師の仕事における次のような矛盾を指摘する。

たとえば、医師の仕事の道具として、多種多様な薬がある。しかし、それらはたんに有用な薬剤であるのではない。何といっても、市場に向けて製造され、利益をあげるために宣伝され販売される商品なのだ。すべての医師は、日常の意思決定において、たえずこの矛盾に直面している。（エンゲストローム 1999, p.94）

医療の改革は、患者にとってよりよい医療とは何かをめざしているだけではない。そこには必ず「市場に方向づけられた改革（market-oriented reform）」がともなっている。つまり、「使用価値」のみならず、コスト・パフォーマンス、費用対効果の問題といった「交換価値」が二重になって相互浸透しているのである。それらは相反するとともに、互いに依存し合ってもいる。

したがって、歴史への関与と未来への実践を特徴とする活動理論のミッションは、「『流動化する対象』の中に使用価値を再発見し、それを拡張すること」(Engeström, 2005a, p.10) にある。もちろん、今日、そうした「使用価値」をとらえること自体が難しくなってきている。しかし、それが消滅したわけではない。

エンゲストロームは、こうした「使用価値」の再発見を、フィンランドの国民叙事詩『カレワラ』[3]に登場する「サンポ (Sampo)」の物語になぞらえている (Engeström, 2005a, p.10)。「サンポ」とは、「これまで世界に存在しなかった奇跡の物体」であり、それを手に入れた者は「永遠の幸運、富、権

[2] コールとエンゲストローム (Cole & Engeström, 1993, pp.31-32) は、インタヴューを通して、医師たちが自らの仕事の「対象」をどのように概念化しているのかを探っている。そこでは、次のような仕事の「対象」と、それに対応した「病の理論」(〈 〉内に示す) が分析されている。

・「身体の病気」〈実在的、生物医学的〉
・「健康管理サービスの消費者」〈管理的、経済学的〉
・「患者の全体的な心身」〈精神医学的〉
・「患者の社会生活状態」〈社会医学的〉
・「協力者としての患者」〈システム的、相互作用的〉

こうした複数の相異なる対象化は、医師たちが自らの仕事の対象に言及するときの枠組みの差異にもとづいている。それらは、「専門性の考古学」と名づけられたアプローチによって、「専門性の歴史的な地層」、すなわち活動の多様で異質な歴史的次元を明るみにしているのだ。

[3] フィンランド東部とロシア北西部にまたがるカレリア地方に古くから伝わる口承詩にもとづき、エリアス・ロンロートが1835年に出版した長編叙事詩。

力を手にすることができる」という道具である（マキネン 2005, p.50）。
サンポ鍛造の物語では、ヴァイノラの国の鍛冶屋イルマリネンによる試行錯誤の末、炉の火から奇跡の物体サンポが現れるさまが描かれている。そして、物語は、ポホヨラの国に奪われたサンポを、ヴァイノラの主ヴァイナモイネンが奪還しようとする戦争へ移る。しかし、奪い合いの中でサンポは海に落ち、バラバラに壊れてしまう。サンポは失われた。けれども、サンポの破片が風にゆられ波に乗り、青い海面を岸に向かって漂っていく。

このときからサンポのかけらがカレワラの人々に幸せをもたらすようになった。ヴァイナモイネンはおごそかに歌った。

幸のはじまりだ
地面を耕し、種をまけば
豊かな恵みがもたらされる
幸せの太陽よ、スオミ［フィンランド］の広い畑を照らせ
（マキネン 2005, p.170）

エンゲストローム（Engeström, 2005a, p.10）は、このサンポ神話を、活動理論の視点から次のように解釈している。

サンポは、あらゆる対象の母である。……対象は、固定した素材以上のものである。それは鍛え造られねばならないものである。それは手を変化させる。それは情熱と闘いを生み出す。それはかけらのように未完成であり、再び集められるものである。それは捕えどころがない。けれども至るところにある。それは可能性の地平なのだ。言いかえれば、サンポは、どのようであれ、すべての生産的な活動のコアなのである。

(Engeström, 2005a, p.10)

くりかえせば、活動理論における「活動」は、「対象」とその新たな「使用価値」の創造へ向けられた「対象的な活動」である。したがって、その鍵となるのは、「何を」「何のために」という目的や動機へ向かっていく人間の「行為の主体性や能力」、すなわち「エージェンシー」[4]なのである。レオンチェフ（Leont'ev, 1978）は、活動理論の中心的な概念として、こうした「対象」がたんなる事物（thing）ではないことを強調している。活動の「対象」は、人々の欲求（need）が外部世界の実

［4］「エージェンシー」は、主体が自らの生活活動や未来を自らの力で構築し転換する能動的な働きを指す。また、そのように働く組織や機関を意味する。この意味でそれを「行為の主体性」あるいは「行為能力」と解することができる。エンゲストローム（Engeström, 2006, pp.2-5）は、活動理論による人間の「エージェンシー」への独自なアプローチを強調している。それは、外的な「人工物」を創り出したり使ったりして状況を再定義し、行為を外部からコントロールする、というヴィゴツキー的なアプローチである。ヴィゴツキー（Vygotsky, 1978, 1987, 1997）の発達理論は、「人間活動の自由」や「行為の自由」の発達に焦点化したものだ。そうした「行為の自由」の潜在力にこそ、「エージェンシー」は見い出されるのである。

在物と出会い、合流し、人々がそれを獲得していくとき、構築されるのだ。同時に、それは、個人が行為の「目標（goal）」にするものとも違う。「行為」は個人的なものであるとともに、短期的に「目標」が達成されれば終結する。それに対して「活動」は、欲求と実在物との出会いから「対象」を構築し、人々がそれを共有することを通して、集合的で協働的な諸行為の連関を相対的に長期にわたって創り出すのである。「対象」は、物質的形態であれ観念的形態であれ、「集合的に形成されるもの」（Foot, 2002）なのだ。それゆえ、エンゲストロームが言うように、「対象」は、集合的な活動の中で、個人の諸行為の「可能性の地平」を定めているのである。このように、「対象」は人々によって社会的に獲得されるものであり、かつ育成されるものである。

たとえば、私（Yamazumi, 2001）は、1995年1月17日の阪神・淡路大震災の後、神戸の高校で実践された「被災地を歩く」という学習活動を活動理論的に分析した。この教育実践は、震災で犠牲になった死者を含む被災者との関係に端を発するものだった。つまり、教師と生徒による一連の経験は、彼や彼女に深い傷痕を残す強烈な被災体験に対し、「私たちに何ができるのか」を問うことから始まった。この実践は、学習活動の形成が、その「対象」や「使用価値」を集合的・協働的に構築し新たに定義していく、共有の過程そのものであることを強く示している。それは、短期的な目標を個人的に達成する、バラバラの諸行為ではなく、「対象」を獲得すること、そして／あるいは育むこと（新たな「使用価値」を再発見・再創造すること）へ向けられた「学習活動（learning activity）」といえるものである。

サンポを探すこと。言いかえれば、仕事の対象を再度、拡張的に鍛造すること。それが歴史への関与と未来への実践を特徴とする活動理論のミッションである。活動理論の新しい世代は、グローバルな社会正義の樹立、絶望的な経済格差の是正、マイノリティの権利の擁護、エコロジカルな持続可能性など、今日の私たちが直面する複雑で多様な地球規模での危機への対処をテーマに、対象を拡張的に練り直すという「サンポを探す旅」に漕ぎ出すものとなるだろう。

（3）活動理論の新しい世代

エンゲストローム（Engeström, 1995, 1996b）は、活動理論が「三つの世代」を通して発展してきたと説明している。

第一世代は、ヴィゴツキー（Vygotsky, 1978）に代表される。彼は、人間行動を対象に向けられた行為ととらえ、その発達が何よりもツールや言語、シンボルやアイディアやテクノロジーといった「文化的人工物」の創造と使用に媒介されていることを明らかにした。このアイディアは、図序‐1の有名な三角形モデル「媒介された複合的な行為」に具体化されている（Выготский, 1930/1984, p.63）。それは、一般に、〈主体―媒介手段―対象〉の図式、すなわち「主体」、「対象」、そしてそれらを媒介する「文化的人工物」からなる三つ組で表される三角形図式である。ここにおいて、人間行動を「文化や歴史に媒介された社会的実践活動」として理解する道が切り拓かれたのである。しかし、その限界は、分析単位があくまでも孤立した個人の行為に留まっていることにある。

第二世代は、レオンチェフの活動理論に始まる。彼の「活動」概念の革新性は、活動に「分業」や

「協業」という新たな要素を関係づけ、対象に動機づけられた活動が個人の次元ではなく集合的な次元において成立することを示したところにある。レオンチェフは、個人的行為と集合的活動との重大な差異を明確にしたのである。それは、『活動・意識・人格』（Leont'ev, 1978, pp.62-63）の中で、「原始時代の集団狩猟」を例にして説明されている。

集団の狩猟活動の場合、メンバー間で分担された、直接の目標や課題ごとの個人的行為（たとえば勢子の役割や最後に獲物をしとめる行為など）が見い出せるが、それらは決してバラバラのものではなく、全体として連関している。すなわち、間接的な次元において集合的活動が実行されているのである。このような集合的活動は、実のところメンバーの個別行為を超え、それに間接的に意味を与える、より高次な文脈である。狩猟活動の場合、「食物や衣服を獲得し生存していくこと」といった、メンバーに共有されている活動の「動機（motive）」が、そうした文脈を形成する。

第二世代の活動理論は、このように、「分業」と「協業」という要素を活動の概念に組み込み、活動の集合性をとらえ、その背後に「動機」が存在しており、活動は「動機」によって方向づけられることを明らかにしたのである。

しかしながら、レオンチェフに代表される第二世代において、ヴィゴツキーのモデル（図序-1）が「集合的活動のモデル」へ明確に拡張されることはなかった。これに対してエンゲストロームは、二つの先行世代が切り拓いた人間活動に対する理解、すなわち集合的であり、人工物（ツールや記号、コンセプトやテクノロジー）に媒介され、対象（目的・動機）に向かっていく「活動」という理解を、システム的なモデル化へ発展させている。図序-2のような「活動システム」のモデルである。ここに

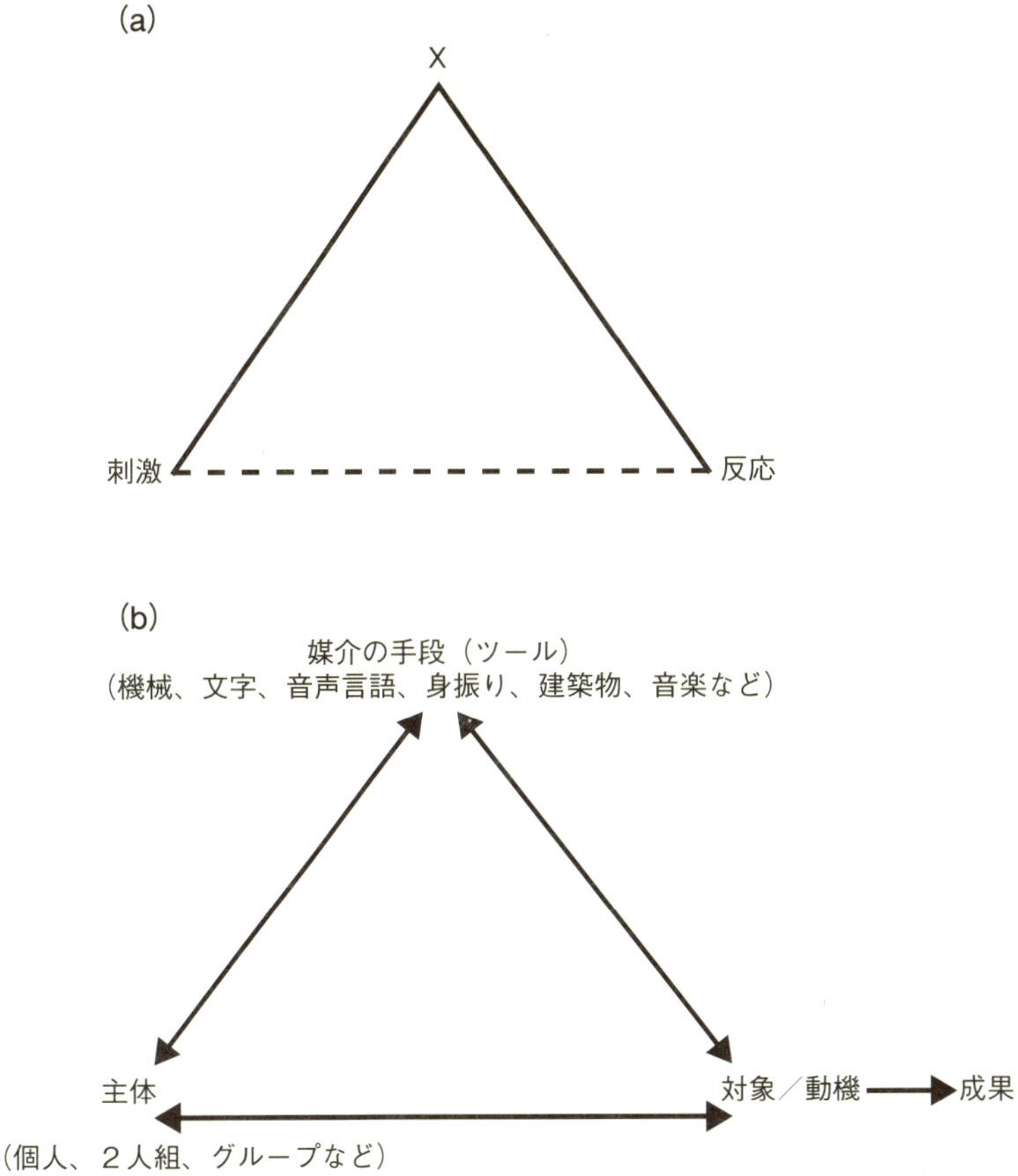

図序 -1　(a) 媒介された複合的な行為のモデル (Выготский, 1930/1984, p.63) **と (b) その一般化**

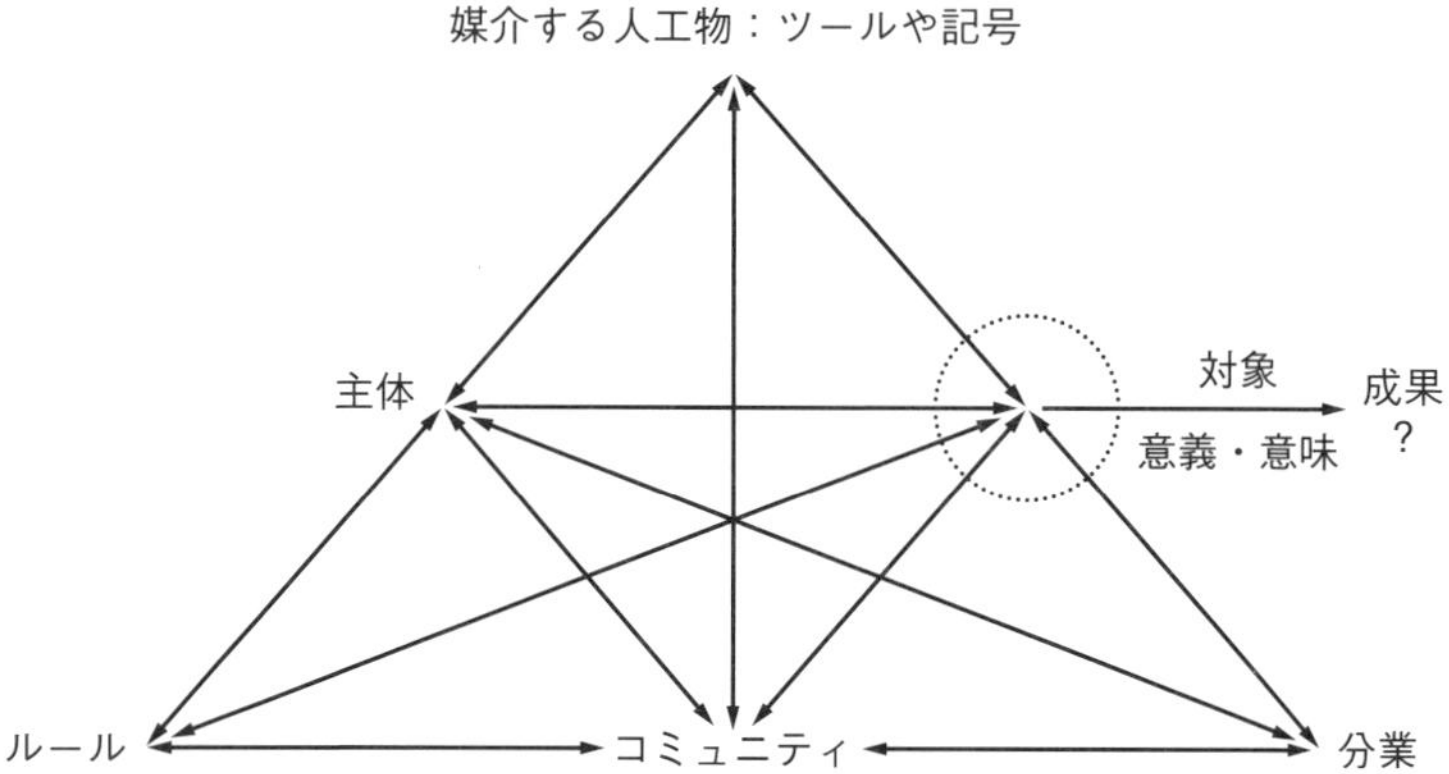

図序－2　集合的活動システムのモデル
（エンゲストローム，1999, p.79 を修正）

おいて、「人工物」「コミュニティ」「ルール」「分業」に媒介された「対象的な活動」のシステムがモデル化されたのである。マイケル・コール（2002）は、次のように説明している（引用文中にある「共同体」は「コミュニティ」、「規則」は「ルール」のことである）。

> この図の頂点に、……基礎的な主体・媒介物・対象の関係がある。これは、対象に対してはたらきかける行為を介して主体が対象を変換する媒介行為の水準である。しかし、行為は、三角形モデルの底部にある他の成分との関係においてのみ「そのようなものとして」存在する。共同体とは、同じ一般的な対象を共有する人々である。規則とは、活動システムのなかで行為を制限している顕在的な規範や慣習である。また労働の分業は、共同体の成員間での対象に向けられた行為の分業を意味している。活動システムのいろいろな成分は孤立しては存在せず、人間生活の結果や原因として恒常的につくりだされ、更新され、変換される。（コー

ル 2002, pp.194-195）

こうした集合的活動システムのモデルは、人々の認知・学習・思考・感情・意思が文化に媒介された活動システムの文脈の中で生起する社会的・歴史的過程であること、人間の精神や意識が活動システムの中で状況化され分かち合われていることを明らかにする。つまり、人間の学習は集合的活動によって達成されるのであり、学習は活動システムの中にあるとともに活動システムについて学習することなのである。

「分散認知」（Hutchins, 1991）、「状況的学習」（レイヴ & ウェンガー 1993）、「文化心理学」（コール 2002）、「実践コミュニティ」（ウェンガー、マクダーモット & スナイダー 2002）、「学びの共同体」（Sato, 2005）、「知識構築コミュニティ」（Oshima, 2005; 大島・野島・波多野 2006）など、人間の学習に関して近年めざましく発展してきた研究とならんで、活動理論は学習理論の新たな潮流といえるものである。これらの理論は、人間の学習が諸個人の間、コミュニティの内部、さらには異なるコミュニティ間の相互作用や協働の中で生まれることに焦点化している。こうした新しいパラダイムは、過去20年間を通じ、日本における教育研究に大きなインパクトを与えてきた。

こうして、活動理論は、集合的な活動システム（すなわち、「主体」「対象」「媒介人工物」「ルール」「コミュニティ」「分業」からなる人々の社会的・協動的実践活動の構造的・形態的な単位）の文化・歴史的発達を分析するとともに、新たにデザインする枠組みとなった。ヴィゴツキー、レオンチェフ、ルリアら、ロシアの「文化・歴史学派（cultural-historical school）」[5]によってその基盤が創られた活動理論の中心命題は、コール（2002）の言うように、「人間の心理過程の構造および発達は、文化的に媒介され、歴史的に発達する、実践的な活動を通して現れる」（p.149）というものだ。ただし、ここで注意しなければならないのは、コール自身指摘するように、「精神における文化の文化 - 歴史的分析に活動の制度的な文脈を含めること」（p.474）である。これはどういうことだろうか。

活動理論は人間の行為や実践を文化的実践と見る見方を提起している。それは、限定された目標や課題の達成へ線形的に向かう「目標指向的な行為（goal-directed action）」とは区別される。そうした行為は、短期的な効力しか持たない。対して、文化的実践は、学校の教育活動や病院の医療活動のように、独自に区別される活動システムが長期的に持続する歴史的な実践として特徴づけられる。それらの活動システムは次のような文化的実践としての特徴を有している。

実際、たとえば学校や病院で行われているような活動システムは、見かけでは単調でくりかえしの多いやり方で、再三再四、人々の類似した諸行為や諸結果を再生しているかのようである。こうしたやり方が、人々の行為に見かけ上抗しがたい性質の文化的制約を課している。（Cole & Engeström, 1993, p.8）

人間の行為や実践を分析し新たにデザインしていくとき、基本の「単位」になるのは、「活動システムの全体」である。この場合、集合的活動システムのモデルでは、人間活動の文化的・歴史的文脈とともに、社会的な「制度的文脈」がとらえられねばならない。

活動システムのモデルでは、人々の間の社会的なルールやコミュニティや分業といった要素が織りなす「制度的文脈」がとらえられる。そのことによって、学校であれ病院であれ、「所与の客観的文脈」を人々の行為や実践から無縁のアンタッチャブルな独立変数にしてしまわないのである。そうした「制度的文脈」は歴史的に構築されたものであり、不変の所与でも記述不能でもない（Engeström, 1993, p.66）。人間の行為や実践への活動理論的アプローチに独自な特徴は、ここにある。つまり、「制度的文脈」を射程に収めた活動システムのモデルによって、「制度的文脈」の分析にもとづきながら、その変化や発達を積極的にデザインする、ということである。

活動理論の第三世代は、以上二つの先行世代を拡張し、活動理論の新たな潜在力を開拓しようとするものである。それは、先行世代の限界といえる単独の活動システムへの限定を超え、文化的に多様な複数の相異なる組織（たとえば、学校と職場）の間の相互作用、ネットワークやパートナーシップ、対話や協働を分析し新たにデザインすることに向かっている（参照、Engeström, 1995, 1996b, 2001, 2005a; 山住 2004, 2006; Yamazumi, 2006a, 2006b; Yamazumi, Engeström & Daniels, 2005）。活動理論の新しい世代は、先に述べたような人間の活動、仕事や組織、学習と発達の生成しつつある新たな形態に呼応するものだ。また、多数多様な「声」（周囲世界や自らに対する見方やとらえ方や立場、生活様式）に対する理解を活動理論的に発展させるものでもある。

［5］いわゆる「ヴィゴツキー学派」である。人間発達の「文化・歴史的理論」の創設者といえる三人は「トロイカ」と称されたりもする。ロシアにおける「文化・歴史的理論」の基本的な特徴や発展については、山住（1997, 1998）を参照されたい。

出現しつつある活動理論の第三世代は、最小限二つの活動システムの相互作用を分析単位にする。このことは、組織間での学習（inter-organizational learning）の挑戦と可能性に対する研究努力へ私たちをいざなうのである。（Engeström, 2001, p.133）

エンゲストローム（Engeström, 2001）は、こうした第三世代の新たなパースペクティヴを、図序－1の集合的な活動システムのモデルを発展させながら、「最小限二つの相互作用する活動システム」として、図序－3のようにモデル化する。

二つの活動システムが対象1から両者の「対話」を通して対象2へ拡張する。この拡張によって、双方の対象は近づき部分的に重なり合うことになる。この越境的な対象の「交換」において、新しい対象3が立ち現れてくる。そして、そうした「第三の対象」は「変革の種子（seed of transformation）」を生み出していく。つまり、新たに立ち現れてくる「第三の対象」が、それぞれの活動システムへフィードバックされることによって、もとの活動システムを変革していく原動力が生まれるのである。

今日、活動理論は、第三世代への発展の中で、複数の相異なる組織やコミュニティの境界線上に、部分的に共有された「第

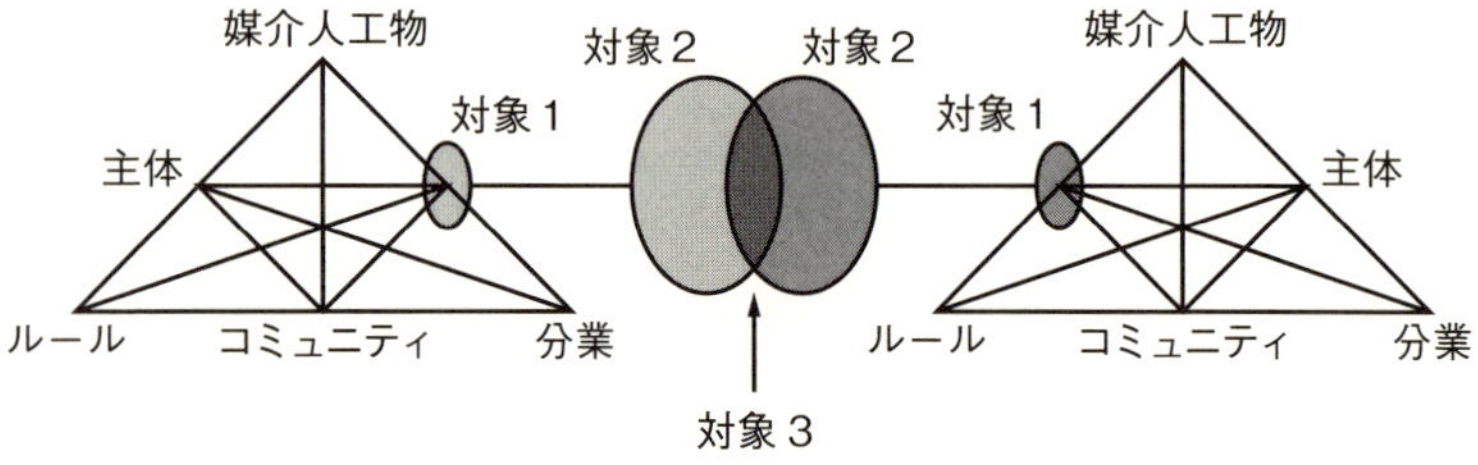

図序－3　第三世代活動理論のための「最小限二つの相互作用する活動システムのモデル」
（Engeström, 2001, p.136）

三の対象」を生み出し、「相互作用する活動システム」をデザインすることによって、新たな社会的・協働的実践活動を発展させようとしている。こうした人間活動の新たな形態は、横断的に拡張され共有された対象へ向かう「多重化する活動システム（multiple activity systems）」と表現できるだろう。

このように、第三世代活動理論は、異なる多様な組織やコミュニティの間で可能な限り対話や相互作用やネットワークを促進し、組織やコミュニティの壁や垣根を超えた水平的運動を実現しようとするものである。そこで鍵となる概念は、異なる多様な組織やコミュニティの間で促進される相互作用やネットワークや水平的運動、すなわち「越境（boundary crossing）」であり「連合（association）」であり「翻訳（translation）」なのである。こうした枠組みは、また、メンバーやコミュニティの発達に関する新しいとらえ方をもたらすものとなろう。それは、エンゲストローム（Engeström, 1996a）によって定式化されている、次のような「発達理論の三つの挑戦」に関連する。

（1）習得の穏当な達成 vs. 古きものに対する部分破壊的な拒絶
（2）個人の変容 vs. 集合体の変容
（3）レベルを上がっていく垂直的運動 vs. 境界を横切っていく水平的運動

発達心理学における「発達」は、伝統的には「進歩」に関するものである。そこでの「発達」は、単線的な「段階」を上がっていくこととして静的にイメージされている。つまり、ある設定された目的（telos）に向かって上の段階をめざし、「より有能である」ことへ向けて一直線に歩んでいく姿、いわば「垂直的」な上達や熟達を遂げていく姿として人間の成長がとらえられているのだ。現在、このような伝統的な「発達」概念は、それを「ひとつの階段」ではなく、異なった（ただし相互に依存する）方向に「枝分かれしていく木」のようなものと見なしていく考え方によって批判されている（参照、Wertsch, Tulviste & Hagstrom, 1993, p.351; 山住 1998, pp.146-149）。

人間発達を「境界を横切っていく水平的運動」の中に新たに見い出していくことは、第三世代活動理論の課題でもある。第一・第二世代が歴史や発達の垂直次元に焦点化したとすれば、第三世代はそれとともに水平次元にもアプローチする。そこでは、「文化的多様性」「多声性（multivoicedness）」「対話」「相互作用する活動システムのネットワーク」「越境」「接触領域（contact zone）」「第三の空間（third space）」といった概念を用いて、人間発達をダイナミックに生成していく活動システムの水平的拡張が探られることになる。たとえば、「接触領域」は、学びと発達が、違った文化を背景にした人々や観念が出会い、ぶつかり、合流するとき、重要なものとなって起こる、という考えを示している[6]。また、「第三の空間」（Gutiérrez, Rymes & Larson, 1995）は、公式の規範的なスクリプトとそれに対抗する非公式のスクリプトが矛盾し競合しながらも、その二分法を崩し即興的に新たなスクリプトや空間を生み出すことをいう[7]。こうした第三世代活動理論の概念的枠組みは、図序-4のように整理できるだろう。

（4）ユートピア的であること、実践的であること

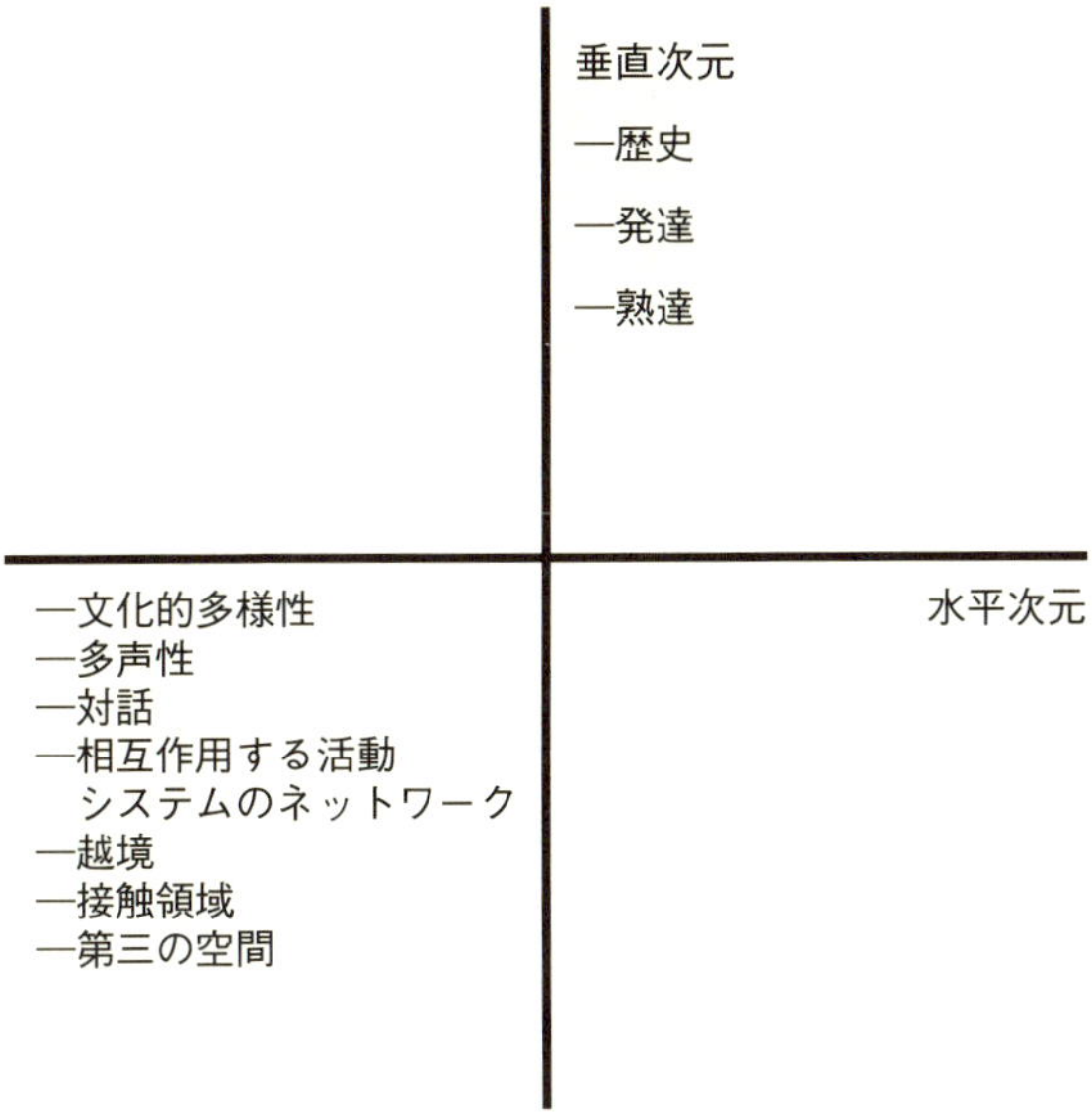

図序－4　第三世代活動理論の概念的枠組み

先に述べたように活動理論は、実践の中で、研究対象である活動システムへの「介入」を試みるものである。通常の標準的な科学が「観察」や「分析」に留まることを旨とするならば、活動理論は、むしろ変化を創り出すことへ研究者を参入させるのだ。言いかえれば、活動理論は、想像された未来を創造することへ向かう。だから、それは、ルリア（Luria, 1979）やコール（2002）が「ユートピアン・サイエンス」と呼ぶもの、そしてエンゲストローム（1999）が「ラディカル・ローカリズム」と呼ぶものなのである。

　しかし、介入は、人々の行為や実践に対して、理論をトップダウンに適用する

ものではない、ということに注意しなければならない。つまり、トップダウンで父権的《パターナリスティック》な「改革」は、たとえそれが善意のものであったとしても、活動理論における介入の方法論ではない。たとえば、従来の教育研究に見られる典型的な研究者と実践者の関係を考えてみればよい。そこには、次のような暗黙の前提が存在しているのではないか。研究者がグランドデザインを作り、教師がそれを適用あるいは修正し、結果として学習者によりよい変化が生じる、といった枠組みである。社会を設計する役割を担うのは、社会発展の正しいコースを知っている「専門家」である、という父権主義《パターナリズム》にほかならない。そこでは、実践者自らが下から生み出していく学び、発達の内的矛盾や自己運動、変化を担っていく主体的・能動的な働き、が消し去られている。言いかえれば、歴史を生きる具体的な人々が自らの生活や未来を自らの力で形成していく「エージェンシー」が疎外されているのである。

　こうした上からの開発プロジェクトは、いわば「匿名」の社会や歴史や人々に向けられたものだ。ジュールス・プレティ（2006）は、持続可能な農業とコモンズ（＝共有地）再生の開発プロジェクトが、プランナー、ディベロッパー、科学者といった外部の専門家による技術還元主義、あるいは規制や経済的・物質的インセンティヴのみでは機能せず、また持続的《サステイナブル》なものにならないことを、多くの事例から指摘している。そこで提言されているのは、地元の関心や能力を育成するための「社会的な学び」の開発である。

重要なことは、持続可能な農業や持続可能な保全管理が、定義づけられた具体的な技術や一連の方式を規定していないことだ。さもなければこうした技術は、農民たちや農村住民の将来の選択肢を制限するだけの役目を果たすことになる。条件や知識は変えられるのだから、農民たちやコミュニティの能力によって、それらを自由自在に変え、状況に適合できるようにしていかなければならない。持続可能な農業は、各個人に強要される単純なモデルであったり、パッケージを意味したりするものであってはならない。より正確に言うならば、持続可能性は、社会的な学びのプロセスと見なされるべきものなのだ。社会的な学びは、まず圃場や農場の生態学的、生物・物理的な複雑さを学び、次に、この情報にもとづいてどう行動すればよいのかを判断できる農民たちやコミュニティの能力を育むことに重点をおいている。この社会的な学びのプロセスが社会に組みこまれ、協働で取り組まれれば、行動が変わり、新たな世界を提示できることになる。(p.259)

［6］エンゲストロームは「コンタクトゾーン」の概念をクレア・クラムシ（Kramsch, 1993）から導入している。この魅力的な概念は、メアリー・ルイズ・プラットの *Imperial Eyes*（1992）では、植民地主義に関わる旅行記などのテクストが生成されていく途上の「場」のこととして用いられている。それによれば、「コンタクトゾーン」であり、「コンタクトゾーン」は「地理的にも歴史的にも分離した人々が互いに接触を始め、関係を生成していく空間」であり、「たいていは抑圧や激しい不均衡や手に負えない葛藤をともなう」（Pratt, 1992, p.6）ものである。また、それは「先行する地理的・歴史的な離反によって分離した諸主体の空間的・時間的な共存、それぞれの軌跡が交わる現在」（p.7）を生成していくのである。複数文化研究会（1998, p.121, pp.306-307）も参照。

［7］「スクリプト」とは、ある特定の状況下で行為するときのパターン化された方法のことである。それは、問題解決のストラテジーともいえる。

ここでプレティが強調しているのは、新しい実践の担い手である人々の「エージェンシー」であり、ローカルかつ歴史的な文脈やプロセスの中での協働の「社会的な学び」である。実践を変えようとする新たなコンセプトであれ、テクノロジーであれ、それが自動的に実践を転換したりはしない。介入が有効でありえるのは、いわば複雑で流動的で葛藤に満ちたコンセプトを実践者が学び合い、モデル化し、実践上で試みる、そうした「社会的な学び」のプロセスを促進し支援するときである。

たとえば、このことは、ラリー・キューバン（2001/2004）が *Oversold and Underused: Computers in the Classroom*（『学校にコンピュータは必要か——教室のIT投資への疑問』）で警告した事柄と関連する。彼は、この本の中で、1990年代を通して、アメリカの学校でなされたコンピュータ導入のための巨額の投資が、それに見合うだけの使われ方をしていないことを、実証的に批判している。それは、かつて過度に喧伝された技術革新、映画（1910－40年代）、ラジオ（1920－40年代）、教育テレビ（1950－80年代）とまったく同様に、限定的な利用に留まっている。もちろん、生徒中心の活動的な授業やグループによるプロジェクト学習の実現のため、新しいテクノロジーを道具として有効に活用している教師たちも存在する。しかし、それは少数派である。圧倒的多数の教師は、推進派が予期した結果とは異なり、従来の授業パターンを補完するようにしかコンピュータを利用しなかった（いわゆる「e－ラーニング」は、ワープロ操作とインターネット検索以上のものではなかった）。コンピュータは授業の新しいパターン、たとえば「生徒の主体的な学び」を支援するものとしては利用されなかったのだ。

キューバンは、こうした「予期せぬ結果」が、学校の構造や役割や遺産など、複雑に絡み合う歴史的な文脈（社会的・文化的・制度的・技術的な文脈）の相互作用によるものだ、と結論づけている。教室や職場における活動のパターンやロジックや文化はどのようなものなのか。教師は日々どのようにして授業を行っているのか。教師にはどれほどの裁量権が与えられているのか。親や社会は学校に何を期待しているのか。学校の公共的・社会的な理念とは何か。これらの問いは、たとえば学校での「新たな学習環境のデザイン」をめざすコンピュータ利用推進の「学校改革」が、学校での活動のロジック、ローカルな歴史的文脈とプロセスから孤立しては実現されえない、ということを考えさせるのである。

（5）拡張的学習のサイクルを促す

活動理論は、これまで述べてきたように、人間の行為や実践の中で学習と発達をとらえる新しいパラダイムであり、「教育実践（pedagogic practice）」に関する創造的な理論といえるものである（山住 2004; Yamazumi, 2005, 2006a）。活動理論が教育実践の新たな理論であるというのは、それが何よりも人々の協働的な「学習」を、行為や実践を変化させる「道具」としていくからだ。つまり、新たな学習理論が介入の方法論になっているのである。

教育実践への活動理論的アプローチは、「拡張的学習（expansive learning）」の理論を道具にした、実践の中での協働の学び合いへの介入なのである。

拡張的学習の理論は、エンゲストロームの『拡張による学習（*Learning by Expanding*）』（1987/1999）において提唱された、社会的な実践活動の新たなパターンを創造するための協働学習の理論である。

現在、それはもっともエキサイティングな協働的・批判的学習理論のひとつとして、国際的に知られている（*Learning by Expanding* は、1999年に、ドイツ語版と日本語版が同時に出版された）。

拡張的学習は、仕事や組織の実践の中で、人々が現状の矛盾に出会いながら、対象との継続的な対話を進め、活動の新たなツールやモデル、コンセプトやヴィジョンを協働で生み出すことによって、制度的な境界を超えた自らの生活世界や未来を創造していくことをいう（山住 2004; Yamazumi, 2005, 2006a）。それは、マイケル・ヤング（Young, 1998）が言うように、「産業社会」の学習を超え、学びの必要性を生じさせる問題の根源を問う、「学習社会」における社会参加の学習を明らかにするものである。

エンゲストロームは、順応的（adaptive）学習、探究的（investigative）学習、拡張的（expanded）学習の間を有意義に区別している。前産業社会は生存のための順応的学習によって特徴づけられる。産業社会の初期段階には、増大する問題領域に科学を応用するために、探究的学習が支配的になった。拡張的学習は、何よりも学び手が学びの必要を生じさせる問題の根源を問うときに呼び起こされる学習であり、それこそが学習社会の中心に位置するものである。したがって、エンゲストロームが言うように、学習社会の基準は、学校、カレッジ、その他の学習の文脈において学習の対象や焦点がどれほど拡張されるかということになる。（p.154; 傍点部は原文ではイタリック）

こうした学習理論の歴史的転換は、表序-1のようにまとめられるだろう。そのさい、重要なのは、学習理論の転換が「学習対象」の変化にしたがっていることだ。

エンゲストローム（1999）は、拡張的学習のモデル化において、グレゴリー・ベイトソン（2000）の「学習の三つのレベル」（学習Ⅰ・Ⅱ・Ⅲ）という考えを援用している。学習のレベルⅠは、所与のコンテクスト（文脈）において正しいと見なされる反応、すなわち条件反射を獲得することである。学習のレベルⅡで学習者は、当のコンテクストに特徴的な行動の奥に潜んでいるルールやパターンを獲得する。これは、当の問題解決が埋め込まれているコンテクストの獲得を意味する。したがって、学習のレベルはより高次のものである。しかし、そこで解決される問題はあくまでも所与のものであり、あらかじめ決まったものである。つまり、学習Ⅱは学習Ⅰよりも高次なのであるが、それは与えられた個別の問題を解くといったレベルの学習なのである。エンゲストロームが拡張的学習に対応させるのは、ベイトソンの言う学習のレベルⅢである。彼はそれを次のように特徴づけている。

学習Ⅱでは、主体は、問題を提示されて問題を解こうとする。学習Ⅲでは問題や課題そのものが創造されねばならない。

……

問題が与えられると、主体はこう問うだろう。「まず、この問題の意義と意味は何か。私はなぜこれを解かなければならないのか。この問題はどうやって生まれてきたものなのか。誰が、どんな目的で、また誰の利益のた

表序－1　学習理論の歴史的転換
（Young, 1998 を参照）

	学習の対象	学習理論
前産業社会	生存	順応的学習
産業社会	科学技術の応用	探究的学習
学習社会	(学びの必要を生む)問題の根源	拡張的学習

めに考え出したのか。」（エンゲストローム 1999, p.178）

先に引用したヤング（Young, 1998, p.154）が言うように、「拡張的学習は、何よりも学び手が学びの必要を生じさせる問題の根源を問うときに呼び起こされる学習」である。こうした拡張的学習は、現実の活動対象と出会う人々が、自らの生活世界や実践、未来について、「何を、何のために行うのか」というように学習対象を徐々に広げていく「社会参加の学習」を意味しているのだ。エンゲストロームは、『拡張による学習』の「日本語版へのまえがき」でこう言っている。「本書『拡張による学習』は、集団的な創造活動について述べている。私のテーマは、私たちが人間として、自分たちの制度や行為を転換できなければならないこと、しかも徹底して、あらゆる参加者の知性とエネルギーを結集してそうできなければならないということにある。そのとき、創造性は、まさに集団的な転換への実践的な参加として理解されるだろう」（エンゲストローム 1999, p.i）。

実践の変化・発達への介入は、活動理論において、先に述べたように人々の協働的な学習を道具にして進められる。それは、研究対象となっている活動システムの中で、実践者の拡張的学習のサイクルを生み出し、促進・支援し、フォローするような長期的な介入研究である。

こうした拡張的学習のサイクルは、エンゲストロームによって図序-5のようにモデル化されている。拡張的学習は最初、ある集合的活動に参加する諸個人が、自らが日常的に経験している既存の実践、すなわち文化的であり歴史的であるような所与の実践に対して、疑問を投げかけていくこと（questioning）から始まる。このことは、実践の現在の状態に関して、諸個人ならびにコミュニティを

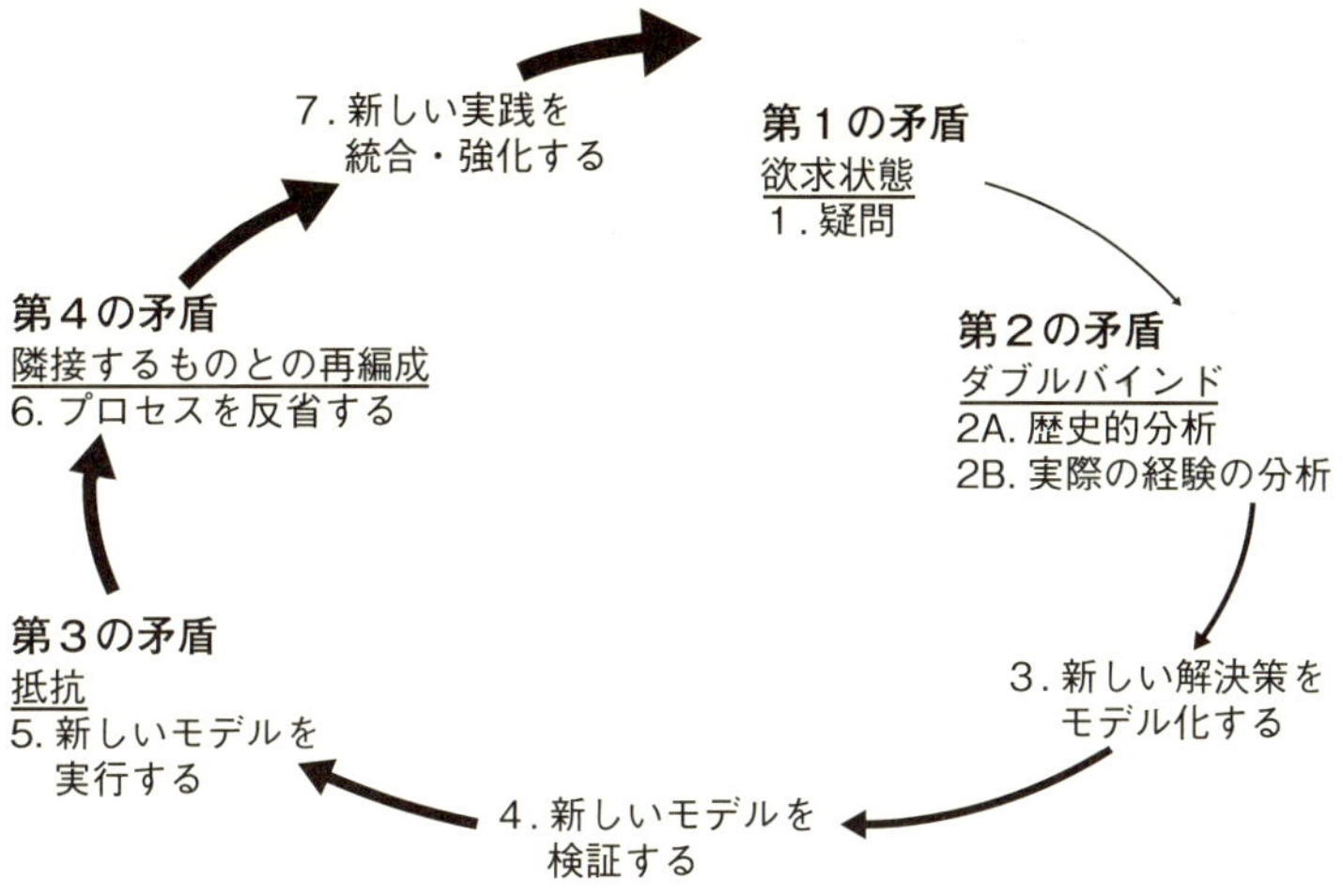

図序－5　拡張的学習のサイクルにおける矛盾とそれに対する戦略的な学習活動（Engeström, 2001, p.152）

「ダブルバインド」（ベイトソン 2000）［8］と呼べるような矛盾に直面させるだろう。しかし、逸脱ともいえるこうした疑問こそが、高次のレベルでの集合的・協働的な議論や矛盾の分析をもたらす。そして、そのような矛盾を乗り越えていくための学習の行為、すなわち活動の新しい形態や発達のモデル化（modeling）が、コミュニティのプロジェクトとして生み出されるのだ。次のステップでは、新しいモデルが検証され、実践の中で漸進的に実行（implementation）されるだろう。こうして新しい実践は合併（consolidation）と増殖（proliferation）の過程をたどるとともに、反省的に評価（reflective

［8］二重拘束のこと。すなわち、ある同一の事態やメッセージが相異なる意味を同時に生み、にっちもさっちもいかない決定不能の宙づり状態に陥ること。

evaluation）される。このように、拡張的学習は螺旋的に進行する。

拡張的学習の促進と支援は、前述のように、「何を、何のために行うのか」という活動の目的や動機、対象の新たな使用価値を参加者が学び合い創造していくためにある。そうした使用価値の創造への拡張的学習は、何よりも実践者やクライアント自身の関心とエージェンシーの発達にもとづいている。同時に、拡張的学習のプロセスでは、より多くの参加者が自らの実践を転換するための努力に関わり、活動を社会的に増殖していくことがめざされることになる。

（6）発達的ワークリサーチ

エンゲストロームをディレクターとするヘルシンキ大学活動理論・発達的ワークリサーチセンター（Center for Activity Theory and Developmental Work Research, University of Helsinki, Finland）の研究者たちは、１９９４年のセンター創設以来、活動理論を社会科学の強力なツールキットとして、仕事・技術・組織を分析し実践的に転換しようとする「発達的ワークリサーチ（developmental work research: 略称ＤＷＲ）」を国際的に推進してきた（Engeström, 2005a; Engeström, Lompscher & Rückriem, 2005）。ＤＷＲは活動理論を実践の中で応用する方法論といえる。それは、長期的かつ介入的なアプローチとして独自なものである。

研究者は、研究対象となっている組織との間に、批評的な対話とパートナーシップを築いていく。エンゲストロームは、こうした対話とパートナーシップがコンサルティングと同じでないことに注意を促している。

発達的ワークリサーチという長期的かつ介入的な方法論は、研究者と彼らが研究する組織との間で、相対的に永続的なパートナーシップを要求する。そうしたパートナーシップは互いの利益にもとづく。研究者はデータと発見物をえる。そして、組織は実践を検証し変化させるために新しいツールや批評的な刺激をえる。ここでのパートナーシップはコンサルティングを合意したものではない。研究者は勧告や解決策を生み出すマネージメントを行うために関与しているのではない。パートナーシップは互いの自律性にもとづいている。研究者は、批評的な分析を生み出す義務と権利を持ち、その成果を出版物にしていく。また、彼らの仕事は典型的には第三者のパブリックな資源をファンドにする。(Engeström, Lompscher & Rückriem, 2005, p.15)

実践者の拡張的学習の促進・支援を通した人間活動デザインの介入研究は、学校、科学・技術、文化・芸術、多様な仕事や組織、コミュニティといった創造的な諸活動において、批評的・協働的な学習と対話を生み出し、互酬的（reciprocal）なパートナーシップを築いていくようなＤＷＲとして展開されている（本書第2章のエンゲストローム論文は、医療の分野におけるＤＷＲの試みである）。

たとえば、学校教育の分野におけるＤＷＲでは、拡張的学習の理論を基盤にして、所与の制度的な境界の中に留まっている――エンゲストローム（Engeström, 1991）はそれを「カプセル化した学習」と呼ぶ――学校の教育実践を内側から転換していくような、新たな活動形態が探究される。それは、「カリキュラムの協働開発」「カリキュラム・インテグレーション（統合）」「プロジェクト・アプローチによる学習活動」「学校と教師の仕事における協働文化」「教師の専門的成長」「学校改革へのシステム的・構造的アプローチと学習論的アプローチ（＝学び合う学校改革）」といったコンセプトを検討し、可能な限りそれらを教育実践の創造的なデザインにつなごうとするものである。

もちろん、先に述べたように、拡張的学習の理論からすれば、こうしたコンセプトやデザインが、それだけで自動的に教育実践の転換をもたらしたりはしない。「プロジェクト」であれ「インテグレーション」であれ、複雑で流動的で葛藤に満ちた教育実践の新たなコンセプトを、子どもを含む実践者（教師や親や地域住民）が協働で形成していく学び合いのプロセスこそ、拡張的学習の焦点である。それは、現状を絶えず批評（＝自己吟味）しつつ所与の制度的な（カプセル化した）境界を超えていき、学校から「学びのネットワーク」を徐々に広げていくプロセスである。このとき、学校は、人々が新しい学習活動を創造するための「集合的な道具」(collective instrument; Engeström, 1991) になる。そして、それは、学校に参加するすべての人々が、ボトムアップの「協働による自己組織化 (collaborative self-organization)」を通して生み出していくものである。

DWRは、「なぜ、このようなやり方を続けているのか」、「なぜ、私たちはこうしているのか」、「何を、変えようとしているのか」といった、活動が現在対象としているものを問い直していく、人々自らの拡張的学習への介入である。つまり、DWRは、変化や発達の原動力を生み出す。そこでの拡張的学習は、「どうやってAからBに到達するか」といった短期的な目標達成の手段やテクニックや段階の学習以上のものであり、「与えられた仕事をこなす」というレベルから、「なぜ、私たちはBではなくAにいるのか」、「なぜ、私たちはAではなくBをめざすのか」といった問いかけの下、「システムを変え、新しくデザインする」というレベルでの学習となるのである。

言いかえれば、DWRにおける拡張的学習は、活動の対象にあたかも「住まう」ような学びであり、対象との間に長期的な対話の関係を築いていく学びである。「学習活動は、活動を生産する活動である」(エンゲストローム 1999, p.141)。

2 つながりを創発するノットワーキング

(1) 拡張的学習の新たな形態

私たちは人間の学習プロセスを何か機械的なイメージでとらえてしまっていないだろうか。細分化された教科、知識や技能の寄せ集めなど、学校の伝統的なカリキュラムにそれは顕著である。また、伝統的な「学校学習(school learning)」は、細切れの段階的・積み上げ的な授業によってなされている。いわば手続きの反復が学習プロセスの中心なのだ。

エンゲストローム(Engeström, 2003)は、スケートボーダーに見られる学びの姿を取り上げ、それが学習プロセスの機械的・線形的・段階的なあり方を打破するものであると述べている。それは、"DOGTOWN & Z-BOYS"(1970年代初頭、カリフォルニアでスケートボードに革命をもたらしたZ-BOYSのドキュメンタリー)で描かれたような、スケートボーダーたちの学びである。新しい妙技やテクニック、新しい場所、新しい都市感覚、新しい言葉づかい、新しい人と人との絆を生み出す彼らの学びの進化は、まるで「アリ塚」のように、非方向的に開かれて分化し、繁茂増殖していく学びのプロセスをイメージさせる。そこでの学びは単方向的には進まない。進化はパイプラインのようなものではない。学びが生じるのは、横断的な結合の「網の目」においてなのである。

都市空間の中に突如としてスケートボーダーたちが現れたとき、私たちは彼らの活動を都市空間の使用マナーから逸脱した不愉快なもの、と感じるかもしれない。つまり、彼らは「公共」のルールを守らず、騒々しく、真面目な労働から逃避している、といったように。たしかに、一面ではそう言えるかもしれない。しかし、スケーターたちを能動的な「身体」を介し空間や都市を再創造していく者と見るイアン・ボーデン（2006）は、こう言っている。「スケーターたちは、ヤングアダルトとして学び参加すべきと言われている見たところは合理的な世界によって疎外されている。それでもなお、スケートボーディングは、自らの価値観にしたがって他人や街との関係を構築するようにと、スケートボーダーたちを励ます」（p.216）。また、「日常的におこなうことを介して――意識的には理論化もプログラム化もされていない――スケートボーディングは、仕事より喜び、交換価値よりも使用価値、受動性よりも能動性、記録を残すことよりも実際におこなうことが、未来の知られざる街の将来性ある構成要素であることを示唆している」（p.224：傍点は引用者）。

ボーデンがこう言うのは、第一に、建築や空間を「物」としてだけ見る狭い見方をとるべきではなく、第二に、躍動する身体によって都市に能動的に働きかけるスケートボーディングは、創造的な建築批評を行うのであり、それゆえにスケートボーディングは、都市の新たな時空間をパターン化する生産的実践にほかならないからである。ドキュメンタリー“DOGTOWN & Z-BOYS”は、スケーターと建築物（たとえば、校庭、プールの壁、水路、ストリート、手摺りなど）との持続的な相互作用や対話から、新しい妙技やテクニックやスタイルに媒介された空間が再創造されていく、身体のアート、すなわち「日常生活を芸術作品へと変貌させていくもの」（ボーデン 2006, pp.14-15）を描き出したものなのである。

こうしたプロセスは、自然成長的で、いきいきとした活動としての学習といえるものだろう。それは、クロード・レヴィ＝ストロース（1976）が『野生の思考』の中で描いている「ブリコラージュ」に等しいのではないだろうか。「器用仕事」と訳される「ブリコラージュ」は、手もとにいままでに集め持っている道具と材料を用いて「自分でものを作る仕事」のことである。活動理論のタームでいえば、それは「媒介人工物」（ツールや記号）の使い方の独特なパターンである。つまり、出来事の残片や破片を組み合わせて構造を作り上げるという定性的なパターンといえるものなのだ。

以上のようなスケートボーダーの学びの例に、バードウォッチングを加え、エンゲストローム（Engeström, 2006, pp.8-9）は、拡張的学習の新たな形態を見い出そうとしている。それは、「アメーバ状（amoeba-like）」や「野火（wildfire）」と表現できるような、集合的活動における拡張的学習である。スケートボーディングやバードウォッチングは、ある場所から消えたかと思えば急に別の場所で出現し活発に成長していったり、同じ場所でも一定の潜伏期間の後、出現・成長していったり、というように、独自な能力を持っている。さらには、次のような二つの特徴が、こうした活動には見い出される。ひとつは、それらがレジャーと仕事とスポーツとアートを独自に結合したものであることであり、もうひとつは、それらが広大な起業の機会を提供しながらも決して商業的な動機には支配されず、完全な商業主義を絶えず拒み続けてきたことである。

いずれにしても、エンゲストロームが「アメーバ状」や「野火」と表現しているような拡張的学習の新たな形態は、先に述べた第三世代活動理論が焦点化する「多重化する活動システム」に関わっている。「学び」「遊び」「交流」「仕事」といった活動がハイブリッドに融合し、活動の対象がオーバーラップしていく中で、学習が網の目状につながっていくこと。すなわち、越境する拡張的学習が、そこに生起してくるのである。

(2) 創発的構造とノットワーキング

システム理論に由来する「創発 (emergence)」という概念は、有機体のシステムが不安定点において新たな形態や行動様式を出現させることをいう。前述の「アメーバ状」や「野火」のように立ち現れてくる学習は、あらかじめプログラムされたかたちでの学習とは異なり、創発する学習の形態といえるものである。

フリッチョフ・カプラ (2006) は、組織の中にも、そうした「創発」の構造と、それとは逆に、「設計 (design)」された安定的な構造が存在していることを区別している。それを「組織における2種類の構造」として、表序-2のようにまとめることができる。

もちろん、これは、「あれか、これか」の問題ではない。むしろそれら両方の往復が、成長する組織にとって必要であり、そのバランスこそが重要である。しかし、創発的構造は、組織が集合体としていかに創造的であるか、またそのポテンシャルをどう高めていくか、にとって、決め手となるものである。

本書は、活動システムにおける適応的・流動的・自発的なコラボレーションの創発を促すために、「ノットワーキング（knotworking）」、すなわち「結び目づくり」と名づけることのできる活動の新たな形態やパターンに焦点化し、人やリソースをつねに変化させながら結び合わせ、人と人との新たなつながりを創発していくような活動の水平的なリズム、協働的な生成を考えたものである。「結び目づくり」を意味するノットワーキングという比喩的概念は、集合的活動の創発的構造そのものである。

表序－2　組織における２種類の構造

	特徴
設計的構造	・フォーマル　・公式文書　・使命 ・目標と戦略　・体制
創発的構造	・インフォーマル　・協働　・友情 ・口コミ　・暗黙のスキル　・知識源

ノットワーキングは、仕事や組織におけるコラボレーションの創発的な形態を分析・理解するための概念である。それが光を当てようとするのは、活動の中で人と人とのコンビネーションや課題の内容が時々に変化していくような協働である。たとえば、民間航空機の運航は、フライトごとクルーの組み合わせを変える典型例だ。

こうした活動の中で、人、課題、ツールの組み合わせはユニークなものである。また、そうしたコンビネーションは、相対的に言って短時間だけ存続する。

エンゲストロームら（Engeström, Engeström & Vähäaho, 1999, p.346）は、このような仕事の組織形態は、いわゆる「チーム」や「ネットワーク」とは異なるとしている。通常、チームは相対的に言って固定したメンバーで編成されている。しかし、ノットワーキングと呼ぶ形態では、そうした編成が生まれては消え、別のかたちで再度現れる、といった律動がくりかえされるのである。ネットワークの方はどうだろうか。それも普通、個人であれ集団であれ組織であれ、アクター（行為者）間の固定した構造として理解されるものだ。他方、ノットワーキングは、すでに確立したり存在したりしているネットワークと同じではない。なぜなら、それは、要求される課題ごと、その場その場で、コラボレーションの関係を組み替えていくものだからである。

このようにチームやネットワークといった典型的な形態とは区別することによって見い出せる創発的なコラボレーションの形態を、エンゲストロームら（Engeström, Engeström & Vähäaho, 1999, p.346）は、ノットワーキングと特徴づけるのである。ここで「ノット（knot: 結び目）」という言葉が指し示すのは、次のことだ。それは、行為者や活動システムの間が弱くにしか結びついていないにもかかわらず、それらの協働のパフォーマンスが、急遽、脈打ち始め、分散・共有される、というものである。そのとき、それは、行為者や活動システムが即興的に響き合うようなつながりを創発するのだ。ノットワーキングは、活動の「糸」を結び合わせ、ほどき、ふたたび結び合わせるというように、変化に富んだ「旋律」によって特徴づけられるのである。

（3）緊急のニーズに応えるノットワーキング

それでは、「つながりの創発」といえる「結び目づくり」＝ノットワーキングの具体的な事例を見てみよう。それは、「緊急のニーズ」を対象に、アクター間で協働してなされる行為にもっともよく現れるだろう。エンゲストロームら（Engeström, Engeström & Vähäaho, 1999, pp.349-353）は、精神医療の現場で、複数の異なる活動分野のアクターが、患者の「緊急のニーズ」にとっさに応え、要求される課題を臨機応変に解決するさまを、ノットワーキングの事例としている。それは次のようなものである。

保健センター（フィンランドにおいて地域医療に責任を負う医療機関）の一般医が、ある日、担当患者の後見人から電話を受け取った。患者が後見人を呼んで大声をあげたというのだ。それは、偏執病の症状といえるものだった。担当医と後見人は、患者の家を訪ねることにした。呼び鈴を鳴らすと、ドアの向こうで患者は怒って叫ぶが、ドアを開けようとしない。また、電話にも出ない。そのため、担当医は、翌日、地域病院の精神科医に相談することにした。患者は明らかにケアを必要としているように思えたからだ。しかし、強制的な入院が必要なのかは分からなかった。

翌日、担当医は、在宅介護の看護師、警察官、救急隊員と共に、患者の家を訪ねた。患者はドアを開けようとしない。アパートメントの管理者が解錠を試みたが失敗した。患者自身によるセーフティー・ロックの鍵を持っていなかったからである。患者は家の中で怒って叫んでいた。その様子から身体的には大丈夫であると確認できた。担当医は精神科医に電話し、強制的な入院について、指示を仰いだ。精神科医は、もし病状が重いように思われるなら、入院による治療が必要だろうと述べた。担当医は、関係者とも話し合い、様子を見守ることにした。その間、患者の周囲からさらに情報を集めようと思ったのだ。また、患者の母親に電話をしたが、つながらなかった。メディカル・レコードによれば、母親自身、精神病で入院していた。

3日目、担当医は、後見人から患者の生活状況について聞いた（2年前のボーイ・フレンドの死や母親と連絡を取っていないらしいこと）。そして、後見人が患者の健康について危険な兆候があるかどうかを注意深く見守っていくことを決めた。患者は公的生活保護を受けるため後見人に定期的に会わねばならなかった。5日目、担当医は患者に電話した。身体的には大丈夫な様子だった。また、患者の話は支離滅裂であったが、穏やかで、攻撃的ではなかった。担当医は、隣人からの通報などを待ち、状況を見守ることにした。

16日目のことである。隣人から保健センターに電話があった。彼は救急通報センターに患者のことで連絡したのだった。それによれば、患者は午前3時30分から大声で叫び、激しくドアを叩き続けていた。救急隊員が派遣された。隊員は担当医に電話した。患者の家への法的な入室許可を求めたのである。担当医はそれを認めた。また、隊員は、ドアの解錠、そして患者の病院への搬送にあたり、警察に協力を求めた。こうして、患者は後見人のもとへ行き、その後、手かせで拘束されて保健センターへ搬送された。担当医は、患者を強制的に入院させケアすることが必要である旨、法的文書を書いた。患者は地域病院の精神科病棟に入院することになった。

エンゲストロームらが取り上げるこうした事例は、異なる専門や生活分野の関係者たち（ここでは、保健センターの一般医、後見人、隣人、在宅介護の看護師、地域病院の精神科医、警察官、救急隊員、アパートの管理者）が「ノット」（結び目）を創り、ヘルスケアにおける火急のニーズに応える臨機応変の「創発するコラボレーション」を遂行したものである。ここでとくに注目すべきは、「意思決定」のありようである。ノットワーキングには、決定を行う単一の中心的な権威といったものは見られない（John-Steiner, 2000, p.193）。むしろ、決定は分散＝共有されている。事例に明らかなように、「担当医」は、コントロールの恒常的な中心ではない。そこで主体となっているのは、結ばれ、ほどけ、また結ばれていくように明滅する「ノット」（結び目）なのだ。言いかえれば、「エージェンシー」は「ノット」においてダイナミックに分散＝共有されているのだ。

また、ノットワーキングは、単独の「ノット」（結び目）や出来事に還元されるものではない。ノットワーキングは、課題に応じて人や「媒介人工物」をうまく組み合わせながら（すなわち、「ブリコラージュ」によって）時間とともに変化する軌跡である。前述の事例でそうした「媒介人工物」は、ドア、鍵、手かせ、メディカル・レコード、そして（強制入院を認可する）法的文書である。このように、ノットワーキングはフラジャイル（fragile）なもの、脆く壊れやすいものである。なぜなら、それは即座に主体間で理解し合い、コントロールを分散＝共有し、互いにあまり関わりのないような行為者間で共同行為を調整するものだからである。

（4）ノットワーキングを制度的な活動へ

先の精神病患者の事例は、相対的に言ってインフォーマルに導入され実践されたノットワーキングであろう。こうしたノットワーキングは、複数の相異なる活動システム間での「弱い紐帯の強さ（strength of weak ties）」[9]にもとづくものかもしれない。しかし、そうしたインフォーマルな関係が機能しない領域もある。エンゲストロームら（Engeström, Engeström & Vähäaho, 1999）は、そのような場合に、ノットワーキングを制度的なものにしていく取り組みが生じるとしている。制度的なノットワーキングは、適切なルールやツールを導入し、諸活動の相互作用や協働を構造的にデザインする試みとなる。以下では、エンゲストロームの研究グループが取り組んでいる医療実践の活動理論的研究（Engeström, 2001; エンゲストローム 本書第2章 ; Engeström, Engeström & Vähäaho, 1999; Engeström, Pasanen, Toiviainen & Haavisto, 2005）から、こうしたノットワーキングの制度化について見てみよう。

１９９０年代後半、エンゲストロームの研究グループは、１９８０年代からの医療の仕事や組織を対象にした活動理論的研究に関して、その基本テーマを大きく転換させている。１９８０年代から９０年代初頭、彼らによる医療の活動理論的研究は、「チーム医療」と呼べる形態、すなわち分野の異なる多様な専門家が協働の医療実践に取り組むことをテーマにしていた。「マルチプロフェッショナル・チーム」を志向した仕事と組織の新しい形態」である。しかし、９０年代中頃、彼らはこの「チーム」というコンセプトの限界に気づくことになる。「チーム」はあくまでも単一の活動システム内部における新しい仕事や組織のパターンに留まっている。

「マルチプロフェッショナル・チーム」というコンセプトは、孤立した個々バラバラの「来院」中心の医療を、長期的・継続的な「関わり合うケア（care relationship）」に転換しようとするものだった。これは、「コミュニティを基盤にした医療」といえるものである[10]。「関わり合うケア」というコンセプトは、患者が複数の絡み合う問題や診断を抱えていること、そして患者の問題が全体的な時間の中で進行していることを対象化している。それが優れた点といえるだろう。しかし、たとえば糖尿病と心臓病を併発する複雑な多重疾病の患者の問題にそれは対応することができない。なぜなら、そうした患者は複数の相異なる医療機関の間をさまよっているのだから。つまり、単独のコミュニティを基盤にした医療の場合、複数の相異なる機関が行う診療の間の相互作用的、水平的、社会的・空間的

[9]「弱い紐帯の強さ」は、今日のネットワーク論に決定的な影響を与えてきたマーク・グラノヴェター（2006）の同名の論文により提起された。「弱い紐帯の強さ」がネットワーク論に引き起こした重要な貢献については、アルバート＝ラズロ・バラバシ（2002）、金光淳（2003）、安田雪（1997）を参照。

[10] フィンランドでは、住民は居住地域ごとプライマリーヘルスケア（一次医療）の保健センターに登録され、担当の「一般医」の日常的なヘルスケアを受けることができる（通学区にもとづく公立学校と同じイメージであろう）。「コミュニティを基盤にした医療」はこうした医療制度の下にある。保健センターは、必要に応じて患者を専門病院に紹介する。以下で問題となる「複数の相異なる医療機関」とは、基本的には、一次医療の保健センターと高度医療の専門病院の間の関係をめぐるものである。なお、フィンランドでは、医療費は全額公的負担により無償である。

関係をとらえ損ねているのである。また、診療の中でもっとも重要な行為者といえる、患者とその家族が関与できていないのである。

さらには、今日、効率性重視の「市場に方向づけられた改革」の流れの中で、医療分野における費用対効果の問題は、異なる機関の間をさまよう患者をめぐり深刻化している。長期にわたり多重疾病を抱える患者に対して、標準化され、個々バラバラの診断のもと規格化された診療を行い続けることは、公的財政負担の増大、すなわち増え続ける公的医療負担費の問題からして、きわめて不適切である。このような問題は、単一の活動システム（診療機関）の内部では解決不能な、活動システム間で激化する「矛盾」である。こうした「矛盾」を解決するためには、異なる機関の間で、「共有された責任（shared responsibility）」を構築していくことが不可避であるだろう。たしかに、一方で「共有された責任」の構築は、医療・社会福祉行政上の問題、すなわち年々肥大化する公的医療負担費の問題に対処するために必要である。しかし他方で、それのみならず、ノットワーキングによる新たなコラボレーションの創発は、患者が現実に抱え込まされている不利益、すなわちいくつもの医療機関をさまよわねばならないという「矛盾」を乗り越えようとする、倫理的な応答でもある。

エンゲストロームの研究グループは、このような「矛盾」に対し、DWRの介入方法を用いて、関係する人々、すなわち異なる機関の医師や看護師、支援スタッフ、管理職、患者とその家族らの拡張的学習の場を創り出し、実践者自らが相互的で越境的な活動をデザインしていくことを支え促している。そのような対話と協働のセッションを通して生み出されたアイディアが、「ケア・アグリーメント」（診療協定）である。このシンプルな手続きにおいてコーディネーターの役割を果たすのは、保健センターの医師である。患者とその家族とのつながりが一番深いからである。電話であれファックスであれ、診療記録は相互で交換され協働で作成される。つまり、患者のケアの軌跡は、協働で計画されモニターされる。患者とその家族もまた、この手続きに参加する。「ケア・アグリーメント」の作成は、患者のケアに関する「個別の責任」を結びつけ、「共有された責任」を紡ぎ出すための「道具・手段」（媒介人工物）になる。言いかえれば、「ケア・アグリーメント」は、長期的な対話関係や個性化されたケアを継続的に編成するための協働的なツールなのである。制度的文脈の中のノットワーキング、すなわち活動システムの新しいルールやツールを創造するノットワーキングは、こうして、複数の相異なる活動システム間に「ノット」（結び目）を創り出していくのである。

（5）多重化する活動におけるノットワーキング

ノットワーキングは、仕事を組織化する新しい方法といえるだろう。それは、今日、急激な変動期の中にある人間活動にとって歴史的な意味を持つ。生活や仕事の活動はますます複数の相異なる組織の間での「ネットワーク」「ハイブリッド（異種混成）化」「緩やかな結合」といった形態をとるようになってきた。「連携」や「パートナーシップ」は、あらゆるマルチ（多重的）な組織の場において典型的かつ重要な形態である。それは、一方で、まちがいなく人間活動の来るべき形態であろう。しかし、他方で、それは緊張関係に満ちてもいる。そのため、こうした分散＝共有型の「多重化する活動の場」では、「連携」や「パートナーシップ」を維持しマネージすることがきわめて難しいのである。

先に述べたように「ネットワーク」は、通常、組織ユニット間での相対的に安定した「結合の網の目」として理解され、情報システムを共有するなど物理的に固定されていることが多い（Engeström, 2005b, p.317）。また、「チーム」は、産業組織において、協調的な問題解決のユニットとして編成されている。しかし、こうした「ネットワーク」「チーム」は、活動の分業やルールのあり方、より幅広い組織との境界の引き方の問い直しを迫るような対象に直面したとき、葛藤をもたらし、その限界を見い出すことになるだろう（Engeström, 2006, p.9）。先の事例にあった慢性的な多重疾病の患者がそうした対象である。この種の対象は、複数の相異なる活動がその領域を重ね合わせるとき、部分的に共有されてくる「より大きな規模の対象」である。第三世代活動理論の枠組みにおいて問われているように、ノットワーキングは、「多重化する活動システム」のコラボレーションという文脈において、対象の使用価値を拡張的に再発見していくような越境的で対話的な交渉になるのである。

第三世代活動理論の新しい世代におけるノットワーキングへの注目は、人間活動の新たな形態への挑戦を意味している。それは、対象との間に長期的な対話の関係を築き、活動のコラボレーションを創造していく挑戦である。たとえば、先の慢性的な重複疾患患者のケアに関する事例は、産業社会における大量生産型の活動から離脱し、従来の支配的な形態を打破しながら「クライアントとの長期的な対話関係を志向するケアの活動」へ移行しようとするものである。

同時に、ノットワーキングは、拡張的学習の新たな挑戦でもある。先にも触れたが、拡張的学習が人間の学習の歴史的に新たな形態であると言いうるのは、ヤングの指摘通り、それが「前産業社会の順応的学習」でも「産業社会の探究的学習」でもなく、それらを超えた「学習社会において学びの必要を生じさせる問題の根源を問う学習」であるからだった。言いかえれば、拡張的学習は、活動システムの構造的な緊張関係である「矛盾」を源泉として生まれてくる。「多重化する活動システム」の間でのノットワーキングは、旧弊となっている既存のルールや諸関係の制限、限界として引かれた境界などを部分的に破壊・拒絶して、新たな媒介人工物の構築により、境界を水平的に越境する共同行為の新しいやり方を獲得しようとする。そのため、ノットワーキングは、多領域・多文脈の間に歴史的かつ現実的に引かれている境界＝限界を越境するという、激しい「矛盾」に直面する。また、それは、オルタナティヴな解決策の地点を探し出す拡張的学習を真に必要とする。

ノットワーキングは、標準化された手続きやスクリプト化された規範から逸脱する、創発的なコラボレーションの新たな形態である。ノットワーキングの中の拡張的学習は、何らかのユートピア的な観念に踏みとどまるのではなく、むしろ現実に直面されている「矛盾」に着床し、それを源泉として生成する（Young, 1998, p.155）。ヤアッコ・ヴィルックネン（Virkkunen, 2006）の言うように、解決策を分析するだけでは十分ではなく、それをもたらす社会的な学びと発達のプロセスそのものを分析しなければならないのである。

（6）ノットワーキングが創る価値

ノットワーキングは、実践の現場であたかも「即興を交響させる（improvised orchestration）」かのような協働のパフォーマンスである。それは、実践の現場において瞬時に相互行為の「ノット」（結び目）を紡ぎ出し、ほどき、ふたたび紡ぎ出していくといった協働の微細な律動なのである。実際、こうしたノットワーキングは人々の組織や仕事の活動、チームやネットワークを発達的に転換させる上で重要な役割を果たしている。なぜなら、それは、複数の相異なる組織や仕事や文化の間に歴史的かつ現実的に引かれている分断と隔絶の境界線を打破し横断し越境していくダイナミックな水平的運動を実現するからである。ノットワーキングは人々の現場での差し迫った必要から生成される。それゆえ、人々が越境のパフォーマンスへ動いていく現実的な力の即興と持続をそこに見い出すことができるはずである。ノットワーキングという水平的運動は、人々の拡張的なつながり合いを脈打たせるのだ。

また、それは活動をコントロールする単一の中心が不在であることによっても特徴づけられる。そこでの組織やチームは、決してトップダウンではないような意思決定を生み出す。言いかえれば、ノットワーキングは、生活活動の現場に分散している人々の多様な「声」（ものの見方や立場、生活様式）に応答し、互いの経験を共有していくような協働の語り合いを通して、ボトムアップの集合的な意味生成を実行していくことなのである。この意味において、越境するノットワーキングとは、私たちの生を異種結合する行為のことだと言えるだろう。

それでは、こうしたノットワーキング型の活動には、チームやネットワークといった安定的な組織構造と違い、どのような新たな価値が見い出されるだろうか。第一は、それは、新たなコスト負担をもたらすことなく、きわめて複雑な問題を解決するとともに、既存の活動の形態や方法を全体的に再形成していくことに貢献する（Engeström, 2005b, p.333）。つまり、ノットワーキング型の活動は、新たなポジションや組織の中心を創設することを必要としない。むしろ、第二の価値として、そこでは、エンゲストローム（Engeström, 2005b）が「コラボレーティヴ・インテンショナリティ・キャピタル」と呼ぶ「協働志向資本」が創造される。それを担うのは、「ノット」（結び目）を創り出している多重化する「マルチ・エージェンシー」である。

「社会関係資本《ソーシャル・キャピタル》」の代表的論者ロバート・パットナム（2006, p.14）は、その概念を「個人間のつながり、すなわち社会的ネットワーク、およびそこから生じる互酬性と信頼性の規範」と定義している。そうした「社会関係資本《ソーシャル・キャピタル》」が社会の効率性を改善するというのだ。しかし、パットナムの研究は、国家レベルあるいはそれと同規模の政治文化を扱ったものである。「コラボレーティヴ・インテンショナリティ・キャピタル」といった概念的アプローチは、むしろ、「組織レベル」といった「中間単位(intermediate unit)」を扱い、総体的な文化というよりも、その質的指標となるものへ向けられている。ノットワーキングにおける「マルチ・エージェンシー」あるいは「コラボレーティヴ・インテンショナリティ」の命題は、「接続し交換せよ（connect and reciprocate）」である（Engeström, 2005a）。これらを形成することは、組織にとって、新たな資源を創発することなのである。

ノットワーキングは、互いに隔たった存在の間に瞬時の「結び目」を結い、社会的亀裂を横断して、共に生きる世界への越境を企てる行為である。私たちが生き働き交流する活動は、そのような即興の交響化によって日々更新されていくことになる。もちろん、人間活動を新たにデザインするためのこうした概念や解決策はいまだ成熟しておらず、また実践することはたやすくない。ノットワーキングは、人間活動の複雑で未解決の対象に対するさらなる理論的な作業や経験的な実践に開かれている。

3　本書の構成

本書の第I部は、拡張的学習のノットワーキングをめぐる四つの章から構成されている。

第1章の山住勝広論文は、「多重化する活動システム」のコラボレーションによる子どもの放課後学習活動の開発を通して、そうしたいわば「境界領域の活動」における拡張的学習のノットワーキングを分析している。そこでは、「カプセル化した学習」と呼びうる、学校の伝統的学習の制度的境界＝限界を超えて越境する拡張的学習が、「学び」「遊び」「交流」「仕事」といった活動のハイブリッドな融合の中で生じている。拡張的学習は、ノットワーキングとして、互いの生活世界を拡張的に共有させるものになる。同時に、学校における学習活動の新しいあり方を創造しようとする協働的・対話的な変化の担い手がそこに生まれてくるのである。

第2章のユーリア・エンゲストローム論文は、ヘルシンキでの医療実践への介入研究を通して、慢性的な多重疾病患者のケアの新しい方法を生み出そうとする多様な専門家たちの拡張的学習のプロセスを分析している。そうした拡張的学習は、多様で異質な諸領域を横断する水平的な次元において現れる。それは、越境の行為としての拡張的学習である。越境を通した拡張的学習のサイクルは、エードリアン・カシンズの「認知的形跡（cognitive trail）」の螺旋的進行過程とのアナロジーにおいて理解される。複数の相異なる医療実践の専門家たちのラボラトリー・セッションは、拡張的学習の水平次元に現れる「越境」、そしてその後に続く「安定化」の行為の螺旋的展開を通して、多様で異質な諸領域を横断する医療の新しいコラボレーションを生み出している。こうした「認知的形跡」は、「結び目づくり」のノットワーキングの形跡にほかならない。それは、実践者たちの「学習の見えない地下生活」のようなものを形成するとともに、新たな活動のためのツールを創り出す「肥沃な土壌」になるのである。

第3章の保坂裕子論文は、「子どもの発達環境を構成する新しい結びつき」を創り出すために、小学校と中学校が連携していく、いわゆる「小中連携」の教育実践をノットワーキングの概念を用いて分析している。「小中連携」の目的は、子どもの発達の移行期に見られる課題に応答するために、新たな活動システムをデザインすることにある。そこでは、小学校と中学校の間に横たわる仕事・組織・文化の境界が浮き彫りになるとともに、「連携」を維持しマネージすることの難しさが矛盾として現れてくる。それは教師たちへのインタヴュー記録の中で彼らの「声」として語られている。ノットワーキングは、こうした境界を横断するような拡張的学習の中で生じている。教育相談の新しい方法を事例にしながら、「小中連携」という境界横断的な「発達環境の協創」の仕事において、教師たちが何をいかに学び、変化を生み出していくのか、またノットワーキングはいかに多重的な活動システムの間で対象を拡張的に共有するものとなり、新たなコラボレーションのツールを生み出すのかが、分析の焦点になる。

第4章の山住勝利論文は、「アメリカ文学」の特異性をノットワーキングの概念と関連づけながら、それを人間発達や社会構成のコスモポリタン的な原理と見なした上で、「自らの意志によって多様で予測不可能な未来を開拓しようとする主体の生」といったノットワーキング的な発達観を提示しようというものである。ジル・ドゥルーズに導かれながら、アメリカ文学は、絶えず異質なものに接続していく「パッチワーク的世界」に適応する、柔軟かつ流動的な人間の生の開示、ととらえられる。それは、ユーリア・エンゲストロームが人間活動を組織化する歴史的に新しいパターンとしたノットワーキング的世界に通底する。また、こうした「パッチワーク的世界」は、孤独と連帯の間、ローカルとグローバルの間を架橋する「コスモポリタニズム」に関連づけられる。エンゲストロームが提起する'breaking away'としての発達観＝「逃走としての発達」は、こうした二者間（孤独と連帯、ローカルとグローバル）の境界を自由に往復する運動と見ることができる。コスモポリタニズムとはこのような越境行為にほかならず、また文学を読むことの意味はそうしたノットワーキングの行為に見い出される。「未来に向けて発達する生」へのコスモポリタン的教育のキーは、外の世界の他なるものや様々な他者との接続と交換といった、ノットワーキング的な拡張的学習である。

第Ⅱ部は、「災害救援」「建築」「記憶」の領域でのノットワーキングをめぐる三つの章で構成されている。

第5章の渥美公秀論文は、阪神・淡路大震災を契機にしたそれ以後の「災害救援活動」のあり方を経験的に分析し、その活動デザインにノットワーキング的な「即興」の概念をツールとして用いることを試みている。「災害救援活動」という特異な活動における「即興」の重要性は次の5点にある。（1）固定したシナリオの不在、（2）既存の知識・技術の活用、（3）個と全体の〝間〟、（4）被災者との協働、（5）流動するコーディネーター。こうした「即興」への着目は、活動を静的なシステムや計画の精緻化としてとらえる見方とは異なり、活動における「意味構成のプロセス」を重視するものである。この種の活動を生成し維持していくためには特別な指針が必要である。それは、「即興を始動させる計画の熟知」と「即興を維持させる多様性の保持」である。ボランティアを含む「災害救援活動」は、ノットワーキングを働かせる「計画を熟知した多様な人々」を、その担い手として求めるのである。

第6章の平山洋介論文は、ワークショップ方式を導入した団地再生事業をめぐり、行政の法的権限という単数の「声」による制御ではない、住民と専門家の関与による複数の「声」の交錯による「多声の空間」の現れを分析している。「ワークショップ」は、「住民・行政・専門家が話し合い、手を動かし、団地の再生に向けた計画をつくり、事業を進める」という団地再生事業の新たな方法である。こうした「ワークショップ」の意味は、行政が住民参加を標榜するためにその種の手続きを演出することにあるのではない。むしろそれには、住民の複数の相異なる諸欲求に起因する「空間をめぐる葛藤を呼び出す試み」という意味がある。「ワークショップ」は、そうした容易には解消されえない矛盾、緊張関係、対立・葛藤が連続して現れるプロセスになる。ここでの矛盾は、言いかえれば、「公営」住宅という制度空間の内部／外部に引かれた「境界」である。こうした「ワークショップ」は、行政／住民／専門家といったエージェンシー（行為の主体性や能力）の安定的な定義に再考と変更をもたらすものになっている。なぜなら、「誰が決めるのか」に関わり、それが「合意形成」に対抗する「多声の空間」をオルタナティヴとして導入するからである。「〝合意形成〟の装置が予測可能性を前提として作動するとすれば、〝多声の空間〟は予測不可能性を受け入れる」。こうした「決定」におけるコラボレーションの創発的な形態は、まさに「多声の空間」において交渉されるノットワーキングと言うことができるだろう。

第7章の細見和之論文は、阪神・淡路大震災において根本的な審議に付された人間の言葉の力、とりわけ出来事と人間の「境界の言語」が「人間の言語」へと「翻訳」されていくプロセスを、季村敏夫の詩の中に見い出し、それを「記憶のノットワーキング」としてとらえている。被災地在住の季村敏夫の詩が差し出す「人間の言語」による「出来事の言語」への応答、そして「翻訳」は、「記憶のノットワーキング」と呼びうる作業に深く媒介されている。つまり、「神戸という地を、たんにあの地震の記憶の場所とするだけでなく、近代のまがまがしい記憶の出会う渦巻きのごとき焦点とすること、そこから、いわば記憶のノットワーキングの緊密な網を時代的にも空間的にもあたうかぎり遠くと張り巡らせること、季村敏夫という希有な詩人は、被災地のただなかでそのような作業を繰り広げてきたのである」。こうしたノットワーキングの言語的実践は、「ある状況下における他者の言葉がべつのコンテクストにおいて新たな輝きを発揮することにきわめて敏感であるとともに、まさしくそういう言葉を支えとして生きること」を生の本質的なあり方にしている。「記憶のノットワーキング」という生き方は、季村の作品に「震災による人間の敗北」から「人間の言語」が回復していく「自律的な形象」を獲得させている。それだけでなく、「神戸もやいの会」や「震災・まちのアーカイブ」の設立を通して、季村は「震災体験を市民のネットワークのなかで掘り下げる活動」を展開してきたのである。

以上のような本書の構成は、それ自体がノットワーキング的である。言いかえれば、本書は、人間活動の多様で異なる諸領域の間に「結び目」を結い、つながりを創発していく、ノットワーキングの試みそのものである。そこに垂直的コントロールの単一の中心＝権威があるというよりも、むしろ互いに異質なものの間を横断し水平的に結びつなげることを、本書は試みたのである。このことによって本書が照らし出そうとしているのは、互いに異質なものの間での越境行為や他者への応答的関係、すなわち人間の様々な生の現場においてノットワーキングが可能にする新しい「結び合わせるパターン（the pattern that connects）」（ベイトソン 2006）の創発なのである。本書の各章は、それぞれ、異質な領域での人間の「仕事」に向き合っている。しかし、それらがいみじくも光を投げかけているのは、ノットワーキング的な人間の新しい生き方であり、そうした「エージェンシー」である。

第Ⅰ部　拡張的学習のノットワーキング

第1章

境界領域の活動へ
――放課後教育活動におけるノットワーキング

山住勝広

1　ノットワーキングによる学校システム開発

1990年代このかた、グローバルな脱工業化＝ポスト産業資本主義への移行が急速に進み、その結果、経済環境だけでなく、あらゆる社会環境に急激な多様性、複雑性、不確実性がもたらされた。それは既存の社会制度に、容赦ないプレッシャーと動揺を与えている。

学校教育も例外ではない。このような社会形態の激変、そして文化的多様性・複雑性の拡大は、他の社会制度にも増して、学校に変化へのプレッシャーを与えている（Hargreaves et al., 2001 を参照）。

ここ十数年ほどの間に、学校教育を取り巻く社会環境は激変した。都市の学校を中心に、従来の同質的で身近な地域性（閉じられた地理的境界）といった、学校の安定した社会基盤が失われつつある。また、インターネットなどの電子的な情報通信技術の発展は、誰もが大量の知識や情報にアクセスできるようにした反面で、知識や情報と人々の関係を変容させ、知識や情報をますますシミュレーション的なものとし、バーチャル化している。そして学校が子どもに教えなければならないとされる知識や技能の体系を動揺させ、不安定なものにしている。学校で教わる知識の地位は大きく低下し、学校で何を「教えるか」は、もはや自明ではない。言いかえれば、学校でどうしても「学ばなければならないこと」は何なのか、それが問われている。

だが学校はほぼ百年間、その伝統的な基本的姿を変えていない。いまだ閉鎖的空間として学校外の現実世界から孤立していることが、むしろ学校の特徴になっている。学校が伝統的に存続させている制度的な論理は、「閉ざされた自律性 (closed autonomy)」である。

しかし今日の社会環境の激変は、急速に学校の変化と革新を迫っている。たとえば、経済の変化である。「知識経済 (knowledge economy)」と呼ばれるニュー・エコノミーは、単なる製品の製造やサービスの供給といった伝統的な経済のありようを超え、多国籍企業に典型的なように、グローバリゼーションの下、情報通信技術をフルに活用した知識の生産・応用・普及をめざすものとなってきた。経済はモノの生産から、知識・情報の生産へとシフトしているのである。こうした経済のシフトは、私たちの生活のすべての側面に影響している (ギデンズ 2001 を参照)。

こうして今日の学校に対する人々の期待は、文化の継承と創造を通して人々が互いの結び合いや信頼を築く場所、というよりも、むしろ商品としての教育サービスのスーパーマーケットのようなものに変化してきている。生徒はあたかも、教育サービスに対するバラバラの個人消費者のようなものになる。今日、学校教育は、著しく市場化や商品化や私事化の様相を呈しているのだ。

学校教育がそうした経済の変化に適応するためには、何よりもこのような変化に対応できる能力を発達させる学校カリキュラムの再構築が求められるだろう（Seltzer & Bentley, 2001 を参照）。たとえば、アンディ・ハーグリーヴズら（Hargreaves et al., 2001, pp.87-88）は、学校の「新しいカリキュラム」を「職業との関連性」の側面から吟味している。彼らが指摘しているのは、「新しいカリキュラム」が「アカデミック・スキル」「知識を現実問題に適用するスキル」「個人のマネージメント・スキル」「チームワーク・スキル」など、広範かつ汎用性の高いスキルの総合的な促進をめざしている、ということである。

こうして学校は、「伝統」と「創造・革新」の間の緊張関係に直面しているのだ、と言えるだろう。学校は新しいものをどれだけ創造できるのか。これこそ、このような変化による矛盾状況に直面する学校教育の潜在力に対して向けられた新たな問いなのである。

変化はつねに両義的である。今日、学校教育が直面する急激な変化は、決して否定的な影響を持つだけではない。学校をめぐる環境の激変に対して、よくあるような過去へのノスタルジアに陥ってはならないだろう。美化された過去への回帰は、現実の歴史的な諸条件の中で生じる変化が潜在的に胚胎させている、新たな可能性や未来への積極的な視点を奪うからである。一言でいえば、いま学校は、複雑・多様化し技術が高度に発展した社会に向き合っている。それは、壁やフェンスといった物理的境界、そして様々なアイデンティティのカテゴリー（年齢、性、民族、階級、社会的・経済的ステータスなど）によって境界＝限界を課してきた伝統的な学校教育のあり方をブレークスルーしていく、拡張的な学習活動を新たに生成する潜在力を胚胎させてもいるのだ。

近代の産業資本主義的な社会的活動システムの本質的な特徴は、活動の諸領域が結ばれ、つながることなく区画化・分断化され、各領域が強く枠づけられ閉じられている点にある。とりわけ生命と労働力の公的な再生産領域である教育と医療は、近代国家をその担い手として中央集権的に管理・コントロールされてきたため、その様相が強い。

こうした特徴は、学校教育の活動形態に色濃く認められる。たとえば、ユーリア・エンゲストローム ら（Engeström et al. 2002, p.211）は、学校教育の活動システムに見い出される時間・空間・行為の分断を、次のような三つの構造的次元でとらえている。言うまでもなくそうした構造的諸特徴は、学校における協働的な活動の強力な「障害物」である。

・個々の学級・教師・学校がそれぞれ孤立した閉鎖的単位となるような「社会的・空間的構造」
・個々バラバラの授業、もっぱら短く区切られ定型化された仕事の時間配分（テスト・定期試験・進級など）といった「時間的構造」
・「弱点」「有能」「受動的」「積極的」などのカテゴリーに生徒を分類するような「動機的・倫理的構造」（進級や試験の成否が活動の主たる動機になる。）

従来、学校教育のカリキュラムや授業や学習の研究は、所定の教科書を子どもに教え、伝達することだけを対象にしてきた。教育の諸制度はきわめて内向きに閉ざされた「活動システム（activity system）」（図序－2を参照）であり、その外にある現実の社会的活動にほとんど影響を与えていない。

序章で述べた「活動理論（activity theory）」のアプローチは、学校教育における子どもたちの学習と発達、すなわち子どもたち自身の「仕事」を含む、学校の「仕事」の対象を、拡張的に再定義しようとするものである。つまり、学校の新たな活動形態やパターンを創り出し、制度やシステムを変革し新たに創造することが、活動理論的研究のテーマである。これは、既存の「学校学習（school learning）」の活動システムの中で教育技術を改善していくことに留まるものではない。学校システム開発への活動理論的アプローチは、「ルール」や「コミュニティ」や「分業」といった活動システムの基盤をも、拡張的にデザインし直そうとするものである。

この章では、こうした学校システム開発への活動理論的アプローチの試みを、第三世代以後の活動理論的研究（序章を参照）が追求する「多重化する活動によって分かち合われた場（distributed multi-activity fields）」（Engeström, 2005）や「境界領域の活動（boundary zone activity）」（Tuomi-Gröhn, 2005を参照）のコンセプトにもとづいて考えてみたい。そして、そうした協働的な活動の新しい形態やシステムを生成していく相互作用の過程として、序章で検討した「ノットワーキング（knotworking: 結び目づくり）」に注目していこう。

そのさい、事例として、関西大学人間活動理論研究センター[1]の「ニュースクール」プロジェクトを取り上げる。「ニュースクール」は、小学生と大学生が協働で進める放課後教育活動の試みである。そこでは、伝統的な学校学習の境界を超え、現実の生活活動と発展的にネットワークする学習の創造がめざされている。また、そこでは、大学、小学校、学校外の仕事や組織、専門家集団・社会団体、家庭・地域の間の生産的な協働が進展している。こうした放課後教育活動の開発は、学校外の社会的活動・生産的実践・生活活動と相互作用しネットワークしていくような「拡張的学習（expansive learning）」（序章第1節を参照）を創造していくものである。

「ニュースクール」は、学校と学校、学校と社会、学校と学校外の多様なコミュニティ組織・専門家集団・社会団体の間を越境し横断する、ハイブリッド（異種混成的）な教育実践のプロジェクトである。こうした教育実践の新しい形態を、ハリー・ダニエルズら（Daniels et al., 2006）にならって「クロス・スクール・ワーキング（cross-school working）」と言うことができよう。後に詳しく述べるように、「ニュースクール」は、学校と学校外のアクター（行為者）が社会的な生活世界をよりよく変化させる活動を結び合わせていくような「境界領域の活動」を創り出そうとしている。また、それは、創造的なカリキュラムや授業や学習活動を生み出すためのクロス・スクール・ワーキングを通して、社会変化の「担い手（agent）」としての学校の積極的な役割と意義を追求している。

もちろん、こうした「境界領域の活動」は、一般に「パートナーシップ」「チーム」「ネットワーク」「実践の共同体」と言われるようなあり方と共通する協働的な活動である。しかしながら、他方で、それをすでに確立した安定的なチームやネットワーク、あるいはそれらの集合体と見ることはできない。なぜなら、「境界領域の活動」は、すでに存在するものではなく、境界領域において越境的・横断的に生成し立ち現れてくるものだからである。そのため、一般的なチームワークやネットワークを超え、「ノットワーキング」の実践が必要なのである。「ノットワーキング」は、協働的な活動の創発的な形態である。この概念によって私たちは、安定的なチームやネットワークとは違い、問題解決へ連合する人々が時々に変わりながら結合していくさまをとらえることができる。「クロス・スクール・

ワーキング」の中で学校外の社会的な生活世界とネットワークする拡張的学習を生み出すために、学校のノットワーキング的活動、その「ツール（道具）」「ルール」「分業」がぜひとも必要なのである。

以下では、まず、人間活動を新たに組織化する形態として立ち現れてきた「多重化する活動によって分かち合われた場」の問題から考えていこう。

2　多重化する活動によって分かち合われた場

近年のグローバリゼーションの進行によって、私たちの生活や社会が根本的に再編され、仕事や組織が、近代産業資本主義の下での大量生産・大量消費のシステムから、ネットワークやパートナーシップの形態へと、急速にシフトしている。仕事や組織も、文化的に多様な諸領域の間を越境するものとなってきた。そうだとすれば、人間の学習と発達についても、私たちは新しい見方を形成する必要に

［1］関西大学人間活動理論研究センター（Center for Human Activity Theory: 略称ＣＨＡＴ）は、学校教育、科学や技術、文化や芸術、仕事や組織、コミュニティなど、多様な人間活動の実践の中で、人々が自らの生活や未来を創造的にデザインしていくための革新的な学習と教育システムを研究開発していく国際的な共同研究拠点として、２００５年４月、関西大学に設立された。次のホームページを参照されたい。http://www.chat.kansai-u.ac.jp/

迫られているのではないだろうか。

その考察に進む前に、まず、こうした「歴史的」な変化をどのように分析したらよいかについて述べておこう。エンゲストローム（Engeström, 2005, pp.97-98）は、産業資本主義社会を編成する二つの主要な原理として、「ヒエラルキー（階層秩序）」と「マーケット（市場）」をあげている。それらは仕事や組織の主要な形態であり、変化するワークプレイスの景観を凝集する二つの軸といえるものである。エンゲストロームは「ヒエラルキー」原理と「マーケット」原理にもとづく組織を、それぞれ次のように説明している（p.97）。

・ヒエラルキー原理の下での組織　たとえば、垂直的に統括された企業体や巨大な官僚制である。これは、伝統的な大量生産で必要とされる「標準化」の保証には強い。しかし、硬直性という点にその限界がある。こうした組織を担う行為者のあり方は、単純化すれば、管理側は「統制し命令せよ（control and command）」、労働者側は「抵抗し防御せよ（resist and defend）」という規則によって特徴づけられるだろう。

・マーケット原理の下での組織　新たなチャンスの開拓を追求する、より身軽な企業が典型である。これには、柔軟性という点に強みがある。しかし、過度の競争という点が限界である。それは、協働（collaboration）と互酬性（reciprocity）を排除する傾向にある。こうしたマーケット型組織は、理念的には、先のヒエラルキー型組織にあったような二元論を、次のような最優先の規則に溶かし込む。「好機をつかみ利益を最大化せよ（take advantage and maximize gain）」。

産業資本主義社会における仕事や組織のこれら二つの古典的な形態は、今日、大きな挑戦を受けるようになってきた（たとえば、Powell, 1990 などを参照）。それらは、多様な「ネットワーク」の下、新しい形態に取って代わられつつある。そこでは、複数の相異なる組織やユニットが、伝統的な境界＝限界を越境して、協働による革新を追求している。こうしたネットワーク型組織の規則はこうなるだろう。「接続し交換せよ（connect and reciprocate）」。エンゲストローム（Engeström, 2005）は、「活動理論」の観点から、こうしたネットワーク型組織について、次のように述べている。

仕事の組織の中で連合と提携の形態が占める割合は、近年、爆発的に増えている。会社はもはや個人経営の形態で競っているのではない。それらは、成功のために協働する企業群の形態へと急速に変化しながら競争しているのだ。経済のあらゆるセクターを事実上横断して、連合は諸企業の相互作用を再形成してきている。……

提携と連合の形態は、多重化する組織の場において典型的に起こっている（Scott et al., 2000）。活動理論の用語では、それは、多重化する活動によって分かち合われた場や領域、と呼ばれるだろう。それらは大規模な対象を部分的に共有することによって、互いに結びつけられているのだ。こうした「流動化する対象（runaway object）」の獲得、そして／あるいは、育成は、分かち合いのためにコーディネートされたエージェンシーという新たな形態を迫り求めるのである。（pp. 97-98）

序章で述べたように、たとえば複数の異なる病気を同時に抱え長期的なケアが必要な患者は、複雑・

多様な「流動化する対象」と言えるだろう。それを、単純な対象として確定したり固定したりすることはできない。つまり、「逃走する対象」なのである。彼らは複数の異なる医療機関（たとえば、地域の診療所、異なる診療科、大学の専門病院など）の間を脈絡なくさまよい漂流しているにひとしい。彼らが受けているさまざまな医療行為のそれぞれは、互いに分断され、各々が閉ざされていて、バラバラなものになってしまっている〔2〕。

エンゲストロームの研究グループが明らかにしているのは、こうした伝統的・標準的な医療活動に内在する根本的な「矛盾」である。「矛盾」は、個々の行為者が日常的に経験する問題状況や葛藤を、彼らが実践する活動システムの次元で生じる緊張関係としてとらえ直したものである。ここでは次のような「矛盾」に対する問いを立てることができるだろう。行為の様々な担い手たちはいかに「流動化する対象」のある部分を共有し、それぞれの行為の対象を互いに重ね合わせることができるのか。そうした対象の横断的な共有を通して、行為者たちはいかに互いに結びつくことができるのか。また、提携と連合の新たな活動形態をいかにデザインできるのか。そして、その中で、異なる多様な専門家や実践者たちは、互いに対話し協働し横断結合する実践を経験しながら、いかに自分たち自身の未来の仕事を形成する「エージェンシー」（序章第1節を参照）、すなわち自らの主体的・能動的な行為能力を発達させることができるのか。

こうした問いかけは、活動理論の新しい問題設定に由来している。つまり、それは、グローバリゼーションによってもたらされた多様性・複雑性・不確実性といった社会生活の全般的な変化に対し、境界を超えて連帯する「インター・エージェンシー」、すなわち複数の相異なる行為の主体や機関の間での「相互的な行為の主体性や能力」、あるいは「マルチ・エージェンシー」、すなわち「多重化する行為の主体性や能力」の形成によって応答しようとするものである（Daniels et al., 2005; Edwards, 2007; Yamazumi, 2007を参照）。このようなエージェンシーは、「流動化する対象」を分かち合う、様々な活動の多重化において形成される。

今日、グローバリゼーションの荒波に見舞われ変化しつづけている私たちの社会生活の複雑・多様な問題に対し、旧態依然とした伝統的・標準的な社会システムは、もはや十全に対応できていない。アンソニー・ギデンズ（2001）は、国家、家族、仕事、伝統、自然など、社会生活の様々な領域における諸制度の空洞化を、「貝殻制度」と名づけている。それは、「外見はもとのままだし、名前が変わったわけでもないのに、その中身がすっかり変わってしまった制度」（pp.43-44）を意味している。むしろ重要なのは、それがもたらす深刻な社会問題に対し、既存の（中身の風化した）社会システムが有効な手立てを提供できていないことである。活動理論的に言えば、「流動化する対象」に対して、「誰も責任を負えない、負わない」という矛盾が生じているのである。ここにおいて活動理論は、人間の現実的な社会生活を組織化する新たな形態として、「私たちの責任を共有する」ような社会システムを探究しなければならないだろう。

〔2〕同様の問題が、イギリスにおける「特別支援教育（Special Educational Needs: SEN）」の現状に対して、ダニエルズら（Daniels et al., 2005）によって指摘されている。

序章で述べたように、第三世代活動理論における分析とデザインのターゲットは、「単一の活動システム」から「複数の相異なる活動システムの相互作用と協働」へ移っている。したがって、その焦点は、「多重化する活動によって分かち合われた場」ということになる。第三世代活動理論は、組織間に生まれる、組織横断的な、相異なる専門性や文化の間での学習（Daniels et al., 2005; Daniels et al., 2006; Engeström, 2001, 2005, 2006, 本書第2章；山住 2004a, 2004b; Yamazumi, 2005, 2006a, 2006b, 2007; Yamazumi, Engeström & Daniels, 2005）、そして人間の社会的な生活活動の水平的・越境的・横断的な拡張（Engeström, 1996, 2006）という新たな研究課題を提起している。

文化・組織・仕事・専門などの垣根を超え、対話と協働とネットワークを生み出そうとする人間活動の新たな「協働の編成・配置（co-configuration）」は、人々の柔軟な「ノットワーキング」の実践によって創り出されるだろう。先に見たように、「協働の編成・配置」は「接続し交換せよ」を規則にするようなネットワーク型組織のあり方として、仕事や実践の歴史的に新しい組織形態になってきている。しかし、そうした人間活動の新たな形態は、通常、たとえば企業のサクセス・ストーリーとして語られるのみである。ネットワーク型組織の内容、形態、長所・短所などに関する詳細な実証研究は、依然として十分ではない。そのため、「ノットワーキング」の概念がよりいっそう重要になっている。なぜなら、それは、人々がいかに相互の交渉を通じて「下から」＝「内側から」仕事や実践の新たな組織化を生み出していくのかに焦点を合わせているからである。こうした「ノットワーキング」は、「協働の自己組織化（collaborative self-organization）」と呼べる実践なのである。

序章で詳述したように、「ノットワーキング」は、あたかも「ノット」＝「結び目」を編み出していくかのような、人々の束の間の短期的な結びつきであり、つながりである。そこに、固定されたコントロールの権限を独占するひとりの人物が存在しているわけではない。だから、そこに「中心はない」(Engeström, Engeström & Vähäaho, 1999)。くりかえせば、それは、安定的に固定化されたチームやネットワークではない。むしろ、それは複雑・多様なクライアントやユーザーのニーズにそのつど応答し、流動的な状況の中で即興的に協働する、仕事や実践の柔軟な形態のことである。つまり、「ノットワーキング」は、固定され中心化された活動領域を超え、人やリソースをつねに変化させながら結び合わせていく、脱中心化・脱領域化された仕事や実践の水平的で協働的な生成を指し示しているのである。

次節では、こうした「ノットワーキング」の具体的な実践のひとつとして、学校における学習活動の転換を取り上げ、それを複数の相異なる活動システムを横断する「拡張的学習」の観点から考えていこう。

3　学習活動の新たな価値の創造

(1)　学習の使用価値の再定義

産業資本主義の時代には、学校教育は近代産業の大量生産システムのアセンブリーライン、すなわち「規格化・均質化された製品を大量に生産することのできる流れ作業の工程」をモデルにしたものだった。「工場スタイルの学校」「機械モデルの学校」である。このような大量生産型教育システム（フォーディズムの学校）は、産業化の時代（マシーン・エイジ）における労働現場の組織化にフィットした学校の組織化である。そこで行われる伝統的な学校学習は、教科書の受動的な受容と暗記、「読み・書き・算」（3R's）といった基礎技能の形式的・機械的な反復練習を中心にしたものだ。学校学習の活動システムという点から分析するならば、それは、「学年」「学級」「担任教師」「学期」「試験・進級」「ベル」「時間割」「進度」「教育課程の標準化」などによって特徴づけられる。学校は、'one-size-fits-all'（単一の標準規格にすべてを適合させる）のコンセプトの下、組織化されている。

このような「生産ライン」の学校モデルは、複雑・多様化し技術が高度に発展した社会への移行の中で、子どもたちの学習の多様な可能性を閉ざすものとなった。むしろ、伝統的・標準的な学校モデルは、子どもたちの学習との間に完全なミスマッチを引き起こしているといえるだろう。伝統的・標準的な学校は、「学校でしか知識をえられない」という時代のスタイルから脱却できていない。言いかえれば、それは、「知識を教えること」を独占していた学校のスタイルなのである。インターネットに代表される学校以外の知識・情報の多様な「提供者」の台頭は、先に述べたように、「学校で知識を教えること」の必然性をほぼ失わせている。ほとんどの知識や情報は学校以外で手に入るのだから。学校はいま、それら「ライバルたち」に対し、学校で「学ぶことの価値」をいかに創造できるかを、根底から問われているのである。

アン・リーバーマンとリン・ミラー（Lieberman & Miller, 2004, pp.10-11）は、新しい世紀の要求に応えるために、「教えること」の社会的現実を、古いものから新しいものへと転換していかなければならない、と言っている。そのポイントは、「教えること中心から学ぶこと中心への転換」である。

教師たちが教える行為から学習の過程へと注意をシフトさせるとき、彼らは「単一の標準規格は少数にしか適合しない」(Ohanian, 1999) ことを互いに悟るようになる。生徒の作業を協働で見ていったり、カリキュラム・評価・授業方略を一緒にデザインしたりすることによって、教師たちは集団としての知識や自信を獲得する。そして、標準化されたアプローチや基準に取って代わるものを協働構築する力を獲得するのである。(p.11)

学校は、「人々がいかに学ぶか」を中心にした活動形態へと転換しなければならない。それは、学校のまわりに「学ぶこと」に関する専門的なコミュニティを形成することでもある。たとえば、「クリティカルに思考すること、情報のソースを吟味すること、市民として民主主義に十全に参加すること」(p.3) などが、学校で「学ぶこと」のよりよい価値になるだろう。

エンゲストローム (1999) は、学校学習の活動理論的分析において、学校学習の活動システムに浸透する「交換価値 (exchange value)」と「使用価値 (use value)」の「二重性」が活動の第一の矛盾になるとしている (こうした価値形態の二重性については、序章第1節を参照)。それは、学校における学習が、「社会経済的な根本矛盾や交換価値と使用価値との統一体としての商品がもつ二重性によって規定されている」(p.110) ということである。柄谷行人 (2004) は、カール・マルクスの「商品の価値形態」論を、「商品の関係体系」の観点から、次のように分析している。「マルクスが『資本論』で『価値形態』として論じたのは、一商品は他の商品と交換されることによってしか価値たりえないということである」（pp.295-296; 傍点は引用者）。マルクスによる「価値形態」（商品の関係体系）論は、「価値をまさに交換価値とする価値形態」（p.300）の発見なのである。エンゲストローム（1999）が次のように学校学習を基本的に特徴づけるとき、それは、学校学習がいかに「他の商品と交換される」ことによって「価値」たりえるのかという、学校学習の「価値形態」（関係体系）を問題にしているのである。

> この活動の構成要素は、二つの競合する形態として生徒たちに現れる。対象である「テクスト」は、二重の意味をもつ。一方では、テクストは、よい成績をえるために——労働市場における生徒の将来の価値を決定する「成功のしるし」をえるために——再生産される死んだ対象である。もう一方でテクストは、学校の外の社会に対する自分自身のあり方を打ち立てるための生きた道具ともなる。この意味で、学校のテクストにも潜在的な使用価値があるということもできる。活動の対象がリアルな動機である場合には、学校教育の動機にまつわる二重の性格はいっそうあざやかに浮き彫りになる。（pp.110-111）

エンゲストロームが学校における生徒の活動の「第一の矛盾」と呼ぶものは、こうした資本制経済における商品の「交換価値」と「使用価値」の二重性に根ざしているのだ。生徒は教科書を使って学習する。しかし、教科書は何かの役に立つ知識を学ぶためだけに使われているのではない——つまり、「使用価値」のみではない。それは同時に、むしろ何よりも、進級や進学のための勉強の対象である。将来の労働市場における自身の「交換価値」を最大化することが、こうした活動の価値なのである。

伝統的な授業と学習は、「バラバラで機械的に繰り返される学習行為を、執拗なまでに存続させてきたのであり、またこれからも存続させることになりそうである」(p.113)。同時に、伝統的な学校における教師の仕事とその文化は、あらかじめ定められた内容の伝達に重きを置くような、固定的で頑強な諸要素を保持しつづけている。伝統的な学校教育において、教師と生徒の活動は互いに分離し隔絶していると言わざるをえない。教師にとって活動の主な対象となるのは、生徒に所定の知識・技能を獲得させることである。他方、生徒にとっては学校からあてがわれる「日課」、すなわち「バラバラの学習行為の執拗な繰り返し」こそが、活動の主たる対象である。

伝統的な授業と学習は成功するための「道具」であり、「労働市場における生徒の将来の価値を決定する『成功のしるし』」になるような「成績」「進級」「進学」「就職」との交換を価値形態としているのである。それは、「隠れたカリキュラム」、すなわち学校学習の文脈に特徴的な行動の奥に潜んでいるルールやパターンを獲得する、というレベルでの学習となる。子どもは、このレベルにおいて、「生徒であることは何を意味しているか」「いかに教師を喜ばせるか」「どうやって試験に合格するか」「どのように仲間に加わるか」などを学習する。学校学習の典型的な「道具」たる「形式化された勉強の技術」には、教師の質問の意図や筆記試験の出題者の意図を読み取るといったことが含まれる。このように上から与えられた個別の問題を解き、正しい答えに反応する、というレベルの学習について、エンゲストロームはこう言っている。

私の主張は、学習活動の対象は、テクストに還元されるものでは決してないということである。このような還元は、普通は、学習の生産性を最小限にしてしまい（死んだ対象としてのテクスト）、もっとも恵まれた場合でさえ、その生産性は主知主義の檻のなかに閉じ込められてしまうのである（テクストのみを生産する）。(p.111)

こうした学校学習は、しかし、「交換価値」と「使用価値」が「総合」されるかどうかの根源的な危機（柄谷 2004, pp.291-295 を参照）に直面する。エンゲストローム（1999）が言うように、「バラバラで機械的に繰り返される学習行為」である学校学習は、それにちょうど対応するものとして、「同じようにバラバラだが『逸脱した』解放のための行為によって補完される」(p.113)。

学校教育の内的矛盾は、……この活動の使用価値の側面に向かう「逸脱した」生徒の行為をたえず生産しつづける。学校の歴史は、そのシステムを打ち負かし、抗議し、破壊する巧妙な手段を発見する歴史でもあった。しかし、たとえこうした行為が古来からあったとしても、それらが新しいタイプの活動――すなわち私たちが言うところの学習活動――へと拡張することはなかった。……学校での学習におけるもっとも深部からの質的変化の兆候は、まだ十分に熟してはいない。(pp.112-113)

先に述べたように、伝統的・標準的な学校モデルは、子どもたちの学習の多様な可能性との間に完全なミスマッチを引き起こしている。しかし、学校学習には、エンゲストロームが言うように、「潜在的な使用価値」もあるのだ。では、それはどのようなものなのか。また、活動の「使用価値」に向かってはいるが「逸脱した」抵抗の行為としてしか現れることのできない学習を、どう乗り越えるか。つまり、学校教育における学習の対象を創り直すことによって、学習の新たな「使用価値」をどのように発見し拡張することができるのか。

ここで、エンゲストロームが「潜在的な使用価値」に向かう学習と呼ぶものが、大きな手がかりになる。それは、「学校の外の社会に対する自分自身のあり方を打ち立てるための生きた道具」に向かうような学習である。こうした学習は、現実の生活世界や社会的活動という学校外の文脈との接続・交換において、学習者にとって新たな学習の「使用価値」（効用）を創り出すだろう。学習は、現実の生活世界や社会的活動の新たな創造と意味あるかたちで連関していく。言いかえれば、リアルな意味を持つ文脈の中で学習が「生きた道具」になっていくのである。

しかし、くりかえせば、社会状況のダイナミックな質的変化は、学校での学習の新たな価値創造に大きな危機をもたらしている。ＯＥＣＤ（経済協力開発機構）教育研究革新センターは学校カリキュラムに関する報告書（2001）の中で、そうした危機を次のように指摘している。

……ダイナミックな状況変化から生まれる客観的ニーズと、まともに受け止められたい、自分たちの生活状況や周辺環境を左右する力を付与されたい、と思う若者たちの主観的な願いとは、対抗関係にある。若者が左右されやすい圧力が多様に存在していることと、若者たちが自分たちで影響力を発揮する機会との間には、かなりの程度不一致が存在するように思える。

ラジオのレポートで引用された「我、投石す。ゆえに我あり」というスキンヘッドの若者の言葉がその生々しい実例だ。破壊行為（破壊主義）は、自分の周辺環境に個人の痕跡を残す方法である。責任の取れる建設的な方法で、若者が自分たちの社会環境の形成に貢献でき、そのことで自分たちが社会のなかで重要な役割を果たしていることを経験できる枠組みづくりがもっと必要になっている。環境に対して行動を起こすことが複雑性に対処する方法と考えられている。（pp.190-191）

では、こうした学校教育の危機をブレークスルーし、学校での学習の新たな価値をどう創造していけるのだろうか。次に論じる「拡張的学習」の理論は、まさに学校学習の新しい質的次元を切り拓いていこうとするものである。

（2）拡張的学習の横断的ネットワーク

先に述べたように、伝統的・標準的な学校教育においては、教師と生徒の活動はそれぞれ分離し隔絶したものになっている。つまり、活動の対象は共有されていない。学校教育の真の目的が文化の継承と創造にあり、協働の学び合いを生成することにあるならば、教師と生徒の活動を結び合わせるような「共有された対象」の構築が不可欠である。これは、教師と生徒の間、すなわち異質な二つの活動システム間の接触であり対話であり越境であるだろう。そこで立ち現れてくるのは、学校教育の新しいタイプの活動、すなわち「学習活動（learning activity）」である。逆に言えば、教師と生徒自身による「学習活動」の協働デザインと実践をコアにした、新しい学校の生成である。エンゲストローム（1999）はこう言っている。

学校教育の活動では、一定の学習行為が体系的につくられてきた。しかし、一般的には、学校教育は、学習活動とはほど遠い。生徒たちは、バラバラな学習主体として位置づけられており、学習活動システム全体の主体としては位置づけられていない。（p.111）

活動理論が対象とするのは、歴史的（文脈的）変化の中にある実践者たちの社会的・協働的な実践活動の新たな形態やパターンの生成であり、新しい実践活動の創造を通した人間の発達である。エンゲストロームは、このような活動理論の中心に、新しい実践活動を創造していく協働学習のモデル、すなわち「拡張的学習」の理論を置いている（エンゲストローム 1999; 山住 2004a; Yamazumi, 2005, 2006a; Yamazumi, Engeström & Daniels, 2005 を参照）。

拡張的学習は、実践現場において現実のトラブルや葛藤や矛盾に直面する実践者たちが、現状を乗り越え、変化について学び合い、現実の社会的な生活世界を変えていくための「生きた道具」を獲得していくような次元の学習である。それは、新しい実践活動を創造すると同時に、そのことを通して自分たちの新しいあり方を発達させようとする協働学習である。また、所与の情報を乗り越え、「いまだ存在していない何か（what is not yet there）」を新たに生み出していく、創造的な学習の挑戦と言えるものである。

エンゲストロームとティモ・カリネン（Engeström & Kallinen, 1988）は、こうした「創造することを学ぶ」ということについて、劇場での演劇の活動システムを例に論じている。劇場の活動と現実の生活世界はいかに関連するか。この問いを探究しつつ彼らは、同時に学校学習の限界をも指摘する。

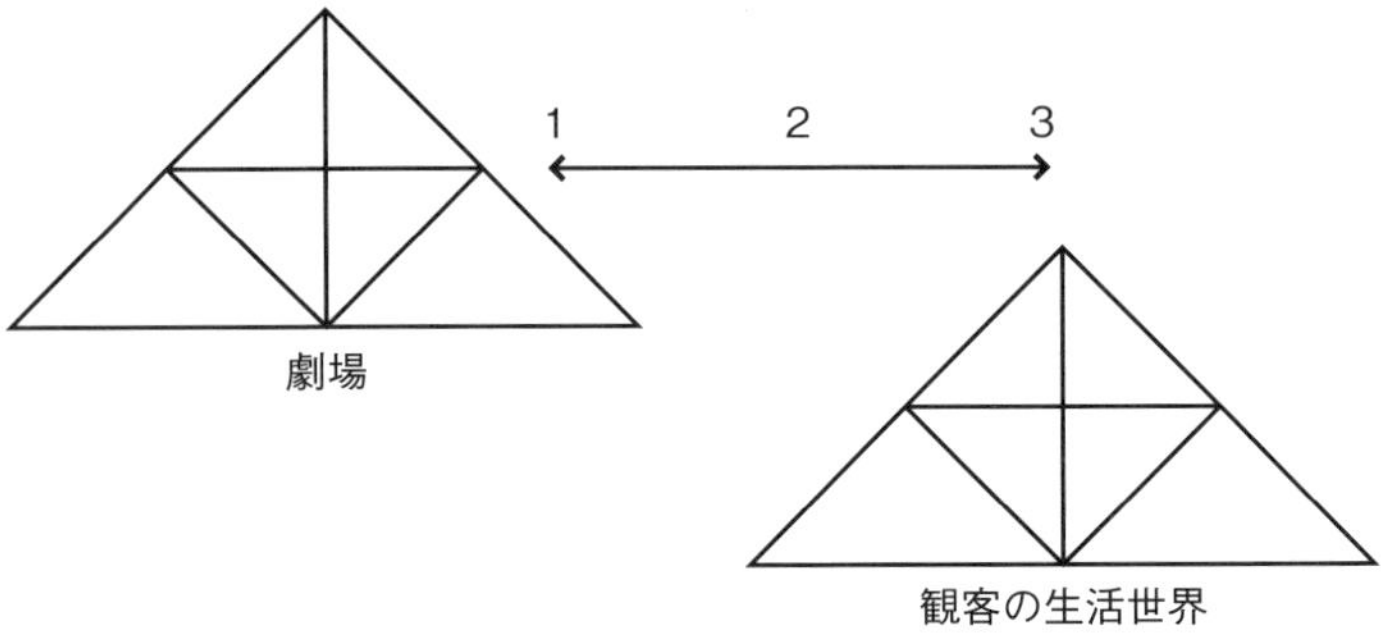

1．劇場の対象として構成される生活世界
2．想像された世界の中で生まれる生活世界（成果）
3．生活活動の道具へと転回した想像世界

図１−１　劇場の生産の拡張的モデル
(Engeström & Kallinen, 1988, p.66)

劇場の演劇活動は、「想像された生活世界」の創造を活動対象にしている。図1‐1は、劇場の集合的活動システムの対象が、「生活世界の構成」であることを示している。

ここで重要なことは、劇場の想像世界の中で生まれた生活世界が、観客の生活世界と結びつくことである。つまり、劇場で創造された想像世界が、観客の生活活動の「生きた道具」へと転回する、ということである。ここに、劇場が「創造することを学ぶ」ような場になりうる潜在力があるだろう。

このような劇場での演劇活動の潜在力と比較した場合、伝統的な学校には、次のような限界があった。それは、学校が、正しい答えを上から伝達しつづけているような場所である、ということだ。「学び手が学びの必要を生じさせるような問題の根源」(Young, 1998, p.154) に直面し、その学習のプロセスを下から生み出していく、ということが学校にはほとんどない。したがって、もし学校を「劇場」に譬《たと》えるならば、エンゲストロームとカリネン（Engeström & Kallinen, 1988）が言うように、「学校の外の世界には存在しないし、存在もできない（未来のプロジェクトとしてさえも存在しない）ような『劇場』を、子どもたちに教えることには疑問がある」（p.67）ということになる。

拡張的学習の理論は、学習理論の新しいアプローチとして、人間の学習が持つ最も重要な潜在力に光を当てている。つまり、所与の制度的限界や文脈を超え、新たな想像世界を創造していくような学習の潜在力である。

こうした拡張的学習は、学校教育の文脈では次のようにして学習活動の新しい質的次元を切り拓くものになるだろう。それは、確定的な文化の再生産に偏重した学校学習の構造を転換し、現実の生活世界における問題発見、探究・調査、知識・技能の構造的理解と実践的応用、そして新しい文化の創造を学習の対象としていく学習活動である。また、次のように言うこともできる。拡張的学習は、科学・芸術の成果を知的・感情的・実践的ツール（道具）として応用し、それを現実の生活世界や社会的活動の創造へネットワークさせていくような学習活動である、と。

では、拡張的学習の理論とモデルは新たな学校システムの開発をいかに展望させるだろうか。エンゲストローム（Engeström, 1991）は、拡張的学習のモデルの中心に、「学習者の集団」と「発展的な学びのネットワーク」のコンセプトを置き、次のように述べている[3]。

……拡張的学習は、伝統的な学校教科書、発見の文脈、実践的応用の間の関係づけを含め、学習対象を拡張することによって、カプセル化した学校学習の打破を提案する。したがって、そこでは、学校学習の活動そのものの転換が内部から行われていくのだ。この転換は特別なカリキュラム内容を通してなされる。それは長期にわたって分散した過程であって、上から指図された一回限りの転換ではない。（p.256; 傍点部は原文ではイタリック）

拡張的学習のアプローチは、学校改革のシナリオとして、どれほど現実的な見込みがあるものなのだろうか。何よりも強調しなければならないのは、このアプローチが、学校改革に対して新たに付け加わったトップダウンの戦略なのではない、ということである。拡張的学習のアプローチは、学校教育に参画し影響を被っている教師、子ども、親、そして住民などの間で現実に存在している葛藤や不満を活かし、そこから「学び合う学校改革」と呼びうるものを開始しようとする。言いかえれば、このアプローチは上からの「善意の改革」や抽象レベルに留まる「ユートピア的観念」にもとづかない。それは、「現在の実践の中にある矛盾」と直面することにもとづき、学校コミュニティの担い手自身による協働の問題分析から力を引き出し、「自分たち自身の未来をデザインし実行する」（p.256）こと、すなわち具体的な実践を転換していく拡張的な学び合いへ、彼らをいざなうのである。

拡張的学習のアプローチは、学習の対象と文脈を徐々に広げていくことによって、学校学習のカプセル化を打ち破ろうとするものである。学習の拡張された対象は、特別なカリキュラム内容を精密に吟味していく批評の文脈、発見の文脈、応用の文脈からなる。このような拡張的移行それ自体、下からの自己組織化を通した学習の過程である。この自己組織化は、学校の制度的境界を超えた学びのネットワークを創造することの中に自ら現れてくるものである。学校はこうして集合的な道具（collective instrument）へ転回するのだ。（p.257）

教師、子ども、親、そして学校教育に参加する多様な人々の間で生まれる拡張的学習は、学校をいわば「集合的な道具」として、「学校学習の活動構造そのものの拡張」を創造していく。「カプセル化した学校学習」は打破され、「学校の制度的境界を超えた学びのネットワーク」の創造へ向け転換される。エンゲストロームが言うように、学校は、人々が学習活動を創造するための「集合的道具」になりうるのだ。これは、私たちの社会と生活の新たなあり方をめざす、集合的かつ社会的な「変化の担い手（change agent）」として学校を見い出していくような、学校に対するまったく斬新なとらえ方なのである。

［3］拡張的学習の発展的なネットワークを提唱したこの論文（Engeström, 1991）のタイトルは象徴的である。それは、ラテン語で、'Non scolae sed vitae discimus' となっている。その意味は、'Not for school but for life' である。

4 放課後教育活動における拡張的学習の横断的ネットワーク
――ニュースクール・プロジェクト

この節では、カプセル化した学校学習の制度的境界＝限界を超えて拡張していく学習活動の試みとして、関西大学人間活動理論研究センター（Center for Human Activity Theory：以下、ＣＨＡＴと略記する）における小学生と大学生の放課後教育活動のプロジェクトを取り上げたい。私たちはそれを「ニュースクール」（New School：以下、ＮＳと略記する）プロジェクトと名づけている。

ＮＳのプロジェクトでは現在、「食」を楽しみ学び創造する、小学生と大学生の食育に関する「プロジェクト学習（project-based learning）」が展開されている（島田・山住 2007; Yamazumi, 2006a, 2006c, 2007; 山住・島田 2006 を参照）[4]。「食楽《しょくがく》――食を楽しもう」プロジェクトと呼んでいる２００６年度のＮＳでは、「食」に関する専門的な社会団体である神戸スローフード協会[5]、栄養学の専門家、農業や漁業の生産者・流通者らの社会的活動・生産的実践を子どもの学習と出会わせ、相互作用させ、つなぎ、重ね合わせ、対話させ、混成させるような活動がデザインされている。こうした学習活動は、食生活や生活環境の創造をテーマに長期的な調査・探究、表現・創造を進めるプロジェクト学習であり、参加者の「エコロジー的な思考」「持続可能な環境への責任感」を発達させようとするものである。また、こうした学習活動を通して、参加者の能動的・批評的・創造的な学習能力の発達がめざされている。

ＮＳの実践開発は、学校と学校外の社会的活動・生産的実践・生活活動と相互作用しネットワークしていくような「境界領域の活動」を通した教育実践の新たな形態の創造、と言うことができよう。こうした「生産的協働」は、学校と学校外のコミュニティや多様な組織との間で、社会的な生活世界をよりよく変化させていく活動を結び合わせるものである。学校内外の行為者たちが、境界領域での生産的協働を通して、学校と社会を横断する拡張的学習の発展的なネットワークを創造していく。そこでは、学校の制度的境界を超えていくノットワーキングの実践が、何よりも求められるのである。

（1）ハイブリッドな活動システムの創造

ＮＳは、毎週水曜日の放課後（午後2時～4時）や休日に、関西大学近隣の小学校に通う3年生から6年生の子どもたちと関西大学文学部初等教育学専修で小学校教師を志望する大学生が行っているプロジェクト学習の活動である。ＮＳは、ＣＨＡＴ、小学校、学校外の仕事や組織、専門家集団・社会団体、家庭・地域といった複数の相異なる活動システム間の相互作用とネットワーク、越境と協働を通して生み出されていく。ＣＨＡＴでは、活動理論の枠組みを分析とデザインのツールとして用いながら、学校教育と教師教育の新たな活動システムを、複数の相異なる仕事や組織が「境界領域の活

［4］朝日小学生新聞２００６年5月24日の記事「食育　教え方さまざまに広がる」も参照されたい。

［5］神戸スローフード協会のホームページを参照されたい。http://www.kobe-slowfood.org/

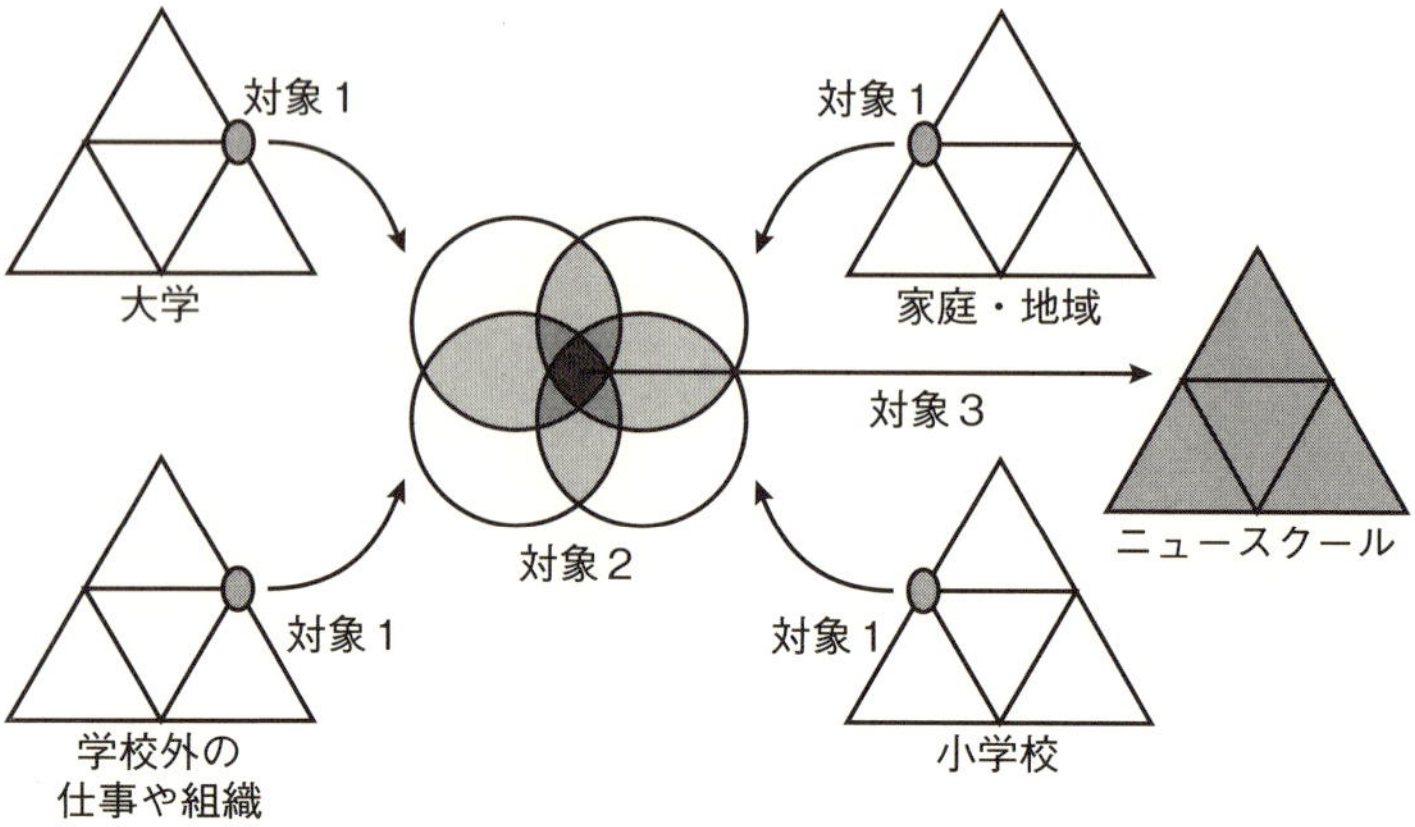

図1-2　新しいハイブリッドな活動システムとしてのニュースクール

動」を通して生み出す「ネットワーク型組織」、ととらえている。「ニュースクール」の「ニュー」とはそういう意味である。そこで立ち現れてくるのは、拡張的な「学びのネットワーク」である。

NSがそうしたハイブリッド（異種混成的）な活動システムを創造するものであることは、第三世代活動理論の概念的枠組み、すなわちエンゲストローム（Engeström, 2001, p.136）による「最小限二つの相互作用する活動システムのモデル」（図序-3を参照）を援用して、上の図1-2のように表すことができよう。

大学のCHAT、小学校、学校外の仕事や組織、専門家集団・社会団体、家庭・地域といった複数の相異なる活動システムがそれぞれの対象を拡張・共有することを通して、ハイブリッドな活動システムが新たに生まれてくる。こうした境界領域でのハイブリッドな活動や、生産的協働の中で、それぞれに異なる活動システムの行為者たちが、次のような対象に向けられた自発的《ボランタリー》な参加を行っているのだ。

・**小学生**　遊びと交流を通した協働の学習
・**大学生**　子どもの教育とケアのプログラムや教師の仕事に関する学習と実践
・**CHATのリサーチ・コーディネーターと研究者**　子どもの学習と教育、人間活動の新しい形態の発達に関する長期的な介入研究
・**学校の教師**　子どもの発達に関する理解の拡張、カリキュラム・授業・学習の転換に関する実践開発
・**学校外の仕事や組織、専門家集団・社会団体**　社会的活動・生産的実践の普及、消費者との対話や相互作用、子どもの教育活動へのコミットメント
・**家庭・地域**　学校外での子どもの教育とケア

しかし、こうした複数の相異なる対象や活動は個々バラバラにあるのではない。NSでは、「遊び」「交流」「学び」「仕事」といったタイプも担い手も異なる活動が横断的に結合し重なり合っている。つまり、「混合された活動（mixed activities）」が生まれている。

NSに参加している多様な行為者たちは、本来、それぞれが帰属している活動システムにおいて、固有の対象（目的・動機）に向けられた活動を行っている。しかし、NSの活動では、参加者たちはそうした普段の活動システムに属するとともに、そこから離れるのである。そのさい、それぞれの活

写真1－1　神戸市大沢食育実践農場での農業体験（2006年7月）

動システムは、NSへの参加において、本来の限定された対象を拡張させる。この対象の拡張こそが、異なる諸活動を結びつなぎ、重ね合わせ、対話・混成させる。つまり、NSという拡張された新たな対象が複数の相異なる活動の間で共有され、分かち合われるのである。

たとえば、神戸スローフード協会や栄養学の専門家は、NSの「食楽《しょくがく》」プロジェクトの中で栄養や食生活について子どもや学生が学ぶ食育の授業を行っている。こうした専門家は、「食」に関する社会的活動のため、子どもの教育活動へコミットメントする。専門家集団や社会団体は、本来の対象を拡張して、「学びのネットワーク」を創り出しているのである。

また、「食楽《しょくがく》」プロジェクトでは、神戸市北区の大沢食育実践農場において、200坪の農園で野菜を育てたり田植えをしたり収穫を行ったりしている（写真1－1を参照）。この農場の経営者は、

写真１−２　神戸市中央卸売市場の見学（2006年５月）

有機栽培、農業体験の受け入れ、福祉農業、都市と農村の交流、農作物のブランド化、地産地消といったコンセプトによる新たな農業を試みている。こうした新しいタイプの農業は、消費者との対話や相互作用や協働を志向しており、消費者の参加による生産活動をめざしているのである。NSに参加する農場経営者は、こうした新たな農業の一環として、「食楽《しょくがく》」プロジェクトにおける子どもや学生の学習活動にコミットメントし、「学びのネットワーク」を創り出しているのである。

上の写真１－２は、海産物の生産者の協力をえて、神戸市中央卸売市場で行われた見学である。小学生、大学生、保護者らは、水産業や市場について学ぶ機会を持ちながら、野菜づくりや米づくり同様、日々の食卓の背後にあって見ることのできない世界への想像力を働かせていく。

エンゲストローム（1999）が拡張的学習と呼ぶ学習活動は、人間活動の社会的ネットワークの中

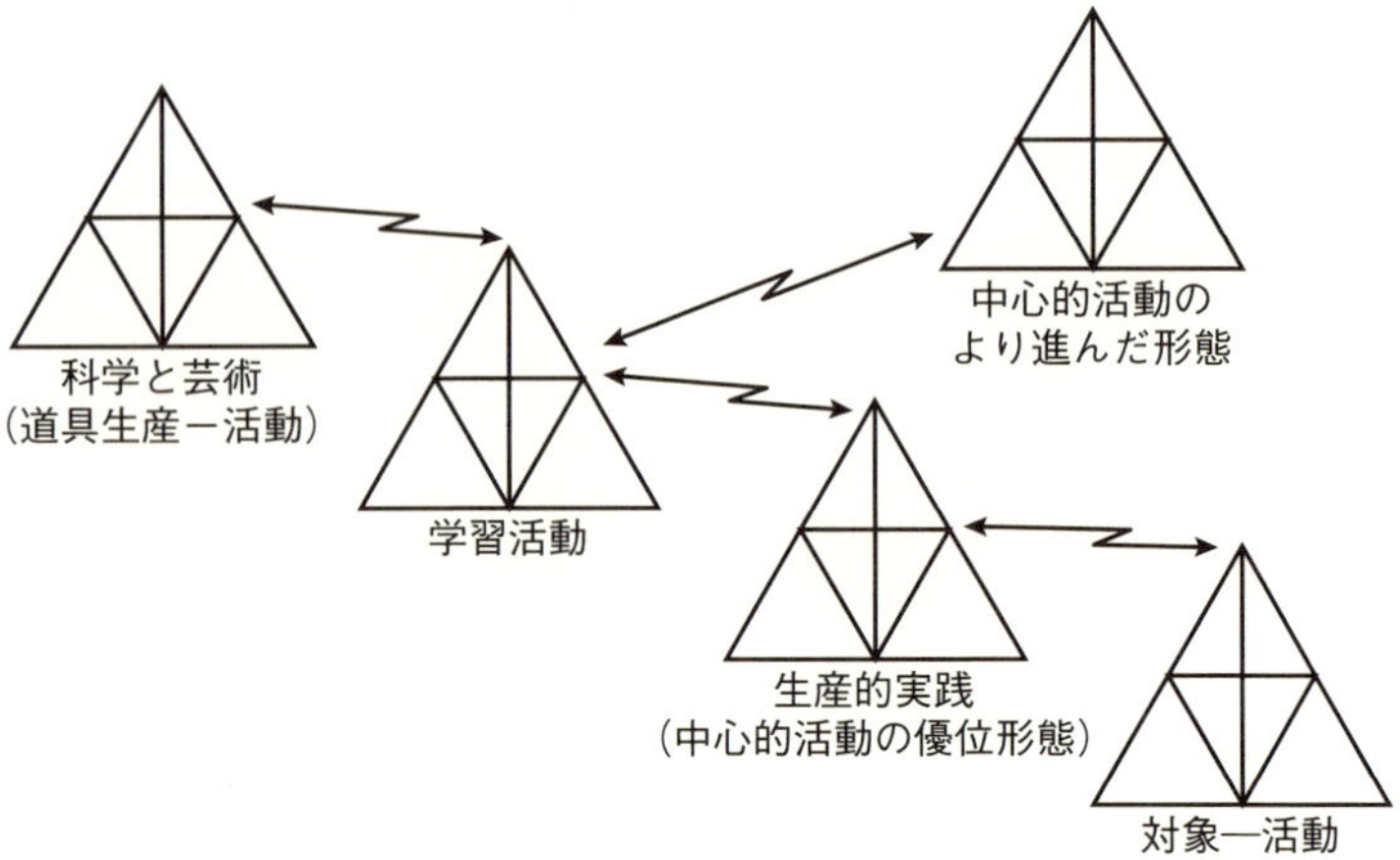

図1-3　人間の諸活動のネットワークにおける学習活動の位置
（エンゲストローム，1999，p.142）

に位置づくような学習のことである。学習活動は、学校外の社会的活動や生産的実践や生活活動から孤立したり隔絶したりしているのではない。エンゲストロームが上の図1-3に表すような学習活動は、「科学・芸術活動」と「生産的実践（労働活動）」の間を媒介するものである。学習活動とは、歴史的に新たな生産的実践を生み出すために、人間活動の発達を創造的に学んでいく、学習の横断的ネットワークのことなのである。

エンゲストロームは、こうして、学習活動を人間活動の社会的ネットワークの中に位置づけながら、学習活動の対象が次のようなものだと言っている。

学習活動の対象は、きわめて多岐にわたり複雑な様相を呈している社会的な生産的実践、あるいは社会的な生活世界である。生産的実践すなわち中心的活動は、今日もっとも一般的で優勢な形態のなかに存在しているだけではない。それは、歴史的により進化した形態や、以前の形態ですでに乗り越えられた形態のなかにも存在している。学習活動は、これらの形態どうしを相互作用させる——つまり活動システムの歴史的発展であり、それが対象である。（エンゲストローム 1999, p.141）

くりかえせば、学習活動は、社会の諸活動や生活世界とのネットワークの中にある。科学、芸術、社会的な生産的実践とネットワークする学習活動は、学ぶことを実際的応用の文脈に位置づけるものである。こうした拡張的学習の横断的ネットワークは、社会の多様な現実から孤立・隔絶した学校学習を超え、学習を社会的・協働的活動（生きた生活活動）と結合していくのである。

NSでは、「カプセル化した学校学習」を超え、大学、小学校、家庭、学校外の専門家、神戸スローフード協会、食育実践農場など、複数の相異なる組織が、「協働する活動」「越境する活動」「混成する活動」を生み出している。つまり、そこでは、「学び」「遊び」「交流」「仕事」といった活動がハイブリッドに混合し、それぞれの活動の対象がオーバーラップしながら、「学びのネットワーク」を志向した「多重化する活動システム」が創り出されるのだ。

こうした「学びのネットワーク」は、拡張的学習の新たな形態、すなわち学校の制度的境界を越境し網の目状につながっていく、学びの創発的なノットワーキングによって、実現されていくのである。

写真1-3　CHATプロジェクト・インキュベーション・ラボ

（2）第三の場所

NSは、ハイブリッドな境界領域の活動として、学びと遊びと仕事と交流、学習活動と生産的実践と生活世界、テクノロジーとメディアとアート、科学的概念と生活的概念[6]、理論と実践と社会参加が混交・融合する活動システムをデザインしようとしている。「ハイブリッドな多重化する活動システム」や「ネットワーク型組織」のような人間活動の新しいコンセプトは、ノットワーキングによって境界領域の活動を創り出そうというものだ。これは、旧来の伝統的でリジッドな二分法を突き崩す、社会的実践の新たな試みと共振するだろう。

たとえば、都市計画の分野でトーマス・トイヴォネン（J・エンゲストローム & トイヴォネン 2002）は次のように新たなコンセプトを提起して

写真１−４　コンピュータを活用した学習活動

いる。「先駆的都市型プロジェクトでは、新旧にかかわらず、多様性に富んだ地元のコミュニティを取り込み、自分たちの社会／都市の未来を形作る取り組みに参加させるべきです。公と私、ローカルとグローバル、楽しさと真面目さ、平凡と突飛、伝統とコンテンポラリー……対極にあるものを融合させると、都市は生まれ変われます」(p.23)。

こうした二分法を突き崩す「境界線上の実践」は、異質なものが混交し横断結合する「第三の場所」を生み出すだろう。そこでは、仕事や組織による実践の新しい意味や対象の拡張的な練り直しが起こるに違いない。

建築や都市計画の分野では、「第三の場所」は、「家庭」に代表される「第一の場所」(暖かい雰囲

[6]「科学的概念」と「生活的概念」の区別と関連については、ヴィゴツキー(Vygotsky, 1987)を参照。

気の個人的な空間)、オフィシャルで冷たい雰囲気の「第二の場所」(職場や学校や制度化された場所)と対比される。「第三の場所」は、公共空間でありながらも個性化されたフレンドリーな場所である(スターバックスのカフェがそのような「第三の場所」をコンセプトにしていることは有名である)。

NSは、写真1-3のような、CHATに設けられた「プロジェクト・インキュベーション・ラボ」において実施されている。

小学生、大学生、実践者、保護者、専門家、研究者らがここに集まり、物理的空間を共有する。ラボには、グループごとの可動式のテーブルと椅子、ネットに接続されたパソコンとプリンター、ビデオカメラ、デジタルカメラ、プロジェクターと液晶画面、ミニキッチン、壁面ホワイトボード、書架とキャビネット、ソファー、マルチメディア情報通信装置など、活動のための様々な器具備品が用意されている。こうした設備は、活動理論的には、協働的活動を媒介するツールの複合的システムと言えるものである。

しかし、こうした空間はたんに物理的なもの、というだけではない。それは写真1-4「コンピュータを活用した学習活動」にあるように、参加者によって使用されるのであり、彼らはそこにおいて自らの活動を組み立てていくのだ。そうだとすれば、空間は、参加者自身の理解や計画や想像力に媒介されて存在することになる。さらには、物理的でも想像的でもあるような空間は、その存在を時間とともに変化させていくだろう。

たとえば、ラボは、小学生と大学生の学び合いの空間として存在するだけでなく、あるとき瞬時に、彼らの遊びや交流の空間に転換するだろう。また、それに実践者や専門家や研究者の仕事が混じり合う。つまり、参加者たちは、時間的に展開する協働的な相互行為、すなわちノットワーキングを通して、学びと遊びと仕事と交流を横断的に結合する「生きられた空間」を創り出していくのである。

この意味で、NSの空間はその使用が一義的に定義されたものではない。つまり、参加者による空間の使用はあらかじめ固定的にスクリプト化されていない。空間の意味は時間とともに質的に変化し転換していく。言いかえれば、それは参加者の想像力と創造性によって、今までになかった「何か新しいこと（something new）」がそのつど創発されていく、ノットワーキングの場所なのである。

（3）プロジェクト学習とネットワーク型組織

2006年度のNSにおける「食楽《しょくがく》」プロジェクトは、「食を楽しもう」をテーマに、小学生と大学生が異年齢混合のプロジェクト学習を創り出していった。

プロジェクト学習による子どもたちの学習活動のデザインは、教科カリキュラムの下での学習とは根本的に異なる特徴を持っている。リリアン・カッツとシルヴィア・チャード（Katz & Chard, 2000）の言う「プロジェクト・アプローチ」の学習である。

カッツとチャードは、プロジェクト・アプローチを、「ひとつの主題を発展的に深く研究するもの」（p.175）と定義する。彼女らによれば、学校の授業タイプは、大きく二つに区別される。「系統的な授業」と「プロジェクト・ワーク」である。

とは言っても、学校の全体的なカリキュラム編成において、「系統的な授業」と「プロジェクト・

ワーク」が対立させられるわけではない。つまり、「プロジェクト・ワーク」は、カリキュラムの全体を覆うものと考えられるわけではない。むしろ、「カリキュラムの統合（curriculum integration）」が重要である。プロジェクト・アプローチは、リテラシーの実践（書きことばの文化やシンボリックな表象システムの獲得）ということのできる、言語（外国語を含む）や数学や科学や芸術の系統的な教科学習と密接に相互関連する。プロジェクト学習は、教科学習をサポートし完成させるようなカリキュラム上の側面へのアプローチなのである。

プロジェクト・アプローチは、子どもに所定の知識やスキルを伝達していく「段階的な授業」とは根本的に異なった学習活動のデザインを採用するものとなる。その中心には、子どもが現実世界の中で探究活動に魅了されていくような、発展的な「主題《トピックス》」が据えられる。こうした主題は、NSのプロジェクト学習における「エコロジー的思考」や「持続可能な環境」のように、「カリキュラム横断的（cross-curricular）」なものである。

学習活動の主題になるのは、現実世界の対象（例：トラック、自転車、おもちゃ）、生き物（例：ペット、鳥、馬）、プロセス（例：牛乳の製造・配達、郵便配達）、生産（例：靴、家具、食べ物）などである。これらを発展的な主題として高次の複合的な学習活動を創り出そうというのが、プロジェクト学習である。

子どもたちは主にグループで特定の主題を長い時間をかけて深く学び合っていく。そのさい、子どもたちは、しばしば大人や専門家を驚かすようなレベルの深い学びに到達することもできるのである。重要なことは、こうしたプロジェクト学習に、数学や読みや科学の内容知識をうまく統合していくことである。

プロジェクト学習は、こうして、現実の生活世界や社会的活動の創造へネットワークする主題の下、グループによる長期的な探究・表現を深化させていく、学校の新しい学習活動の形態と言えるものである。それは、子どもの創造的能力を発達させる学校カリキュラムの編成を目的にしたものであり、知識やスキルを創造的に使うことをめざす、学習活動システムの新たなデザインである。同時に、プロジェクト学習は学校における子どもの学習を、「現実に意味のある文脈」の中で生み出そうとするものである。

プロジェクト学習は、学びの主題を共有し探究するローカルなコミュニティを教室に創り出すだろう。しかし、それは学校教育の「標準」を退けるものでは決して ないことに注意しなければならない[7]。つまり、プロジェクト学習は、それを通して、高度で複合的な科学や芸術の内容を学校教育の「標準」にしていくものなのである。

NSは、図1-2に表現されているように、境界領域の活動を創り出すハイブリッドなネットワーク型組織と言えるものである。それは、基本的なコンセプトで言えば、「閉ざされた自律性」から

[7] デボラ・マイヤー（Meier, 2002）は、「精神の習慣」をコアにした市民性《シチズンシップ》の教育を学校教育におけるリテラシー教育の中心に置きつつ、学校教育の「標準化（standardization: 規格統一）」に強く反対している。しかし彼女は、「標準化」とは区別される学校教育の「標準（standard）」の重要性を訴える。それは、学校が「小さな学校」として、独自で個性的な学び合いのコミュニティを創造していきながら、質の高い内容の学習を実現するということである。

「ネットワークされたハイブリッド性」へ移行するものである。

NSの「食楽《しょくがく》」プロジェクトでは、栄養やよりよい食生活について専門家と学び、農作物や水産物の生産者と交流し、農場で野菜を育てて収穫し、オリジナルのメニューを考えて調理する、といった流れで、コンピュータやネットワークのテクノロジーを活用しながらグループで探究・表現していく学習活動が展開している。２００７年度は、前年度の実践をさらに発展させ、「わたしたちの食卓――伝統野菜ってなに?」をテーマに、異年齢混合のグループによるプロジェクト学習が進められている。子どもたちと大学生は、「なにわ伝統野菜」について調べ、外部の専門家や生産者と交流し、農場で米や伝統野菜を育てて収穫したり、味噌や漬け物を作ったりしながら、独自のレシピを考え、「わたしたちの食卓」の調理に挑戦していく。こうした学校と学校外の行為者が協働するネットワーク型組織の中で、現実に意味のある知識が循環的・混交的・融合的に構築されていくのだ。

他方、ここで、ダニエルズ（2006, p.178）の次のような指摘に注意しなければならないだろう。それは、アメリカで「進歩主義的（progressive）」な授業と呼ばれてきた「プロジェクトを基盤とした学習」、言いかえれば経験的な学習が、必ずしも文化的に力を持つ科学的概念と結びつけられることがなかった、という指摘である。プロジェクト学習が日常的活動の範囲に留まってしまうならば、学習者は科学的概念に媒介された分析力や理論的な思考というような、「文化資本（cultural capital）」と呼ばれるものにアクセスできなくなる。そうなれば、日常的なものの制約や限界の乗り越えを助ける、という学校教育の理念は失われる。科学的概念と日常的概念の両方の発達が、子どもにとって必要なのである。

では、学校と学校外のネットワーク型組織におけるプロジェクト学習では、子どもの知識構築や能力形成にどのような戦略を立てることができるだろうか。ありうる有望な戦略は、彼らが学校外の社会的生活世界への参加を通して知識や理解を獲得し、それによって学校におけるアカデミックな知識や理解を豊かにする、というものである。

ダニエルズ（2006, pp.204-205）は、こうした戦略に関して、ルイス・モールとジェイムズ・グリーンバーグ（Moll & Greenberg, 1990）の次のような見解を引用している。それは、保護者や地域、学校外の行為者が子どもの発達に対してなしうる社会的・認知的な貢献を学校は当てにすべきだ、というものである。

ヴィゴツキー（Vygotsky, 1987）は、「子どもは、知識のシステムに関する授業を受けながら、彼の目の前にはない事物、すなわち彼が実際の経験や潜在的であっても直接的な経験の限界をはるかに超えるような事物について学ぶのである」（p.180）と書いた。私たちは、低レベルのスキルの機械的な授業が、ヴィゴツキーが心に抱いたような知識のシステムであるとは信じがたい。私たちは、生徒たちのコミュニティ、そしてその知識ファンドが、授業を再組織化するもっとも重要なリソースであると理解する。それは現在の学校教育の限界をはるかに超えるやり方なのだ。私たちのアプローチで不可欠の要素は、生徒たちの具体的な活動を通したアカデミックな生活と社会生活との意味深い結合の創造である。私たちが確信するのは、教師は、体系的な方法で、教室外との必要な社会的諸関係を樹立できるということである。それは教室の壁の内側で生じる事柄を変化させ促進するであろう。こうした社会的な結合は、教師と生徒が日常的なことを教室での内容を理解するためにいかに使えるか、そして教室での活動を社会の現実を理解するためにいかに使えるかに関する気づきの発達を助けるのである。（Moll & Greenberg, 1990, pp.345-346）

ＮＳにおける参加者の学習活動は、社会的生活世界をよりよく変化させる活動を結び合わせていくことの中で生まれてくる。それは、学習活動を社会的な生産的実践や生活世界と出会わせ、相互作用させ、つなぎ、重ね合わせ、対話させ、混成させるのである。また、それは、多様な知的資源の結合の中で新たな知識や理解を循環的に構築・獲得していくものである。こうした学習活動は、カプセル化した学校学習の制度的な境界を超えていく拡張的学習の横断的ネットワークとなる。

ＮＳはそれ自体、境界領域の活動における協働学習を促進し支援するようなサステイナブル（持続可能）な文脈を創り出す。そして、それがめざすのは、参加者が自らの発達に対する動機や、エージェンシー（行為の主体性や能力）を形成することである。なぜなら、学習とは、自らの未来を形成していく主導的な役割を自らが担っていくということなのだから。

5　学び合う学校改革

インターネットなど情報コミュニケーション技術（ＩＣＴ）の導入は、あらゆる学校システムにおいてますます、子ども、教師、スタッフの学習範囲を拡張している。学習はもはや教科書の範囲のみで行われるのではない。それは知識の多様なソースを含むものになってきた。

多くの学校で、現実の社会問題や生活の未来の可能性がカリキュラムの重要な内容になっている。そのため学校は、学校外のコミュニティ組織、ビジネス、専門家集団、社会団体などとパートナーシップを築き、社会の現実にカリキュラムと授業と学習活動を関与させる必要性が高まっている。そうしたパートナーシップの中で、子どもや教師は関心のあるテーマを学校外に出て調査し、それに関わっていくのである。逆に、学校外のパートナーが学校にやって来て、子どもや教師と共にディスカッションし作業を行うだろう。学校と学校外の行為者間のパートナーシップは、このように共に学び合い新たな活動を生産・共有するといった、互酬的な関係を築くものになる。

社会のイノベーションを考えるとき、学校の知的・実践的な潜在力がきわめて重要である。なぜなら、学校は社会的創造性を育む場所と言えるからである。にもかかわらず、それは十分に活用されていない。また、学校は生活や社会から無縁のものとなり孤立するリスクにいつも直面している。こうしたリスクは、子どもの中に深刻なモチベーション上の問題を引き起こしている。

学校改革への拡張的学習は、第3節で述べたように、学校を「社会変化の担い手」として見い出すものだった。そこでは、教師、子ども、親、学校外の多様な参加者がボトムアップの協働や自己組織化による課題の立ち上げを通して、学校の活動構造そのものを内側から転換し「学びのネットワーク」を創造するような拡張的学習が生み出される。つまり、改革それ自体が人々の間での学び合いのプロセスなのである。

ダニエルズ（2006, p75）は、その卓越したヴィゴツキー論の中で、「外化」概念を再解釈するエンゲストロームの活動理論が、「学習と発達における能動的行為主体性という概念を肯定する視点」を持つこと、そしてレフ・ヴィゴツキーの心理学が「自分自身の認知的・感情的創造への能動的役割」に向けられたものであること、を重視している。ヴィゴツキーの理論のコアは、「学習と発達が媒介された過程であるという説明」にある。その知的遺産を現代に生かそうとする社会文化的理論や活動理論は共に、人間発達に関する見解において、トップダウンの決定論にも支配的統制論にも訴えはしない。「いずれも（社会文化的理論と活動理論――引用者）が承認するのは、人間は自らの発達の途上において、自身を形作る積極的な真の力をも、自ら積極的に形作るのだ、ということである」（p.2）。

ＮＳは、拡張的学習の横断的ネットワークを通して、学校が「社会変化の担い手」として果たしていく積極的な役割と意義を照らし出している。つまり、それは、たとえば「コミュニティの活性化」「文化の創造」「経済の革新」「市民性の向上」など、学校が社会をよりよく変化させ新たに形成していく担い手となり、学校外のコミュニティや多様な組織と生産的に協働していくことに焦点化したプロジェクトである。ＮＳは、第三世代活動理論の枠組みにもとづきながら、「ハイブリッドな活動システム」の創造として、「学び合う学校改革」をモデル化している。

そのとき、放課後教育活動であるＮＳは、どのようにして学校内部の制度的な論理や文脈を変化させることに接続できるだろうか。もちろん、それには、ＮＳ、学校、教師の間のノットワーキング＝創発するコラボレーションという、もうひとつ別の物語がこれから必要である。そうした物語は、きっと、私たちがノットワーキングそのものをどうやって学んでいくか、というところから始まるだろう。少なくとも、ＮＳという協働的な企ては、今日の学校と教育実践を拡張的に転換していくための学び合いへと私たちをいざないを動機づける、境界領域の活動を生み出していく、と言うことはできるだろう。

【謝辞】

本稿は、関西大学人間活動理論研究センターにおける2005年度—2009年度文部科学省私立大学学術研究高度化推進事業「学術フロンティア推進事業」による共同研究プロジェクト「革新的学習と教育システム開発の国際共同研究——人間活動理論の創成——」（研究代表者：山住勝広）の研究成果の一部である。子どもたちとの「ニュースクール」プロジェクトの実現に日々献身している関西大学人間活動理論研究センターの島田美千子さんとゼミの学生のみなさんに心から感謝したい。

第2章 拡張的学習の水平次元
——医療における認知的形跡の編成

ユーリア・エンゲストローム
山住勝広・訳

はじめに

この章の目的は、従来はまったく相違していて互いに関係のなかった二つの理論的アプローチ、すなわち、拡張的学習の理論（Engeström, 1987）と認知的形跡（cognitive trail）の理論（Cussins, 1992）をひとつにしようということにある。

この試みにはそれなりの理由がある。拡張的学習のプロセスはますます、対象志向の活動を行う多様な組織が混成する場に介入することによって研究され、また促進されている。そのような領域は、多重化する活動システム（multiple activity systems）によって担われている。しかし、協働の活動への社会的必要性が高まっているにもかかわらず、一般にそれは必ずしもうまく行われていないのが現状である。言いかえれば、諸領域の分断という問題を指摘することができるのである。

ヘルシンキのような大都市での医療は、分断された諸領域のよい例である。本章の実証的データは、ここから集められた。ヘルシンキ大学活動理論・発達的ワークリサーチセンター[1]で現在進められている研究例としては、ほかに、たとえば複数の製造工場の間でのパートナーシップや、経済犯罪を捜査する多様な諸機関の間での協働、あるいは多様な諸組織のゆるやかな組合による市の特定地区における住民やビジネスのためのブロードバンド（大容量常時接続）電子ネットワークの構築、などがある。先のような諸領域の分断に対して、拡張的学習は、参画している活動システムの間で、また活動システムの内部で、協働の関係と実践を新たに交渉し直し組織化し直すものとして形づくられねばならない。

これは伝統的に考えられてきた仕事の現場での学習とは根本的に異なったものである。伝統的な学習は、主に当の活動システムにおいて確立された実践の中で、また確立された方法にそくして、労働者が有能になっていき、適性を高めていく、といったものである。仕事の現場での学習に関する標準的な理解は、適性や専門的技術を垂直的にとらえる見方に重点を置く。この見方の特徴は、知識やスキルに関して「段階」や「レベル」を語るところにある。また、そのような垂直のイメージは、当の分野において誰を「専門家」と見なすかに関して均一で単一のモデルを仮定している。しかしながら、仕事の世界はますます、水平的運動（horizontal movement）と越境（boundary crossing）を要求するようなかたちで組織されるようになっている。

彼らの仕事において、専門家は並行する多様な活動の文脈の中で働き、それらの間を移動している。このような多様な文脈は、異質な、相互に補完もし合うが同時に葛藤もし合う認知的ツール、ルール、そして社会的相互作用のパターンを要求し供給する。専門家の知識とスキルの基準は様々な文脈によって異なっている。専門家たちは、異なる分野の成分を摺り合わせ、結合して、ハイブリッド（異種混成的）な解決を図らねばならないという挑戦に直面する。（Engeström, Engeström & Kärkkäinen, 1995, p.320）

拡張的学習の理論は、これまで、主として単独の活動システムの中で、主要な転換に関与している学習を研究することに用いられてきた。拡張的学習の基本モデルは、単一のサイクルあるいは螺旋である。この本質的に前進を旨とするモデルに、水平次元に沿った運動を加えなければならない。すなわち、そこに参画しているさまざまな活動システムや行為者の間での横向きの運動である。

概念形成の問題は、垂直次元と水平次元の相補性にとっての良い例である。ヴィゴツキー（Vygotsky, 1987）は、彼の古典的な著作の中で、このプロセスを基本的に、上へと成長していく日常的概念と下へと成長していく科学的概念の間の創造的な出会いとして描いた。しかしながら、活動が分断されている領域においてはとくに、しばしば多様な競合するアイディアが新しい概念の候補として出現し、相互にぶつかり合う。このような文脈においては、概念形成は、典型的に、両次元が徐々に交渉し合い、異種混成していくものとして起こる。最初のステップは、管理的に与えられるまだ

［1］Center for Activity Theory and Developmental Work Research, University of Helsinki. 次のホームページを参照されたい。http://www.edu.helsinki.fi/activity/

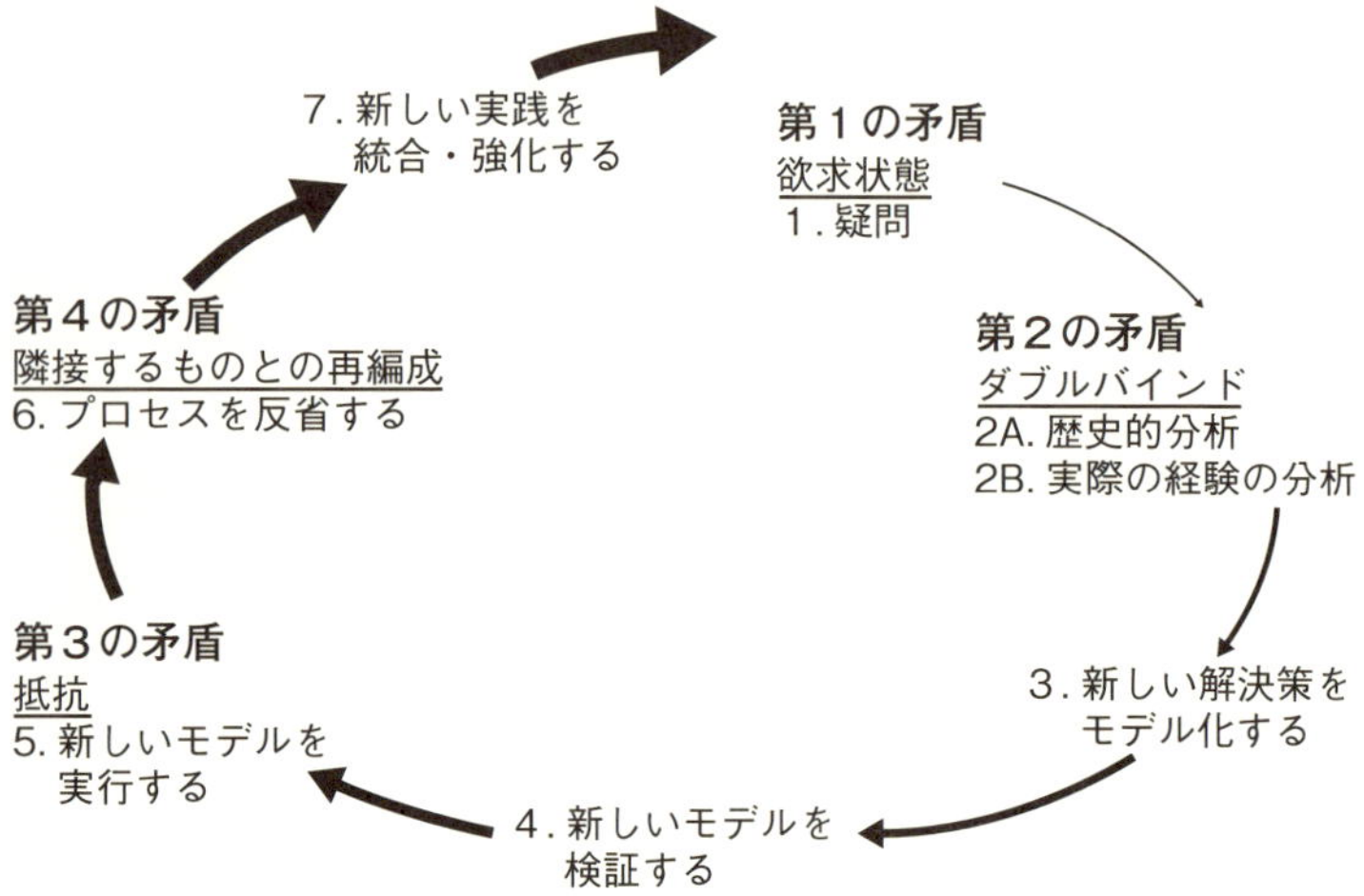

図２−１　認識論的に見た学習行為の理念的・典型的な拡張的サイクル
（Engeström, 2001a, p.152）

明確化されない（「科学的」）概念と、（「日常的」）経験の状況的な明確化との間の討論であろう。これは代替的《オルタナティブ》な「科学的」概念の提案につながるであろうが、これもまた参加者の経験的根拠から再度異議を唱えられるかもしれない、等々。これら代替的提案は、しばしば、そこに参加している異なる活動システムの文化的資源にまでさかのぼるだろう（Engeström, 2001a を参照）。

このような水平的あるいは横向きの運動は、それ独自の用語において概念化され、モデル化されなければならない。認知的形跡の理論は、この運動性を描写し分析するための有望な語彙でありモデルである。

1　拡張的学習

拡張的学習の基本モデルは、認識論的に見た学習行為の理念的・典型的な螺旋的系列として描くことができる（図2-1）。

多様な組織からなる分断された諸領域は、分析の単位が、部分的に対象（目的・動機）を共有する少なくとも二つの相互作用する活動システムからなる研究場面に、私たちの注意を向けさせる（図2-2）。

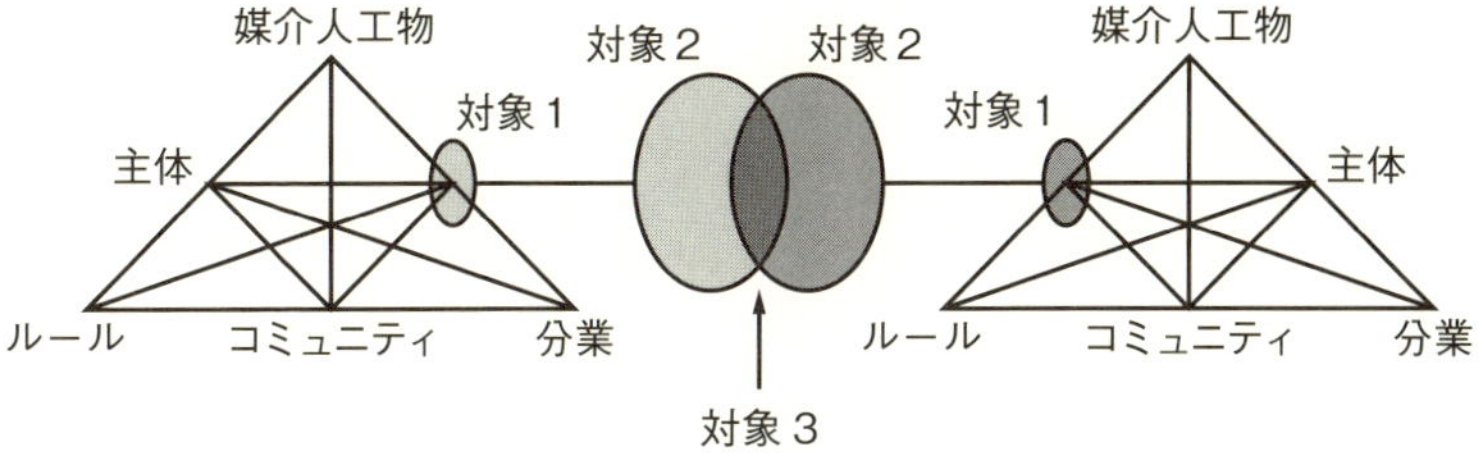

図2-2　対象を部分的に共有する二つの活動システム
(Engeström, 2001a, p.136)

分断された諸領域を占めている複数の活動システムの間には、多かれ少なかれはっきりとした、通過可能な境界が存在している。本章で私は、そのような境界の様々なタイプや層の特徴づけには立ち入らない（私たちの研究プロジェクトでは、ハンネレ・ケロスオの学位論文がこのテーマを扱っている）。ここでは、この新しい焦点化が、拡張的学習の行為を越境の行為として新たに定式化することを求める、と述べれば十分である。そのような行為の理念的・典型的系列は、次のようであるだろう。

- 境界を超えて既存の実践に**疑問を投げかけ、挑戦し、それを拒絶していくこと**
- 境界を超えて既存の実践を**分析すること**
- 境界を超えて新しいモデル、コンセプト、人工物（artifacts）、あるいは行動パターンを**協働的、相互支援的に構築すること**

・境界を超えて提案された新しいモデル、コンセプト、人工物、あるいは行動パターンを**検証し討論すること**
・境界を超えて新しいアイディア、コンセプト、人工物、あるいは行動パターンを**見習い獲得すること**
・境界を超えて新しいアイディア、コンセプト、人工物、あるいは行動パターンに関連する物質的、非物質的な資源をめぐって**交渉し交換し取り引きすること**
・境界を超えてプロセスの諸相を**反省し評価すること**
・境界を超えて成果を**統合・強化すること**

境界を超える行為はつねに双方向の相互行為である。一方だけが境界を超えようとして何の反応も受け取ることができないなら、その行為は不完全で境界を超えたとは言えない。そのような行為が拡張的であるためには、実践を変えていくよう互いが取り組み、関わり合うことが必要である。さらに、ある境界を超える行為が拡張的であるかどうかは、結局のところ、参画している活動システムを転換していく、より広い文脈の中でのみ判断できることなのである。

革新的な学びの小サイクルは、潜在的に拡張的なものと見られなければならない。組織の転換をもたらすような大きなスケールでの拡張的サイクルは、つねに、革新的な学びの小さなサイクルからなっている。しかしながら、小さなスケールでの革新的学習のサイクルが出現したとしても、それだけで継続的な拡張的サイクルが保証されるわけではない。小さな諸サイクルが孤立した出来事に留まり、組織が発達していく全体的なサイクルは停滞・退行し、それどころか崩壊しつつあるかもしれないからである。十分な拡張的サイクルは、そうそう起こるものではない。それは集中的な努力と慎重な介入を必要とするのが常である。これらの留保条件を心に留めるならば、拡張的学習のサイクルとそこにはめ込まれている諸行為は、小さなスケールでの革新的学習のプロセスを分析するための枠組みとして使えるだろう。(Engeström, 1999, p.385)

言いかえるならば、学習の比較的短い連鎖の分析では、拡張的学習を予備的・試験的に確認できるだけである。このようにして、分析のこのレベルでは、あくまでも学習行為の拡張的潜在力を語ることが適切なのである。

2 認知的形跡

エードリアン・カシンズの認知的形跡の理論は、様々なかたちの概念論への哲学的批判であり、その代替案《オルタナティヴ》である。それは本質的に、具体化された認識の理論であり、その基本的メタファーはある区域を移動する人のそれである。鍵となる概念は、見通し依存性（perspective-dependence; 以下、ＰＤと略記する）と安定化（stabilization）である。

都市のどこか只中に立っている人物を想像してみよう。その人が最初に立っている場所はどこであれ、自分が向かおうとしている地点への道筋を発見することができるその人の能力が、見通し依存性（ＰＤ）と呼ばれるものである。その能力が高いなら、ＰＤ率が高い、と言う。すなわち、ＰＤ率は１に近い。もし人がその区域の中で向かおうとしている地点をまったく発見できない場合、そのＰＤ率はゼロに近い。

人々は、その区域の中を実際に動き回ることによって、その中をどう動き回るかを学ぶ。その行動の中で、認知的形跡は作られる。

> 形跡は、人と世界が共に作るものであり、人と世界を作るものである。形跡は明らかに環境の中に存在している。しかし、それらは同時に認知的な対象でもある。ある形跡は、物質の外面に刻まれた痕跡にすぎないわけではない。そうではなく、環境に痕跡を残すのである。すなわち、それは感覚と動作とを協応させるための道しるべを印すことであり、力の経験的な道筋なのである。それゆえ、痕跡をつけることは、経験的でもあり環境的でもあるのである。(Cussins, 1992, pp.673-674)

> それぞれの形跡は時間とともに起こる。それは、操作であり試行であり忌避であり補足であり、あるいは単純な移動である。それは完全に文脈に依存している……だが形跡は一時的なものではない（それを辿ることは一時的だとしても）。というのも、環境の痕跡づけは持続し、それゆえ特徴づけられた領域をナビゲートする能力が増大するからである。(Cussins, 1992, p.674)

多種多様な形跡が残されるにつれ、あるものは互いに交差し合う。この交差する地点がランドマークである。区域はランドマークのネットワークによって構造化される。そうした構造化はＰＤ率の増大を意味する。

ＰＤ率と並んで、認知的形跡の発達を特徴づけるもうひとつの次元がある。安定化である。安定化はブラックボックス化としても特徴づけられるだろう。

> 安定化は絶え間ない変化の中にある何らかの現象をとらえ、その現象の周りに線を引く（あるいは、箱をこしらえる）プロセスである。したがって、現象は一度の参照で認知（そして世界）に入ることができるのである……（Cussins, 1992, p.677）

> 空間が認知的（機能的）に所定のまとまり（対象！）として扱われるようになる、形跡のネットワークを安定させるもっともよい時がある。それによって、高度に秩序化された空間の特徴が構築される……（Cussins, 1992, p.679）

> 安定化が達成されるよく知られた重要なひとつの方法は、空間の特徴の周りに言語的なブラックボックスを作成することである。すなわち、経験的構造に言語的構造を与えることである。……特徴づけられた空間の領域は、形跡のネットワークによって覆われ、名づけられて安定化されるにつれて、対象として機能し始める。（Cussins, 1992, pp.679-680）

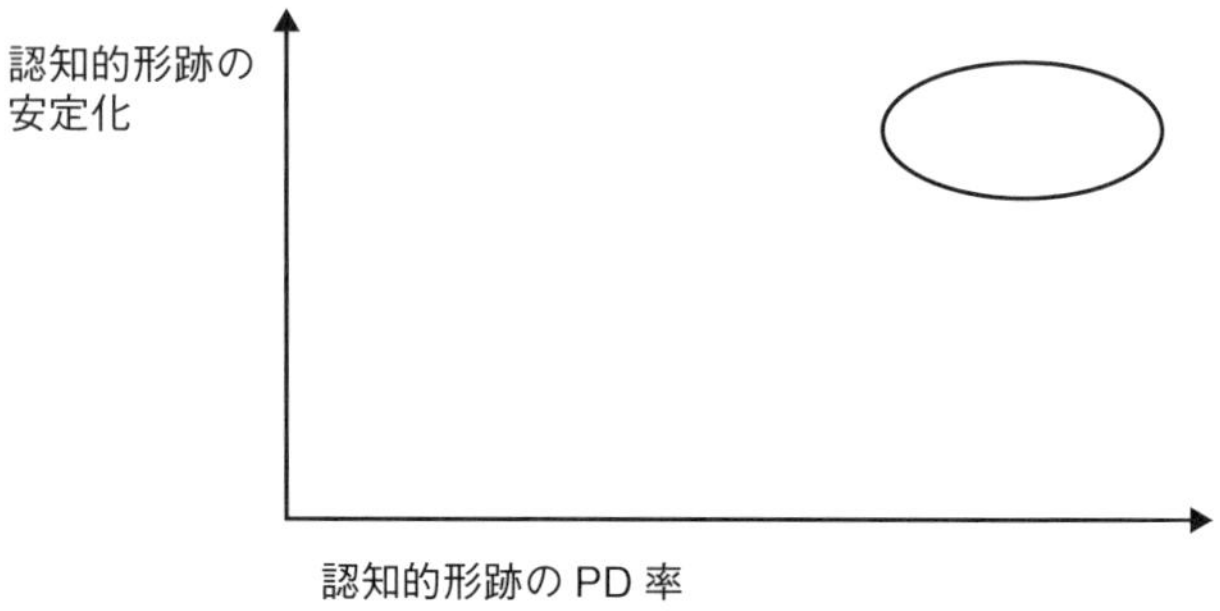

図2-3　高水準のPD率と安定化としての一般性
(Cussins, 1992, p.683)

3　認知的形跡の安定化

図2-3において、一般性の最大値が楕円形によって示されている。

カシンズは、認知を前述のような二次元の場における「適切な螺旋状進行過程」として述べる。彼はこの運動を「有効な表象の活動」と呼んでいる。

認知現象（ダイナミックな表象の活動）の進路は、認知的形跡のPD率と安定化の軸からなる図によって表現できるだろう。次のように考えてみよう。活動は低いPD率と低い安定化から開始される。フィールドが構造化されるにつれて、生物は風景に対して自らの方向性を発見していく（理論家ならばそう述べるだろう）。PD率が増大していくのである。認知的形跡のネットワークが一時的に確立され、このことが安定化の可能性を与える。安定化とPD率は共に、集中的な

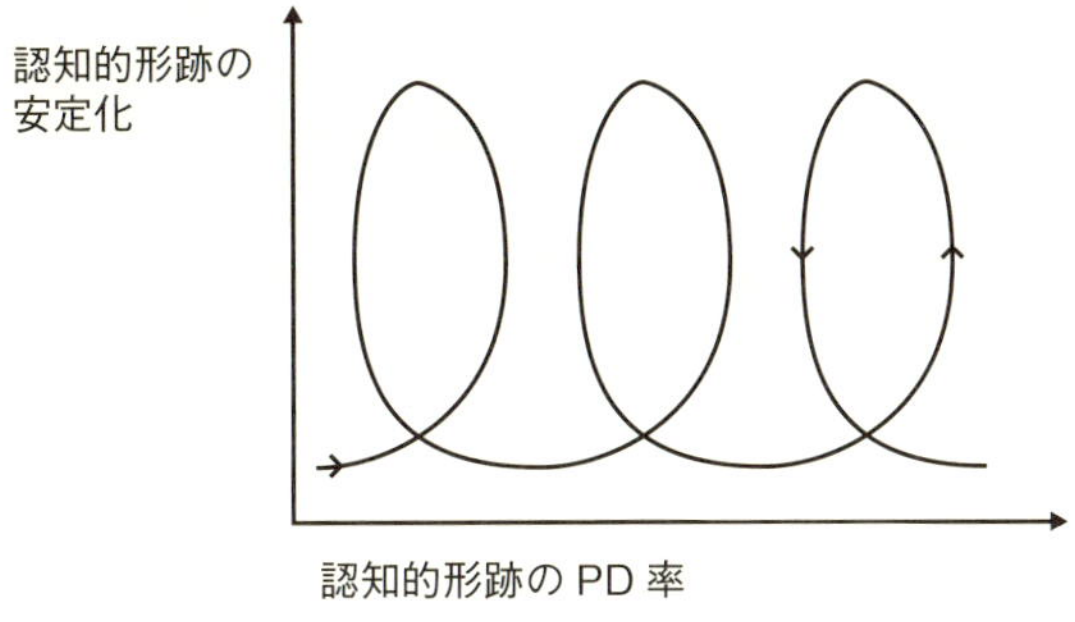

図2-4　有効な表象活動の螺旋状進行過程
（Cussins, 1993, p.250）

> 作業がその場所の形跡をほぼ完全に安定化するまで、増大し続ける。しかしながら、形跡のネットワークがいったん強固に安定化されると、柔軟性を失っていき、活動のフィールドの性質は時とともに変化していくものであるから、安定化が増大するにつれてＰＤ率は逆に減少し始めるだろう。方向性の発見におけるさらなる改善には、ＰＤ率がふたたび増大するよう、認知的形跡の安定化された領域が一定期間だけ確保されている必要がある。言いかえるならば、有効な表象の活動とは、ＰＤ率と安定化の相対的なメリット、デメリットの効果的なトレードオフなのである。有効な活動それ自体を、ＰＤ率／安定化のグラフの二次元空間に、図や形状として表すことができる。表象活動の有効な形態が螺旋形状のものであることは、容易に理解できる。（図2-4; Cussins, 1993, pp.249-250）

多様な組織によって分断された諸領域において再交渉を行うとき、認知的形跡は概して複数の機関が討論する中で作られる。形跡は、安定化と一般化がめざされるとき、明らかなものとなる（Cussins, 1992）。言いかえれば、集合的な談話《ディスコース》を通して産出される認知的形跡は、アイディアやコンセプトを明示し明確にしようとする人々の試みによって確認されるのである。これは典型的には計画案《プロポーザル》や定義づけの形態をとる。

多重化する活動システムによって占められている分断された領域において、拡張的学習の水平次元と関連する認知的形跡は、越境の行為をも含んでいる。そのため、カシンズが述べている「適切な螺旋状進行過程」や「有効な表象の活動」は、ここでは、適切な拡張的越境行為をすること、あるいは拡張的学習サイクルを続けていくこととして理解される。認知的形跡の理論と拡張的学習の理論は、こうして、結び合わされるのである。

4　文脈と介入

次にここでは、ヘルシンキにおける医療組織の医療者たちと患者たちの間の討論を取り上げ、認知的形跡の創造を分析していこう。この事例における対象志向の活動場は、重複する疾病を抱えた患者の医療、とくに内科の領域でのそれである。

ここでの領域は、制度化された多様な活動システムの間で分断されている。その中でもっとも重要なのは、ひとつはヘルシンキ大学中央病院とその様々な診療科であり、もうひとつはヘルシンキ市立の一次医療保健センターである。保健センターはそれぞれの地域の住民に対する特殊な診療サービスを大学中央病院から購入している。経済学の見地からすれば、保健センターは、お金を払う顧客である。医学の専門分化と専門家の地位という見地からすれば、保健センターの一般医療者は大学中央病院の専門医に従属している。このような二つの組織の間を媒介し、専門医への過度の紹介送致を減らすために、ヘルシンキ市保健局は最近、保健センター内に独立した相談診療所を設立した。相談診療所は専門医によって運営されている。それは、大学中央病院の医師たちに典型的に見られる専門分化に比べ、より広範囲の責任を担っている。

このような三つの診療活動システムのほかにも、大学中央病院の経営部門、そして市の保健局も、それぞれ独立した活動システムと見なすことができる。

最後に、患者も各々がひとつの活動システムを代表している。患者は、財政上、そして制度上からは、この分断された領域において大きなプレーヤーとは言えない。しかし患者（ならびにその家族）は、診療を受け、所定の処方された治療（たとえば、薬物治療）に従ったりする、実際上最終的な意思決定を行う、という事実に由来する権限を持っている。

ヘルシンキにおける大きな構造上の問題は、高度医療サービスの過度の利用であり、これは歴史的に、この地域に病院が集中していることが原因である。コスト上昇の結果、一次医療サービスの利用が増えるよう、この分業体制を変化させようとする政治的圧力がいっそう高まっている。

この問題は、長期にわたる疾病を抱えた患者、とくに診断が複合していたり不明確であったりする患者でもっとも深刻だ。そのような患者は、しばしば様々な診療組織の間を転々とする。だれも患者の診療の軌跡を見わたし、その全体に責任を持つことがないのである。これは患者、その家族、そして社会に重い負担を課している。

ヘルシンキの医療分野に関して私たちはこれまで、歴史的かつ実証的な分析を行ってきた（Engeström, 2001b; Engeström, Engeström & Vähäaho, 1999）。それらにもとづく私たちの仮説は、次のようなものである。このような状況における学びの挑戦は、異なる診療機関の患者や医療者らが協働して患者の診療の軌跡を、その全体的な進行に共に責任を担いながら計画しモニターする、相互交渉の新たな方法を獲得することである。これを私たちは簡略に、相互交渉によるノットワーキング（negotiated knotworking）と呼んでいる。活動システムの諸矛盾を克服するという点で、これは関連する活動システムの大きな前進あるいは向上と理解できるだろう。他方で、このようなステップの達成そのものが、組織間の境界を横切る対話の中での学びを要請する。つまり、確固とした水平次元の開拓である。

私たちの研究グループは、ヘルシンキ市保健局とヘルシンキ・ウシマ病院区から2000年と2001年に介入研究を実施するよう要請された。そのねらいは、両組織の医療者たちが協働して仕事を進め、相互交渉というやり方で患者の診療を進めていくための学びを援助することにある。このプロジェクトでは、重複する診断を抱え、両組織の診療を同時に受けている内科の患者に焦点が絞られた。

私たちのプロジェクトの実際の方法は、抽出された患者が医療システムをどのように経験していくかを詳細な事例として組み立てていくものである。私たちは患者たちへのインタヴューをビデオに収め、患者たちの診察に立ち会い、そこでのエンカウンター（遭遇）をビデオに撮る。また、診療を

写真2-1　ヘルシンキの保健センターでのインプリメンテーション・ラボラトリーの会合

行う医療者たちへのインタヴューをビデオに収め、抽出患者に関わるすべての医療記録を集め、それ以外にも関連する文書類を集める。ひとりの患者あたり、ほぼ二か月かけてデータを収集する。私たちはビデオデータを編集して、協働の診療における問題やギャップがよく分かる抜粋集《クリップ》にする。また患者の病歴における主要な出来事を一覧にした診療カレンダー、そして患者による異なる診療諸組織の利用、および患者の診療に携わる諸機関の間での連絡の状態や頻度を一緒に図表に表した診療マップを作成する。

その後、患者のケアに携わっている医療者たちに、患者自身と共に、インプリメンテーション・ラボラトリー（実行のための実験室）の会合に出席するよう求める（写真2-1）。この「インプリメンテーション・ラボラトリー」という名称は、組織や専門性の境界を横断して相互交渉のやり方を実行していくのを促進する、という課題を表現している。これは、活動理論・発達的ワークリサーチセンターにおいて開発された包括的な方法、すなわちチェンジ・ラボラトリー（変化のための実験室：Engeström et al., 1996）のひとつのバリエーションである。

このラボラトリーの会合で私たちは、最初に患者の診療カレンダーと診療マップを紹介する。それから、ビデオ・クリップを視聴し、参加者に対して、問題、そのシステム的な原因、そして可能な改善策や解決策を明らかにするよう話し合いを求める。問題、原因、そして解決策の提案は書記がホワイトボードに書き上げていく。一回の会合には2時間を要する。会合は分析のためにビデオに録画される。参加者たちにはその後、会合の間ホワイトボードに記録されたノートをもとにしたメモが手渡される。

以下、保健センターで行われた一回分のインプリメンテーション・ラボラトリーの会合を分析していこう。このラボラトリーの会合は、プロジェクトの開始年2000年に実施された10回の会合シリーズの初回にあたるものである。この会合の出席者は、患者、大学中央病院の心臓病専門医1名、保健センターの一般医4名（ひとりは患者のかかりつけ医）、保健センターの看護師1名、保健センターの相談診療所の内科専門医1名、市の保健局の行政医1名、そして私たちのチームから4名の研究者である。

患者はトムといい、63歳の退職した男性で重い心臓病、糖尿病、そして腎臓病を患っていた。彼は、ヘルシンキ大学中央病院（主に心臓病科と肺病科）、居住地の保健センター、そして相談診療所で同時に治療を受けていた。トムはラボラトリーの会合で次のように自己紹介した。

004　患者　私はトム・Kです。このほど退職しました。これまで30年の職業生活で、主に小規模、中規模の工場での合理化の仕事に携わってきました……。そして、１９９０年に心臓の調子が悪くなり、最初のバイパス手術を受けなければなりませんでした。仕事が少し忙しすぎた頃です。そのため、［心臓病薬の名前］を飲んでいても、やっていけなかったのです。そして、10年ほど過ぎて、２、３年前からふたたび心臓の調子が悪くなり始めて、２年前の12月、新しいバイパス手術を受けました。けれども、状態はあまりよくありません。依然として重い心臓の障害があり、日常生活もとても制限されています。つまり、いろいろできなくなりました。63歳なのですが。

図２-５はトムのケア・マップである。これは、ラボラトリーの会合の前年に彼が行った診療者とのコンタクトを要約したものである。

２時間のラボラトリーの会合には、３０２の発話のターン（交替）が含まれていた。討論は、大きく次の三つのテーマに分けられた。（１）患者の問題の解釈、（２）情報の流れ、（３）ケアの責任分担。それぞれの討論のテーマは、研究者が記録し編集してまとめた関連ビデオ・クリップを視聴することから開始された。ビデオ・クリップは、患者や様々な診療者へのインタヴュー、また診察場面での出来事からなる。図２-６は、最初のビデオ・クリップの中で表明された、患者の主要な問題に対するそれぞれの機関の異なる見方を要約したものである。

図２-６から、それぞれの診療者が、トムの状態に関してまったく異なった、しかも部分的なイメージと定義づけを持っていることが明らかである。患者自身は、主要な問題は夜中に呼吸が困難になることだと述べた。この問題点に気づいていたのは、大学中央病院の肺病専門医だけだった。トムのか

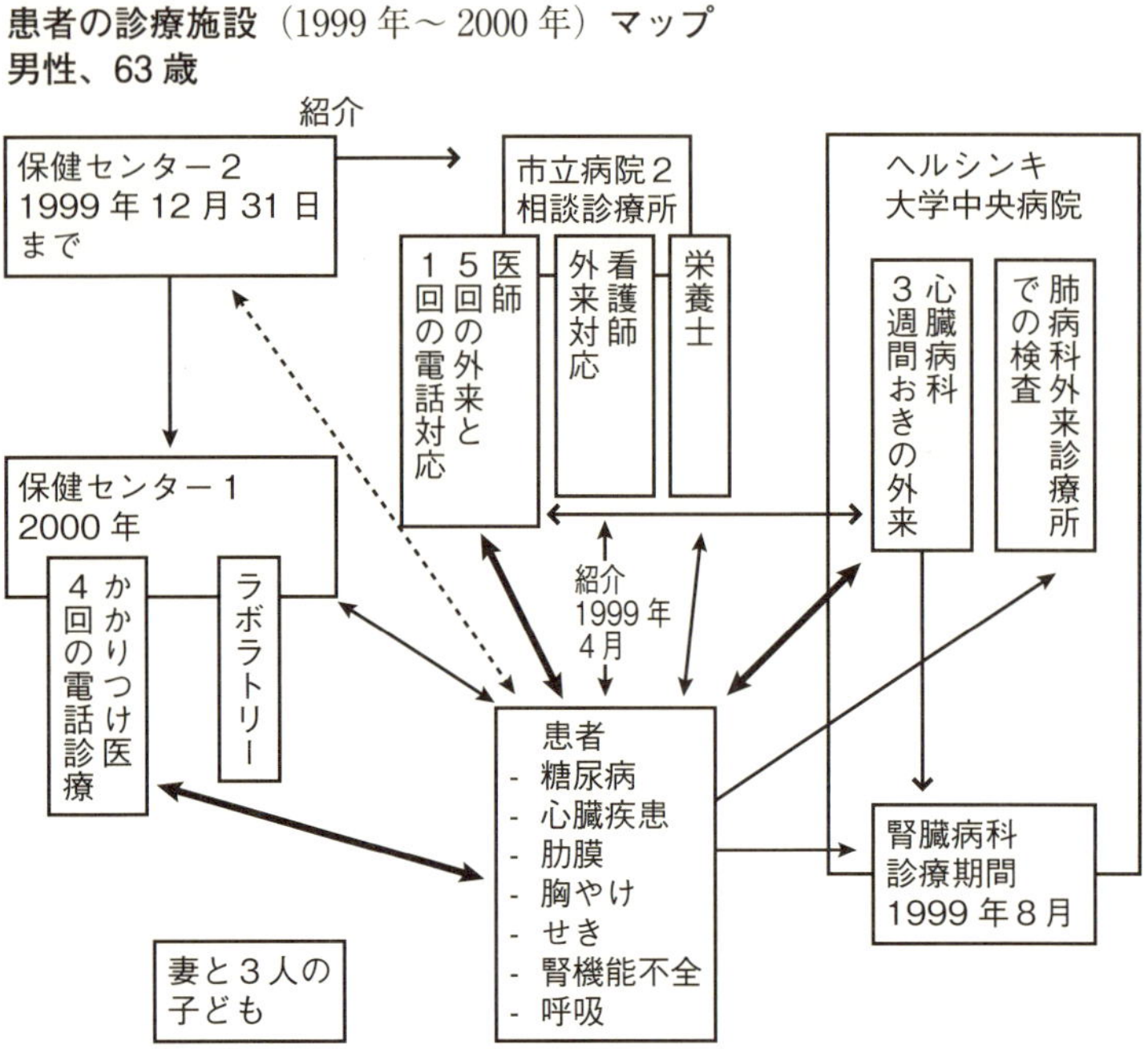

図2-5　トムのケア・マップ

かりつけ医を含めて他の者たちは、この問題を取り上げることはなかった。

5　認知的形跡の解明

トランスクリプト（文字記録）の分析から、会合中に参加者が作り出した三つの明確な認知的形跡が明らかとなった。参加者による明確化された安定化のための提案にもとづいて、これら三つの形跡はまず次のように特徴づけられる。

165　（1・1）各病院は患者の来診のたびごと

患者の診療施設（1999年～2000年）マップ、患者の主要な病気
男性、63歳

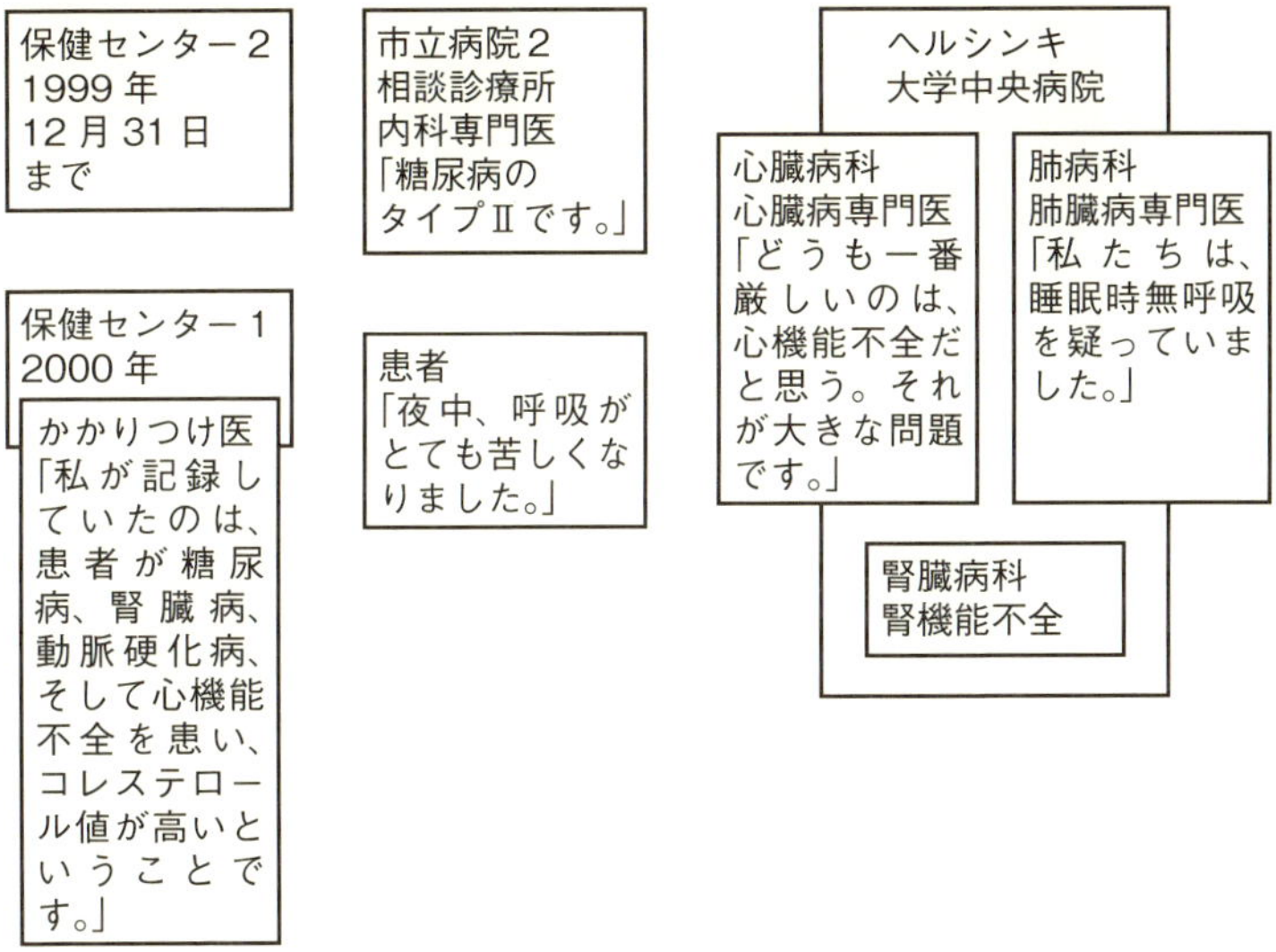

図2-6　トムの主要な問題に対する異なったとらえ方

に保健センターへレポートを送る↓（1・2）病院からのレポートを集めて一般医療者のための「ハンドブック」にする

166

（2・1）大学中央病院心臓病科がケアの責任を集中的に担う↓（2・2）保健センターの相談診療所がコーディネーションの責任を集中的に担う↓（2・3）責任分担を相互に話し合って合意を形成する↓（2・4）ケアの年間計画を話し

合って共有する↓（2・5）予期せぬ緊急事態のさいに連絡を取り合う診療者を決めておく

167

（3・1）一般医療者は新しい患者に十全な「初診検査」を行っておくべきである↓（3・2）多重疾病の患者のために大学病院の診察時間を最大で30分から45分ないしは60分に増やす

表2-1　ラボラトリーのディスカッションの中で作られた三つの認知的形跡

形跡 1	形跡 2	形跡 3
発話 48		
発話 53-60		
発話 72-78		
発話 88-89		
発話 95		
発話 108-117		
発話 123-125		
発話 130		
	発話 131-133	
		発話 137
		発話 143-154
	発話 155-165	
	発話 210	
	発話 216-243	
発話 243, 246		
		発話 248
	発話 249-250	
	発話 263-271	

表2-1は、三つの形跡が一部は連続的、一部は並行して出現したことを示している。第一の認知的形跡は、参加者に最初のビデオ・クリップが見せられた後に始まった。専門家たちは、患者や何人かの診療者が、患者の主要な問題について異なる説明を行っていることを述べた。研究者は、会合の調停役を務めながら、患者にこのクリップに何か問題があるか、質問した。

048　患者　そうです。問題は彼らには状況を全体的に、正確にさえ、見ることがとても難しいということです。なぜなら、私の理解する限りでは、主要な資料は大学中央病院だけが管理しているからです……患者のファイルです。

質問に答えて患者の保健センターの一般医（一般医療者あるいはＧＰ1）は、患者に必須の薬物治療の理由を聞かされていなかったことを明らかにした（発話53）。しかし、彼女は、それをモニターすることを求められていた。大学病院から報告文書を受け取っていたかという質問には、彼女は10年前のものはあるが、最近のものはないと述べた（発話56）。彼女は、もし薬物治療の背景にある診断が何なのかを知っていれば役立ったであろうことを指摘した。この医師は、会合中何度か、このような批判的な問いかけをした。

最初の安定化の試み（1・1）は保健センターの相談診療所内科専門医によってなされた。彼女は、大学病院が保健センターへ、患者の来診ごとにレポートを送るべきであると提案した。心臓病専門医の肯定的な応答は、越境を示すものである。

059　相談診療所内科医　……しかしここで、月一回、患者が心臓病科に来診しているということは、その来診のたびごとにレポートを、患者を担当している保健センターに送るのがいいのではないかと思います。なぜなら、心臓病科では、保健センターの一般医がマレヴァン（抗凝血剤）による治療をモニターしていることをよく知っているからです。だから、もしレポートが送られてくれば、マレヴァン治療を行っている保健センターの人たちが患者の心臓病の経過に関する見通しなどの状況を知ることができます。

060　**心臓病専門医**　賛成です。おそらくそれはぜひ必要なことです。

しかしながら、水平的拡張はそう円滑には進まない。すぐさま（発話75）、心臓病専門医は、保健センターの一般医たちに大学病院からの経過レポートを読む時間が本当にあるのか、とたずねた。しばらくして、もうひとりの保健センター一般医療者（GP2）が次のように応じた。

114　**GP2**　ええ、大丈夫だと思います。時間はあります。時間はあります。そこから何を読み取って情報を活用できるかは別の問題ですが、時間はあります。私が思う本質的な問題は、レポートがなにゆえ送られてこないのか、ということです。

心臓病専門医は二つの実際的障害を指摘しながら答えた（発話117）。つまり、患者の匿名性を保護するという規制と、レポートをタイピングしたり送ったりすることの面倒である。

このようなやり取りの後、相談診療所の内科医は、もうひとつ別の安定化の試みを行った（1・2）。「ハンドブック」のコンセプトの提案である。

123　**相談診療所内科医**　でも私はさらに、保健センターの一般医が大量に送られてくる大学病院のレポートを読めるのだろうかという問題に意見を述べたいと思います。私の考えは、大学病院のレポートや暫定的フィードバックを保健センター一般医のハンドブックのようなものにする、というものです。保健センターの医師たちは、それにざっと目を通すだけでいいのです。でも問題が起こったら、それを一種のハンドブックとして使ってそれに立ち返り、情報を得たりすることができます。そのように有益に使えるでしょう。医師たちはそれを全部覚えている必要はありません。しかし、書類がそこにあれば、情報を活用できます。このように、それをハンドブックのようなものとして持つということが重要です。

注目すべきは、この安定化の試みが「ハンドブック」という言葉を三回含んでいることだ。この相談診療所の内科医は保健センターの一般医（GP3、発話125）からは支持を受けたが、心臓病専門医からはもはや支持されなかった。しかしながら、別の保健センター一般医（GP3）が、この患者が診察を受けている大学中央病院のすべての診療科からの経過レポートをまとめる責任を、心臓病専門医が担うべきであると、続けて主張した（発話130）。心臓病専門医は話題を変えて応答した。それが第二の認知的形跡を開始させた。

131　**心臓病専門医**　……オーソドックスでないし、十分に考え抜いたというわけではありませんが、ひとつアイディアを出してみたいと思います。どうでしょうか……

132　**研究者**　それは、ボードの真中に該当することですか……［新しいアイディアと解決策を書いために用意しておいたホワイトボードを指しながら」

133　**心臓病専門医**　そうです。もし患者がそれほど頻繁にフォローアップのため大学病院に来診するのならば、マレヴァン、えっと、コメントを聞くことは興味深いですが、この症例では、マレヴァンの治療であってもモニターしていくことは理にかなっているでしょうね……

ここで心臓病専門医は、大変ためらいがちに、この症例に対する診療の責任を大学病院心臓病科において集中的に担うという提案を行った（発話53）。この提案（2・1）は、「オーソドックスでない」。なぜならそれは、一次医療の手に、より多くの責任を委譲していこうとする近年の改革の一般的方向に反するものだからである。ためらいがちではあるが、心臓病専門医の提案は安定化の試みと見ることができる。これは、保健センターへフィードバック・レポートを送らねばならないという圧力に対する意外な応答ではあるが、論理的なものだった。つまり、もしすべての診療が大学病院で行われるのならば、フィードバック・レポートは何ら必要ではないのだから。そのため、この提案は、第二の認知的形跡、診療の責任という問題をめぐるかなり複雑な認知的形跡を開始させた。

しかしながら、この第二の形跡は、他の人たちからすぐに受け止められなかった。かわりに、患者の担当医が話題を変え、第三の認知的形跡の口火を切った。それは複合疾病を抱える患者に対する包括的な診察の必要性に関するものである。再度、大学病院から報告がないことに不満を表明した上で、彼女は、「30秒」の短い電話による診察では多くの情報が伝えられないままになると述べた。

137　GP1　……私が興味を持つのは、保健センターの一般医が患者に診察に来るよう促す気持ちを持っていないということです。彼女［一般医］は、電話での会話でどうにかなると考えています……。

このちょっとした考えの表明はすぐさま、市の保健局から来ている行政医による安定化の試み（3・1）をもたらした。

143　行政医　私はここで、私たちが地域住民に対して責任を持っているという事実に多少ともとづいている問題を考えてみようと思います。言いかえれば、居住区域が担当医を決定する、という事実です。患者たちが、積極的に登録を求めるわけではありません。保健センターでは、患者の初診検査のようなものがあるわけではない、ということです。初診検査をすれば、保健センターの一般医は、患者がどんな様子で、背景が何で、患者が長期にわたってどう経過してきたか、といった状況をいわば描き出すことができるでしょう。そして、いえつまり、思いつきに過ぎませんが、リソースや可能性についてはわかりませんが、ここが展開していくための出発点になるのではないでしょうか？　ですから、患者が重複疾病を抱えていたり、そのような状態になったりした場合、もちろんこの症例がまさにそうですが、どこかで何かが起こったらすぐに、それを知った人はより積極的に登録するといったことをしなければならないのではないでしょうか？　このことを基本的アイディアにしたらどうでしょうか……

144　研究者　登録のようなことと言いますと、どういう……？

145　行政医　ええ、患者として登録する。「メアリー［患者の担当医名］、私はあなたの患者であり、これが私の問題です」、というように。メアリーがいきなりマレヴァン治療を突きつけられたりしないために。「私は薬の服用が必要です」と。なぜなら、［大学病院での］診療がまだ続いているからです。それは初めての接触ですが、それ自体つねに重要なものです。

146　研究者　ウーン、なるほど、なるほど。

147　GP3　ええ、まったくその通りですね……

この安定化の試みもまた、くりかえしのかたちをとった。つまり、「登録」という語が三回くりかえされた。行政医の提案には用心深さや躊躇があった。たとえば、「いえつまり、思いつきに過ぎませんが…」、「もちろんこの症例がまさにそうですが」、「このことを基本的アイディアにしたらどうでしょうか」といったように。他方、彼女は二度、多くの場合非常に強力なツールである引用話法を用いてもいる。「メアリー、私はあなたの患者であり、これが私の問題です」や、「私は薬の服用が必要です」がそれである。

行政医によるこの安定化の試みは、会合の調停役である研究者と一般医（GP）のひとりに好意的に受け止められたが、この時点では、さらに深められることはなかった。かわりに、心臓病専門医がそれに関連する彼の関心事へと形跡を変えた。彼は安定化のもうひとつ別の試み（3・2）を行ったのだ。彼は、30分という心臓病科での通常の診察時間が多重疾病を抱える患者にとっては十分でないと述べた。

148　心臓病専門医　……ところが、もし診察時間を長くできれば、そうですね、45分とか一時間とかにできれば、一回の来診の中で腎臓の問題、糖尿病、心臓病の問題にまあ対処できるでしょう。

……

大学中央病院での通常の診察時間に関するいくつかの質疑の後、討論はふたたび、やはり患者の多重疾病の診療を実際に心臓病科に集中すべきかどうかという問題に焦点化した。言いかえれば、討論は第二の認知的形跡に舞い戻ったのだ。

一般医2（GP2）は、最初（発話163）、心臓病専門医の「オーソドックスでない」提案（発話131-133を思い出してほしい）を受け入れることに傾いていたようだった。他方、行政医は、それに懐疑的だった（発話165）。

163　GP2　……いやつまり、私たちがつねに、あらゆる症例に対して、その全体責任をいわば絶対的に保健センターに委ねるなら、それはうまくいかないのではないでしょうか。私があなたのオーソドックスでないというアイディアに戻ろうと思うのはそのためです。私たちは、一次医療の一般医がつねに責任を持つといった独断におちいってはいけないだろうし、それは専門病院の診療でもまさに同じようにできることだと思います。私の意見では、このことをぜひ出発点に置くのがいいと思います。……

165 **行政医** あのう、私の問いかけはそれとは正反対のものです。といいますか、心臓病科に向けられたものです。心臓病科では、患者の心臓病が大変重いので、心臓病科に必ず毎月来診しなければならないと考えておられますか？　また、私たちが診療の全体計画を持って、おわかりのようにたとえば、保健センターで診療を続ける、あるいはこのケースでは私たちの相談診療所で診療を続けることはできないでしょうか？　もちろん、患者さんにも、どこで診療を受けるか、どのレベルの診療を行うかについて聞かなければなりませんね。それは保健センターではできないでしょうか……？　情報をそれほど共有できないと思いますか。もし同意できるならば、大学病院心臓病科への検査来院を一定の間隔で行い、もし必要ならばもちろん回数を増やす、ということでどうでしょうか？　いやつまり、このことは両方の側にとって、見てみる価値のありそうなことだと思います。

明らかな代替案といえる提案（2・2）は、こうして相談診療所の内科医によって明確にされた。この内科医は（発話216において）、相談診療所が患者の心臓病の状態を追跡し、糖尿病や他の疾病の診療との調整をする責任を担えるだろうと提案した。彼女が指摘したのは、現在の状況では三つの異なる診療者が患者をバラバラに扱っており、それぞれ他が何を行っているかを知らないということである。これが患者の安全を危険にさらしている。

ここで、会合の調停役である研究者は、診療者たちと患者の間で何が合意できるか話し合うことを提案した。この安定化の試み（2・3、発話217）の中で研究者は六回、「合意（agree）」という語を使っている。一般医3（GP3）は、「合意」という語を一回使って、この提案を支持した（発話218）。

行政医は、次のような提案（2・4、発話220）によって、安定化の試みをさらに一歩進めた。それは、診療者たちと患者が、諸機関によって与えられる一連の診療の予後と目標に関わる診療の年間計画を話し合うべきだというものである。ひとつの重要な越境がここで起こった。心臓病専門医が行政医の提案に反応したときである。

224 **心臓病専門医** あなたの意見では、心臓の障害を治療する観点からの診療計画作成に関して、だれが主導権を発揮すべきですか？ だれが責任を持ち、だれがそれを作成したり、その作成を取り計らったりしますか？

225 **行政医** 私の考えでは、それはやはり、計画を作成するのは心臓病科の専門に属します。

226 **心臓病専門医** ええ、そうすべきですが、心臓病科の中にその任に当たる人がいるべきですね……

227 **行政医** そうです。

228 **心臓病専門医** ……それをする男性か女性。心臓病科自体は何もしませんから。

229 **行政医** そうですね、何もしない。ですから、私はもちろん、ここにいる人を差し迫ったまなざしで見つめていますよ……［笑い］

230　研究者　あなたはとても多くの役割を担っておられますからね。
231　行政医　それにメアリーもそうです。メアリーがまさにかかりつけ医である場合には、これはプレッシャーになるでしょう……
…
235　行政医　ええ、ですからかかりつけ医は、ここで計画を作成するというプレッシャーにさらされています。……

この討論は、会合の中でもっとも熱心で意欲的な安定化の試みだった。しかしながら、それがはっきりとした同意や決定をもたらしたわけではない。

このすぐ後、討論は、第二の認知的形跡（発話242-243）から第一の形跡（発話243と246）へ、第三の形跡（発話248）へ、そしてまた第二の形跡に舞い戻る（発話249-250）というように、事実上やすむことなく急速に動いた。カシンズ（Cussins, 1992, p.675）は、二つないしそれ以上の認知的形跡の交差点は領域内のランドマークになる、と指摘している。見かけ上、討論のこの連鎖は、交差点に似ている。少なくとも、諸形跡を互いに非常に近づけた。しかしながら、綿密に確かめていけば、この一連の討論は、一致した統合性のある安定化の主要な試みというよりも、相対的に孤立した「末尾」を持つ三つの形跡であることが明らかだ。

―第一の形跡　患者のかかりつけ医が、大学病院による患者の診療に関する情報が入ってこないと今一度不満を述べながら、第一の形跡に舞い戻った（発話２４３と２４６）。

―第二の形跡　心臓病専門医がさらにひとつ、提案（２・５、発話２４９）によって比較的副次的な安定化の試みを付け加えた。それは、各機関が予想される様々な緊急時に互いに連絡し合うために、任に当たっている診療者のリストを共有するというものだ。研究者は、そのようなリストが診療の年間計画の中で創られるべきだと述べた。

―第三の形跡　発話２４８において相談診療所の内科医が、きわめて説得的に、新しい患者に十全の「初診検査」を行うという行政医の以前の提案（発話１４３を参照）をふたたび支持した。

２４８　相談診療所内科医　私はここで、新しい患者がかかりつけ医のところにやってきたとき、彼女「かかりつけ医」は、アニー［行政医の名前］が言うように、大きな責任をとり、患者を診察に導き、すべての機関に必要書類を提出するように指示し、そして、「あなたは今、私の患者です。私たちがこれらに気を配り、ここに必要事項を集めます」と言うべきです。まずここから取りかからねばなりません。

注目されるのは、ここでも、安定化の試みをもう一度肯定するのに、引用話法が用いられていることである。しかし、今回は躊躇なく用心深くもなかった。

以上のような「末尾」の検証から明らかなように、時間的近接が実質的な認知的形跡の交差点の構成を保証するわけでは決してない。形跡間の実質的な合併や混成化にとって何が初期的な兆候となるのかを明らかにするためには、より洗練された分析が必要とされる。

6　越境行為と安定化の試み

ここでは、超えられた境界といろいろな時点での安定化の試みを示すために、三つの認知的形跡を再度まとめてみよう（図2-7）。

図2-7は、いくつかの興味深い特徴を示している。第一に、三つの形跡の中に十一セットの越境行為が存在している。第一の形跡の中に三つ、第二の形跡には五つ、そして第三の形跡に三つある。越境行為のセットのうち、ひとつを除くすべてが安定化の試みに関係している。つまり、越境行為はたいていが、安定化の試みを始めたり、それに応答したりする手段として出現したのだ。

第二に、越境行為は、患者を除く他のすべての活動システムに触れるものだった。心臓病専門医は六セットの越境行為、保健センター一般医は五セット、行政医は五セット、研究者は三セット、そして相談診療所内科医も三セットに関わっていた。患者が越境行為に関わらなかったのは別に驚くことではないだろう。だが患者こそが、真剣な議論の原因であった。

第三に、三つの形跡に九つの安定化の試みがあった。とても興味深いのは、心臓病専門医と相談診療所内科医の両者が三つの試み、行政医が二つの試み、そして研究者がひとつの試みをそれぞれ行った、ということである。保健センター一般医と患者は安定化の試みをひとつも行わなかった。

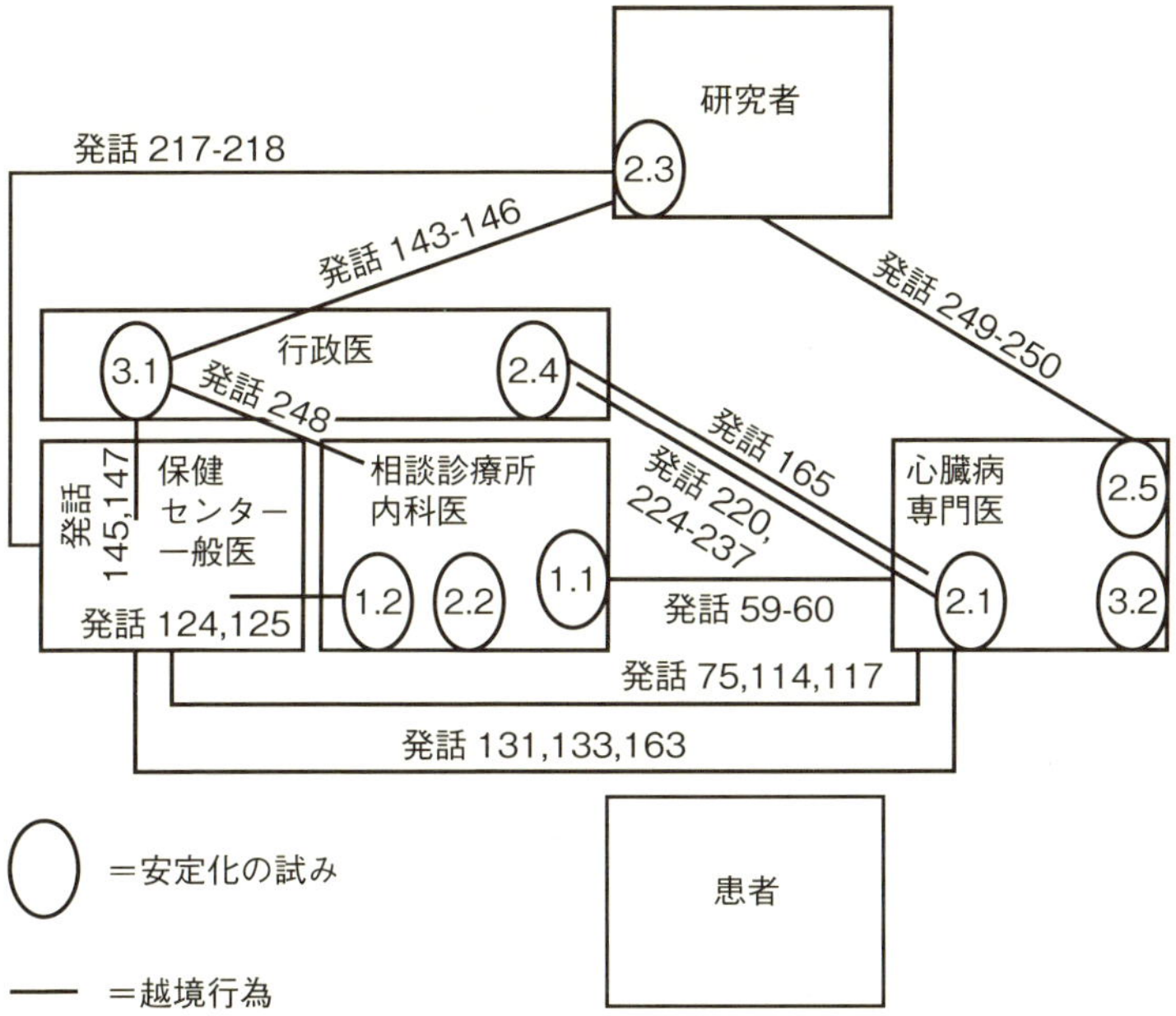

図2-7　三つの認知的形跡における安定化の試みと越境行為

これはたぶん、医療分野での階層秩序《ヒエラルキー》の中で、この二者の持っている力が、参画している活動システムのうちでもっとも弱いことの現れだろう。二つの安定化の試み（2・2と3・2）は、対応する越境行為なしに行われた。安定化の試みのひとつ（3・1）は、三セットの越境行為に関係し、もうひとつの試み（2・1）は、二セットの越境行為に関係していた。

7　越境行為が持つ拡張への潜在力

十セットの越境行為は、どの程度、拡張への潜在力を示したのだろうか？　この問いに答えるためには、これらの越境行為の性質をもっと綿密に吟味する必要がある。そのための枠組みとして私は、本章の「拡張的学習」の節で提出した、「理念的・典型的な拡張的越境行為」に関する暫定的なリストを用いることにする。

越境行為の第一のセット（発話59－60）は、相談診療所内科医による提案と、心臓病専門医によって表明された賛意からなる。おそらくこの相互作用は、「境界を超えて新しいモデル、コンセプト、人工物、あるいは行動パターンを協働的、相互支援的に構築すること」に分類できるかもしれない。けれども、心臓病専門医の応答がわずかであることからすれば、そのような特徴づけは疑わしい。ここには相互の関与と練り上げが見られない。

越境行為の第二のセット（発話75、114、117）は、事実上、三つの対抗的な動きからなる。最初の動きは、心臓病専門医の、先立つ越境行為のセットで提案された解決策が本当に現実的かどうか、という疑問であり、保健センターの一般医がこれに肯定的に応答し、最後に心臓病専門医がなぜこの解決策を実現するのが困難かを述べた。このセットは、拡張的というよりも、防御的である。

越境行為の第三のセット（発話124－125）は、相談診療所の内科医による提案と、保健センターの一般医による賛成である。この相互作用もまた、「境界を超えて新しいモデル、コンセプト、人工物、あるいは行動パターンを協働的、相互支援的に構築すること」に分類できるかもしれない。しかしながら、対話者たちは自分たちの実践を現実にどう変化させるかについて練り上げていない。相談診療所の内科医と保健センターの一般医は一致して、心臓病専門医に対して、大学病院のレポートが実際、保健センターで有効に活用されうるだろうと説得しようとしているように思われる。心臓病専門医はそのやり取りに関わらなかったので、ここでも拡張的潜在力を見い出すことは難しい。

越境行為の第四のセット（発話131、133、163）は、心臓病専門医の「オーソドックスでない」提案、そして保健センターの一般医のひとりによって表明された支持からなる。この提案は実際、両機関の実践に変化を求めるものだった。対話者たちはこの提案を練り上げてもいる。このやり取りは、「境界を超えて新しいモデル、コンセプト、人工物、あるいは行動パターンを協働的、相互支援的に構築すること」に向かう、初歩的なステップと見ることができよう。

第五のセット（発話165）は、同じ提案に対する行政医の批判的な応答である。これは、束の間「境界を超えて提案された新しいモデル、コンセプト、人工物、あるいは行動パターンを検証し討論すること」が現れた例と見ることができる。

越境行為の第六のセット（発話143-146）は、興味深い発案ではあるが、研究者たちにのみ向けられたものだった。これにすぐ続く第七のセット（発話145、147）は、行政医による「境界を超えて新しいモデル、コンセプト、人工物、あるいは行動パターンを協働的、相互支援的に構築すること」の試みと解釈できるだろう。しかしながら、保健センターの一般医からの応答はごく少なく、実践を変えようとする個人としてのコミットメントは見られない。

越境行為の第八のセット（発話217-218）は、研究者が率先し、診療者たちと患者の間での協定（agreement）というアイディアの導入を図ったものだった。これとすぐ後の第九のセット（発話220、224-237）は、診療の年間計画を共有するというアイディアを提起したが、明らかに、この会合の中でもっとも意欲的な拡張への試みだった。両方のセットとも、「境界を超えて新しいモデル、コンセプト、人工物、あるいは行動パターンを協働的、相互支援的に構築すること」を示すものと見ることができよう。問題点と言えるのは、行政医の言葉（発話231、235）が直接患者のかかりつけ医に向けられたものだったにもかかわらず、彼女が越境行為の後者のセットに関わらなかったことだ。いずれにせよ、後者のセットは、大学病院の心臓病専門医と保健センターの行政医の間で発話がすばやく交替する、白熱したものだった。さらに興味深いことに、この会議の中で越境行為の第九のセットだけが、みんなの笑い声を誘うものだった。

第十のセット（発話249‐250）は、心臓病専門医と研究者の間の手短なやり取りである。心臓病専門医のこの発案は、他の機関の中に行為への関与やコミットメントを引き出すことにはならなかった。

以上のように、全体で十セットのうち、四セット（第四、五、八、九）が、実践を変えることへの相互的な関与とコミットメントという拡張の特徴を潜在的に持っている。このことはそれ自体、有望なものである。しかし、問題点がある。どのセットも、協定や計画の実践的な創造と実行に最終的な責任を果たすような、四つのすべての機関による相互作用を含んでいないことである。すなわち、患者のかかりつけ医、心臓病専門医、相談診療所の内科医、そして患者自身が、協働して討論に携わっていないのである。実際、三機関の専門家たちも、どのセットにおいても、協働して関わることがなかった。

越境行為の第九のセット（発話220、224‐237）は、この会議の中でもっとも概念形成が進展した試みだった。診療の年間計画を共有する、という考えは、短時間ではあるが勢いをえた。この会合の中では必ずしも安定化された概念にまで発達しなかったが、その後の会合においてくりかえされることによって十分な安定をえることが可能だろう。

このラボラトリーの会合の中に見い出された潜在的に拡張的な越境行為は、そのすべてが、参画している活動システムの新しい作業モデルを構築する試みを表している。既存の実践に疑問を投げかける行為も現れた。とくに、それが第一の認知的形跡の中で、患者（発話48）とかかりつけ医（発話53、56、そしてその後の発話）の両者によってなされた。これらの行為を越境行為に分類しなかったのは、他の境界面からの応答をえなかったからである。そういうわけで、大学病院からフィードバックをえられないというかかりつけ医の不満は、彼女の仲間である保健センターの一般医からは共感的な質問とコメントがあったが、大学病院の心臓病専門医からの応答はなかったのである。

8　結論

拡張的学習理論は、その基礎となる分析アプローチの中に学習の水平次元を統合するための新たな概念ツールを必要としている。認知的形跡は、拡張の水平次元を、ありふれた行為や小さな形跡によって分析する可能性を開く。これは、はっきりしたブレークスルーの背後の、しばしば目立たない、断片的な手触りのようなものの意味を探りたいときにどうしても必要になる。PD率と安定化は、分析のリソースとして、認知的形跡の理論を、「リゾーム（rhizome；根茎）」（Deleuze & Guattari, 1987）といった比喩的な考えをはるかに超えて、実証的に役立つものにする。つかみにくいものではあるが、認知的形跡は実際に日々起こっていることであり、オーストラリアのアボリジニの「ソングライン」(Chatwin, 1987)のようなものとも言える。

しかし、認知的形跡は水平次元への拡張のためのひとつの可能性にすぎない。とくに、認知的形跡の理論が比較的非歴史的な方向性を持っていることを考えれば、社会的言語、声、そしてことばのジャンルに関するバフチン的な枠組み(R. Engeström, 1995)は、もうひとつの必要な拡張であろう。

私は、認知的形跡を実証的に分析するために、実行可能な方法を構成しようとしてきた。その中でとくに注目したのは、安定化の試みである。言いかえれば、私は、トマセロ(Tomasello, 2000)がいう人間学習の「漸進作用(rachet effect: 逆回転を防ぐ歯止めの作用)」へ向かう諸要素を見い出そうとしてきたのである。このことは、PD率の向上がその重要性を失っていき、分析が、形跡の開放性を犠牲にして、閉じたネットワーク形成に偏ったものへと歪んでしまうという危険性を持つ。この傾向こそ、カシンズ(Cussins, 2001)が強く批判しているものだ。このような潜在的な偏向を修正するために、今後の分析では、多重的な認知的形跡の全体的な形状、それらの間の相互作用や横断に、より焦点を合わせていく必要がある。

以上の研究に対しては、これが人為的なラボラトリーという状況の中で、言葉にのみ焦点化しているという異論があるかもしれない。つまり、現実的な場の条件の中にある医療者と患者の実践的行為を無視し、にせものの状況を作ってしまっている、と。

この批判は、私たちのラボラトリーの会合が長期にわたるフィールドワークの後に行われていることを忘れている。フィールドワークの期間中、私たちは患者の診察を追い、医療実践の諸行為を記録した。さらに重要なことは、医療の意思決定はその大部分が言葉を手段としてなされているということだ。ラボラトリーの会合は考えるほど人為的なものではない。またそれは、まちがいなく伝統的な訓練の状況でもない。それは、仕事の現場で、勤務時間内に行なわれる。医療者たちは、会合の中で、現実の診療上の意思決定を促され、そして実際にそれを行う。もちろん、かといってラボラトリーでの討論におけるデータが医療に関する仕事のすべてを描き出しているわけではない。

もうひとつの問題点は、認知的形跡の時間的な短さである。これは、それが単独の会合の中で創り出されたという制約によるものである。このことは実際に限界であるが、医療者が通常、もっと短い時間サイクルの中で仕事を進めていることを勘案しなければなるまい。一回の診察は、ふつう10分から30分ですまされている。私たちは、たいてい、年間に少なくとも二、三回、同じ医療者たちを招いて会合を実施した。このことは、先立つ会合で導入されたり、提起されたりした概念や問題が再浮上することを可能にした。

プロジェクトの最初の年（2000年）、私たちは医療者たちに概念的ツールを提供することにきわめて慎重だった。すべての会合で、私たちは診療カレンダーと診療マップを使った。その年の最後にかけて、私たちは、診療の協定《ケア・アグリーメント》を書き起こすことにも取りかかった。それによって、鍵となる診療者たちと患者の間で取り交わす合意の内容が詳しく説明された。これら三つのツールは、プロジェクトの二年目（2001年）のラボラトリーの会合の中でさらに中心的で積極的な役割を果たした。先導的試行に取り組んだ医療者たちは、現在、それら道具を、自らの必要に応じ、相互交渉を通じて、活用し補完し手直しすることが期待されるのである。

この章で分析したラボラトリーの会合の成果は、劇的なものではなかった。医療者たちは、市の保健局の行政医が提案した「診療の年間計画」のアイディアの安定化と相互了承、そしてコミットメントに到達しなかった、と言えるかもしれない。実際のところ、もし医療者たちがそのような安定化に到達していたとすれば、それは驚嘆すべきことだっただろう。これはあまりにも新しく手ごわい課題であり、そんなにたやすく達成できるものではない。

しかし、カシンズ（Cussins, 1992, p.674）が指摘しているように、「形跡は束の間のはかないものではない（観察記録される形跡がそうだとしても）。すなわち、環境の中の痕跡は持続し、それによって特徴づけられた領域の中をナビゲートする能力は向上する」。このことが意味するのは、比較的短時間の脆い形跡であっても、見かけより持続しうるということだ。おそらく、そのような形跡は、徐々に、異種混交するランドマークの編み物やパッチワークを生成しながら、学習の見えない地下生活を形成する。それがやがては診療カレンダーや診療マップや診療の協定《ケア・アグリーメント》のようなもっと明確に共有された道具が取り入れられていくための肥沃な土壌を供給するのである。そのような形跡の場の中に立ち現れてくる道具は、地図や双眼鏡、そしてときには自転車が旅行者に役立つのと同じように、その役割を果たしていくことになるだろう。

【付記】

本章は、Yrjö Engeström（2001）. *The horizontal dimension of expansive learning: Weaving a texture of cognitive trails in the terrain of health care in Helsinki.* Paper presented at the International Symposium 'New Challenges to Research on Learning,' March 21-23, University of Helsinki, Finland. の全訳である。

第3章

ノットワーキングによる発達環境の協創

保坂裕子

はじめに

近頃、「教育」の無力さを感じざるを得ない出来事や事件、問題が跡を絶たない。子どもたちが被害者となってしまう犯罪は増加の一途をたどり、開かれた学校づくりの実践とは裏腹に、不審者、侵入者対策として学校を物理的に閉じさせてしまっている。また子どもたちが加害者となる事件は少年法の改正をもたらしたが、そのことのみが犯罪率の低下を引き出すとは考えられない。さらに「最近の若者」は、歴史的視点からみて「未熟」であると言われている。子どもたちが、若者が、そして社会が未熟であるために、これらの事件は起こっているのだろうか。そうだとしたならば、なにがその原因として考えられるだろうか。

この問いに対する応答は、大きく二つに分けられる。ひとつは、家庭でのしつけがきちんとなされていないためではないか、というものである。そしていまひとつは、学校での教育がきちんとなされていないためではないか、というものである。前者においては、核家族化や共働き家庭の増加、またさらには離婚によって片親の家庭が増えていることが、家庭でのしつけをこれまでと比べて不十分なものとしており、学校生活や社会生活への不適応を引き起こし、そのことが子どもたちを問題行動へと導いていると考える。たとえば、小一プロブレムと呼ばれる、小学校に入学してほどなく学校不適応となる子どもたちに対して、家庭での教育（しつけ）が不十分であったため、うまく学校教育になじめないからだと考える。しかし家庭環境が子どもたちの発達においてそれほどまでに決定的な要因であり、またその改善だけで問題の解決へとつながると、果たして言えるだろうか。

いま一つの考え方では、学校がすでに社会的信頼を得られておらず、これまで担ってきた社会教育機関としての役割をこなしきれていないとする。そして従来型の学校はすでに、社会的・歴史的使命を終えたものとされる。そこで、学校教育改革が声高に叫ばれる。現代社会に適応する子どもたちを「教育」するような機関に変えなければならない、というわけである。とはいえ、これまで家庭においてなされてきた生活習慣のしつけなどに至るまで、すべてを知らぬ間に学校に押し付けてきたため、学校はすでに飽和状態であり、学校教育がうまく機能しなくなったのは、家庭教育がうまく機能していないためだとの学校からの反撃もある。つまり、養育者は学校教育を批判し、教育者（学校）は家庭教育（しつけ）の在り方を批判するという構図ができあがってしまっているのである。

しかし、問題は本当にそのどちらかにあるのだろうか。結局は、責任転嫁が起こっているに過ぎないのではないだろうか。「しつけ」か、「教育」か。この問いは、かつて人間の発達に関わる心理学の領域において立てられた問題、「氏か育ちか」の問いと似ている。

結論から言えば、人間がこの世に生を受け、成長していく過程において生じる問題の原因を、どれかひとつに見出すことは不可能である。人間の生は、多様なものが複雑に絡み合うなかで生成するものであり、どれかひとつを決定的要因として取り出すことはできない。このことは、子どもの発達にとって重要なのは家庭か学校か、しつけか学校教育か、という二元論に立つ問いにも当てはまる。どちらかが原因であるのではなく、それらは互いに子どもの発達に影響する。そしてその影響は、家庭に問題を抱える子どもがすべて問題を起こすわけではないことからも明らかなように、多様であり、個別具体の特徴をもって表れる。だとすれば、いま私たちが直面している課題は、「しつけ」か「教育」かといった二元論に陥ることなく、家庭、学校、そしてそれを取り囲む地域によって協創される「子どもの発達環境」の問題としてとらえなおすことであろう。

そこでこの章では、子どもを取り巻く発達環境を一連の有機的な活動組織体としてとらえ、実践的に課題解決を図ろうとする取り組みについて紹介してみたい。

1　結びつきの必要

今日子どもたちを取り囲む発達環境を考える際、その出発点を、子どもを取り巻く発達環境としての「活動組織体（活動システム；activity system）」（Engeström, 1987/1999）におくことからはじめよう。

発達心理学では長きにわたって、発達に影響を及ぼすのが個人の気質であるのか、それとも個人が育つ環境であるのかをめぐる、いわゆる「氏か育ちか」論争が繰り広げられてきた。やがて、人間個人の気質とその生育環境とが共に発達に影響するとする輻輳説が主流になる。

ブロンフェンブレナーは、人間の発達が個人と環境の絶えざる相互作用によって形成されていくとして、その主著『人間発達の生態系――発達心理学への挑戦』のなかで、多層的な四つの層からなる入れ子状の環境、ミクロ・システム、メゾ・システム、エクソ・システム、マクロ・システムという考えを提唱した。しかし、ブロンフェンブレナーのいう人間発達の生態学では、発達環境と有機体との耐えざる変化の連続を強調しながらも、外側にあるより包括的な環境がその内部へと影響を及ぼしているということが暗黙裡に前提とされており、それらが相互に影響し合うこと、とりわけ行為主体（agent）が環境へと影響を与えることによって環境と相互に作用しながら全体が変化していく、ダイナミックなものとして発達をとらえる視点に欠けていた（Rogoff, 2003）。子どもとその家族がそれぞれの異なった生態学的状況の中で、いかに移行していくのかということも、もちろん大変重要である。とはいえ、入れ子状のシステムに区分してしまうと、個人と文化的プロセスとの間の関係を考えるうえでの制約となってしまう（p.48）。つまり、個人 対 社会・文化という二元論的とらえ方の罠に陥ってしまっているのである。

そこで人間発達の二元論的とらえ方を超えるものとしてさまざまな領域で注目されているのが、1930年代にロシアで活躍した心理学者、ヴィゴツキーの研究と、それに続く「文化‐歴史的活動理論（Cultural-Historical Activity Theory: CHAT）」による人間発達への視点である。歴史的活動理論の発展のプロセスにおいて大きな役割を担っているエンゲストローム（1987/1999）は、人間の活動をシステムとして分析する理論的ツールとして、活動システムのモデルを描き出した（図3-1）。さらにエンゲストロームを中心とするヘルシンキの研究センターでは、このモデルを分析ツールとして利用し、人間活動の分析と革新を推し進める実践を繰り広げており、エンゲストロームの提言による「発達的ワークリサーチ（developmental work research: DWR）」（Engeström, 1991; 1996, また保坂 2004 も参照）の方法論を基盤とした実践改革の研究が世界各国で展開されており[1]、日本国内においても実践的取り組みが行われている（たとえば、Yamazumi, Engeström, & Daniels, 2005）。

発達的ワークリサーチにおいて、システム転換の契機となるのは、日々繰り返される実践活動のなかで「当たり前」のものとなってしまった具体的行為のなかに問題状況を探り出し、実践者自らがそれに直面することである。

たとえば家庭のしつけと学校の教育の境界について考えてみよう。文化的、歴史的背景のもとに、かつては家庭と学校の相互に暗黙の合意が形成されていたように思われるが、今日ではそれがあいまいになってきている。双方がとらえている責任領域の境界に、ズレが生じているのである。そこで学校では、自らの責任の境界を明確にするためにも、学校では何を目的としてどのような活動を行って

［1］ヴィゴツキーやレオンチェフが導入した文化 - 歴史的活動理論の潮流にある研究は、三年に一度開催される学会、International Society for Cultural and Activity Research（ISCAR）において研究交流がなされるとともに、学会組織としてのネットワークが形成されている。http://www.iscar.org/

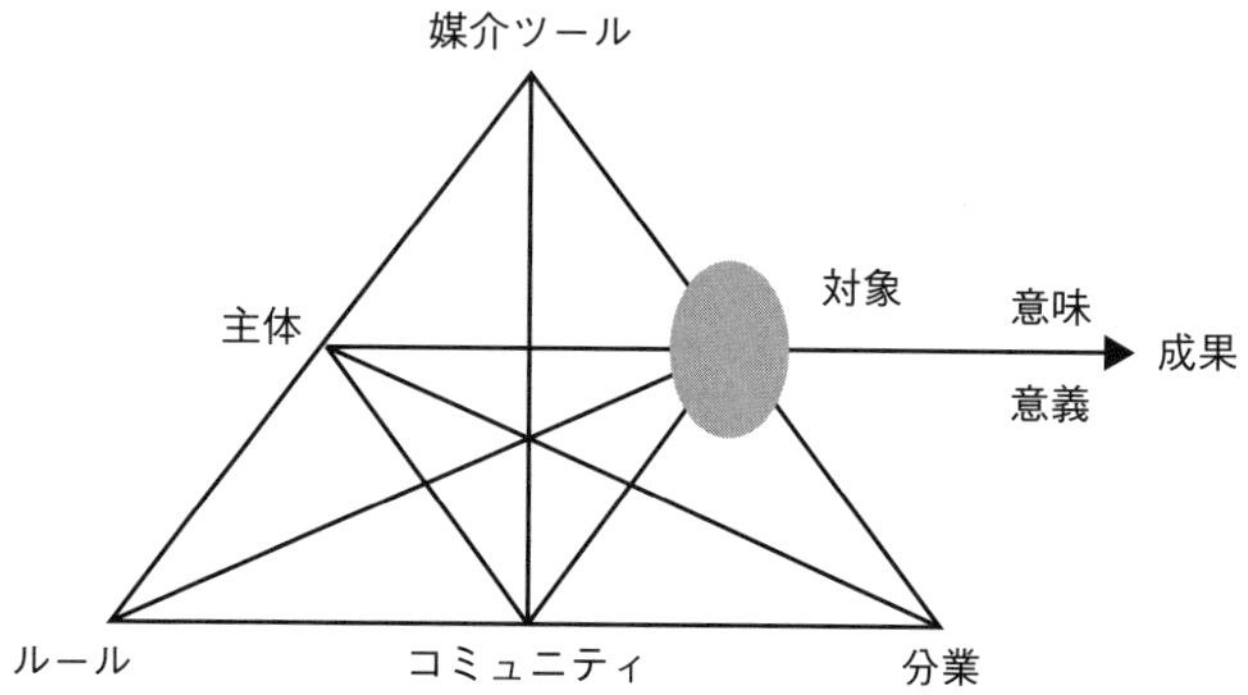

図３-１　活動システムの構造（Engeström, 1987/1999）

いるのか、どのような教育を目指しているのか、「アカウンタビリティ（説明責任）」が求められている。しかしこのように学校の責任範囲を明確にしていくことが、本当に子どもたちの発達環境の改善につながっていくのであろうか。家庭と学校、そして地域のそれぞれが、自らの責任範囲を明確にし、区画化された範囲のなかで子どもたちの発達環境を考えていくことが、本来求められていることなのであろうか。そうではなく、子どもたちの現状、実情に応答していく「レスポンシビリティ（応答責任）」が、いま、社会には求められているのではないだろうか。だとしたならば、一方的に学校が説明責任を求められ、その求めに応じて説明するだけではなく、子どもたちの発達環境を構成する家庭、学校、地域社会その他この過程にかかわるすべての活動体組織が子どもたちに応答していく、新しい結びつきが必要とされているのではないだろうか。

子どもの発達環境と限らず、どのような実践領域においても、二つ以上の活動システムが互いに接点をもち、さまざまな要素を共有する可能性があり、必然性がある。発達においても、そのような接触が、発達環境を変容させ、人間発達を促進する。異種システムの接触は、人間の実践活動から切り離すことができないプロセスである。にもかかわらず、日常の実践においては、それらの接触が見過ごされており、あたかも互いが接点を持たないかのように、区画化された実践のなかで生きている。

たとえば、学校教育の実践においても、ともすれば私たちは歴史的に形作られ、維持されてきた形態に縛られがちである。既存の自明視されている枠組みを採用し、問題をその枠の中でのみ検討する。小学校に通う年齢の子どもたちの発達、教育実践については小学校において検討され、中学校では中学校に通ってくる年齢の生徒たちの発達と教育を考える。そこにはくっきりとした区画線が引かれており、教師は自らに割り当てられた区画の範囲内の実践に対してのみ責任をもつ。

子どもたちはその区画を横断していく。6歳になれば小学校へ入学し、そこでの6年間を経て卒業し、中学校へと進学していく。その枠を通過していくことによって、発達がもたらされる、とされてきた。小学校への入学・卒業、中学校への入学……といった区切りが、子どもたちに成長の機会を提供すると考えられてきた。しかも日本の義務教育期間は、通常その居住地に応じて学校区が決定されている。小学校と中学校は、互いにその地域に居住する子どもたちの、義務教育期間を通じての教育、発達に責任を負うことになる。したがって小学校と中学校の教師たちは、その地域（学区）の子どもたちの教育を共有していることになるのだが、それぞれが自らの責任領域を区画化し、接触を避け、また学校外の活動システムと協働することもほとんどしてこなかった。

このような分断がこれまでそれほど問題視されてこなかったのは、これらの活動システムの境界を

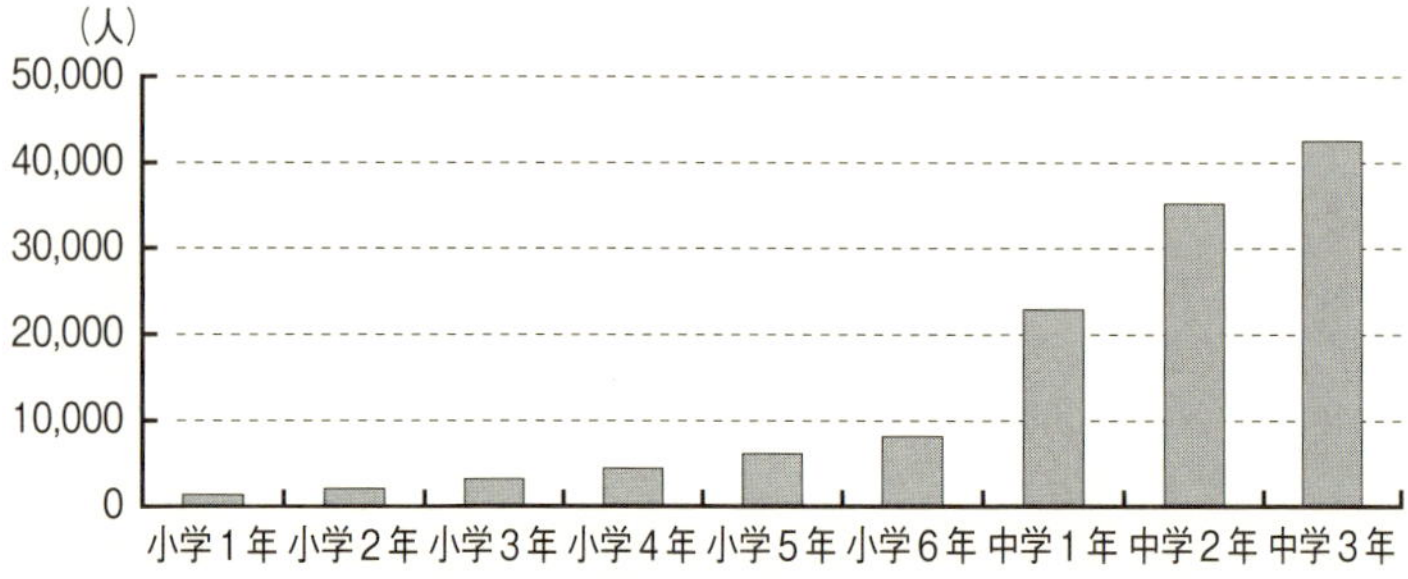

図3-2　平成15年度の学年別不登校児童生徒数（平成15年度）

横断する行為主体としての子どもたちが、この移行期を通じて、変化に適応し調整することによって対応してきたからであり、またこのような移行期に起こる変化への対応能力が、発達の上で重要なステップであるとも考えられてきた。しかしこの移行期の発達については近年、多くの問題が指摘されている。必ずしも発達をプラスに促進する側面だけではないのである。

たとえば、学校教育における問題として必ずあげられる不登校やいじめの報告件数は、中学校に入学したばかりの中学一年生で急増している（図3-2、図3-3）[2]。「中一ギャップ」として問題視されるようになってきた現象である。だがここで留意しなければならないのは、このギャップを、「だれが」感じているのか、ということである。教師や周りの大人たちが、中学校に入るときに「ギャップがある」らしい、子どもたちが「変わってきている」と感じているのである。そして、このギャップをなくしてしまえば問題は解決するのではないか、いや、それに打ち勝てる強い精神力を培わなければ……となる。「中一ギャップ」というように言葉ができてしまうと、それをどのように解消するか、という課題が立てられることになりがちである。しかしまず重要なのは、一般論にしてしまうの

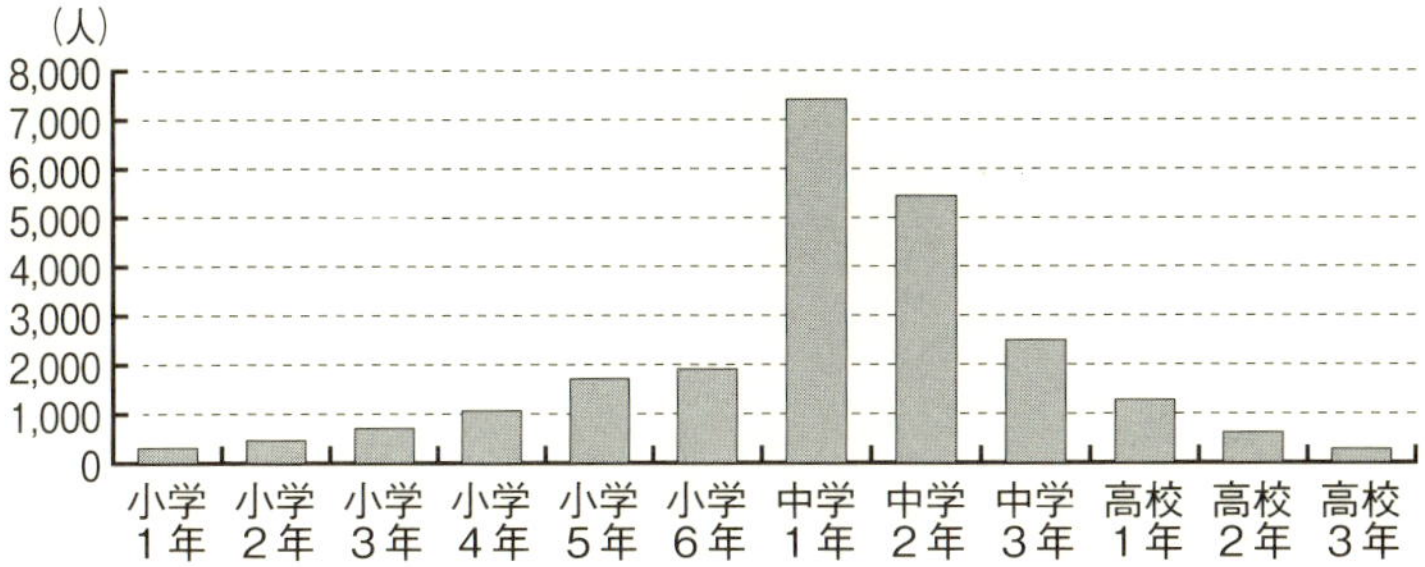

図3-3　いじめの発生件数（平成15年度）

ではなく、個別具体的な実践のレベルで、教育実践現場において必要とされていることはなにか、ということを見極めていくことであり、小学校・中学校二つの活動システムが、両者の直面している問題を共有できるよう歩み寄り、すりあわせを行うことである。

以下では、このように歴史的に区画化されてきた義務教育期間の教育を担う重要な活動組織体としての小学校と中学校が、互いに連携することによって子どもたちの発達環境を見直していこうとする実践を見てゆこう。そうした活動を通して、それぞれの活動システムが結びつくことの必要性とそこに見出しうる可能性について、具体的に検討してみたい。

［2］ 文部科学省のＨＰデータより。不登校児童・生徒数の変化を見ると、中学校入学と同時に、不登校になる生徒が多くいることがわかる。また、いじめなどの問題も、中学入学とともに急増している。

2　結びつきの実践

社会や時代の変化に伴って、子どもたちの発達環境を見直そうという試みがさまざまに試みられている。学校を中心としたものでは、学区内の地域交流や小学校と中学校の間で行われるいわゆる「オープンスクール」や「出前授業」、「総合的な学習の時間」や行事を活用したさまざまな交流事業などが盛んに行われている。私が学校教育のなかでも根幹となる義務教育期間に関心を持ち、とりわけ小学校と中学校の間の連携に研究を焦点化しはじめた頃に出会うことができたのが、大阪府下のある中学校区（一中学校、二小学校）での取り組みであった。ここでは、この中学校区における小中連携の取り組みを通して、結びつきの実践について検討してみたい。

この中学校区では地域との連携が盛んで、すでにPTAや地域が中心となる行事への参加など、さまざまな取り組みがなされていた。そこで学校の役割として、授業においても地域連携につながる取り組みができないかとの考えから試みられたのが、「いきいきスクール」[3]事業であった。これはこの中学校区で実施可能ないくつかの科目について、2003年度より兼務発令を受けた教諭が互いに他の学校に出向いて授業を行う「いきいき授業」、また三校の養護教諭を中心とした児童・生徒たちのサポートやケアにあたる「いきいき相談グループ」の二つを主要な柱として実施された。

「いきいき授業」は、教師が実際に行き来することによって、子どもたちや学校の実情をつかむことを目的としている（保坂 2005 参照）。たとえば中学校のある教師は、小学校の高学年学級におもむき、専科担当として授業を行う。その数年後には、小学校で担当した子どもたちを、中学校でまた担当することになる。実際担当することにならなくとも、子どもたちのことを知っており、また子どもたちも中学校の教師のことを知っているということが、中学入学時の不安を低減する（小泉 1995, 1997）。また小学校の教師が中学校で授業を担当することによって、中学入学以前の様子を踏まえた指導が可能となる。実際、一番有益であったのは、このように小学校と中学校を互いに行き来する教師たちが、それぞれに持ち寄る子どもたちや学校についての情報であったという声が多く聞かれた。協働関係を創っていくためには、情報の共有がまず基礎となるのだ。

後者の「いきいき相談グループ」では、ひとりひとりの児童・生徒たちが抱える個別の課題について、小学校と中学校の教諭が、発達過程や家庭などについての情報を持ち寄り、その解決を図る。ここでも、情報の共有が協働関係の創出において大きな役割を担った。これまで、小学校と中学校とでは、年齢は異なるものの同じ子どもたちを対象としていたにもかかわらず、子どもたちについての成績や出席日数などのデータ交換は別として、個別の子どもたちの情況などについての情報を共有でき

［3］各学校の特色ある教育活動の展開や「学級崩壊」・不登校などの諸課題に対応するため、中学校区の小・中学校間の教員の協働の関係を構築し、個に応じたきめ細かい学習指導・生徒指導・進路指導を一層推進していくよう、小・中学校間における人事異動など教員の様々な連携が可能となるような措置を講じている。（『義務教育活性化推進方策』大阪府教育委員会 2003.3.）

てはいなかったのではないだろうか。

小学校と中学校とでは、暗黙裡に異なった仕事文化を形成し、そのなかで当たり前とされることを前提に活動が展開されている。そうした伝統的に根付いたそれぞれの学校文化は、しかし、慌ただしい日常生活のなかであまり意識されることはない。その差異が明確になるのは、異質なものとの出会いを通してである。小中連携の実践は、小学校文化と中学校文化、さらには、学校同士のそれぞれ自明とされている文化の違いを、実感する機会となった（図3-4）。小学校で授業をすることになった中学校教師は、次のように述べている。

「私が向こうに行って教えてもらっているという状況なんですね。やっぱり大きいのは、僕は20年前は小学校にいてたでしょ。だからその頃の小学生と今の小学生を見てると、全然違うんですね。だから昔はやりやすかったなあ、すごくよかったなあ、だから今の子はすごく大変やなあとね。小学生の子はね、すごく大変やなあというのがわかったんですよ。で、中学校に移るときは、小学校の先生が一生懸命こんなことしたらあかんよ、こんなことしたらあかんよって言ってくれているのに中学校でできひんなあ、と。そやから、何や、小学校の先生はもっとちゃんとせんかっていう思いがね、僕はいうことはないんですけど、そういうふうに聞くことありますやん。小学校はなにしてるんやろいうのがあって、それは違うなあと。」（中学校、K先生、2005年1月）

K教諭は、以前小学校の教師として勤めていた経験から、中学校でのみ教えている教師よりは小学校について、小学生についてわかっている、と考えていたのであろう。だからこそ、中学校教師が小

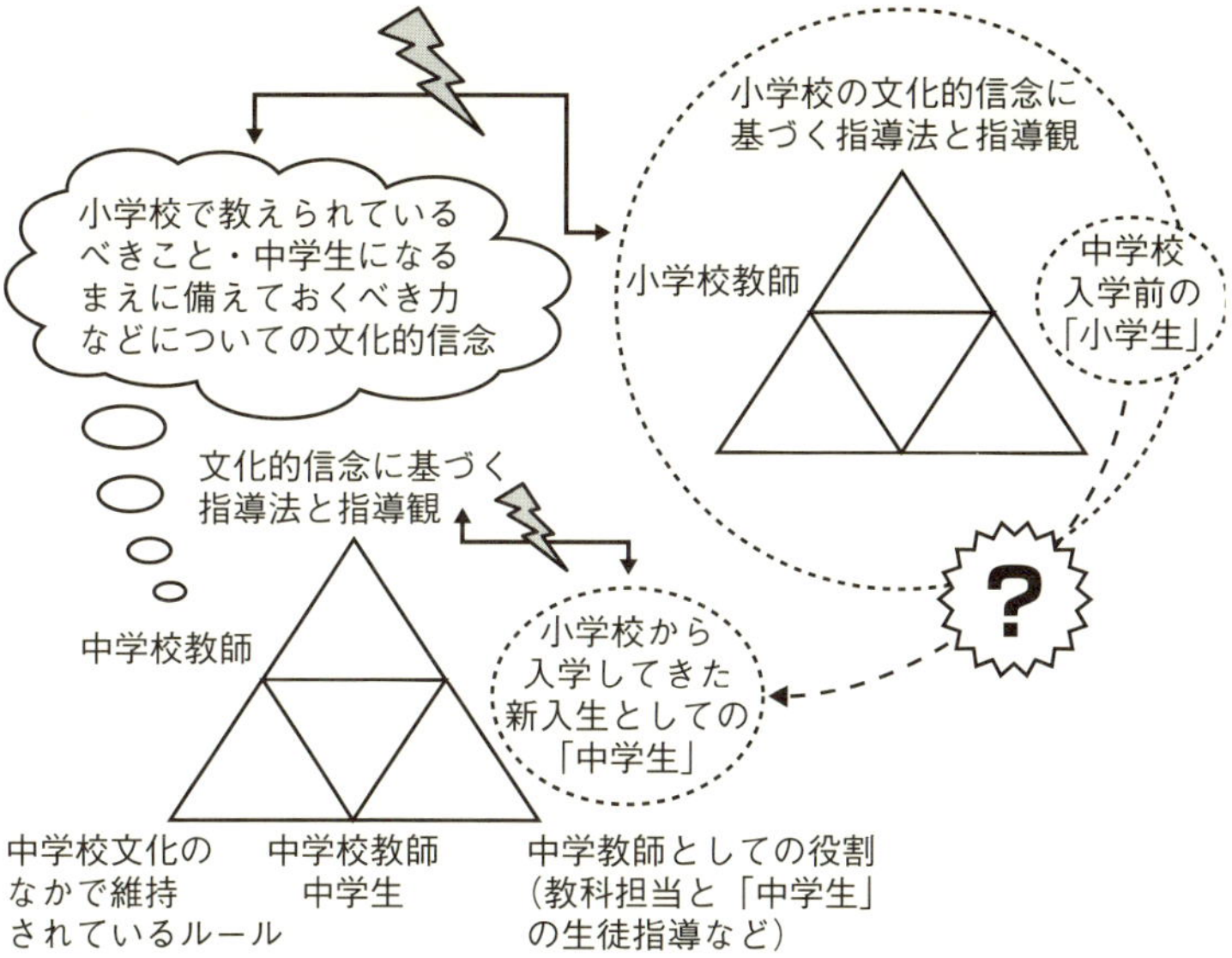

図3-4　小学校教師の文化的信念と中学教師の文化的信念との間の矛盾

学校に対して不満を持ちがちであることもよく理解できた。しかし、「いきいきスクール」の取り組みで、数年を経て教えることとなった小学生たちは、自らが教えていた子どもたちの様子とは全然違っており、中学校の教師として見ていた小学生とは異なっていた。

こういった、小学校と中学校との「ちがい」の実情を知るうえで、「いきいきスクール」の取り組みが大きな役割を果たしていたことが、他の教師たちの意見からもうかがえた。つまり、多くの場合、中学校教師（小学校教師）は知らず知らずのうちに、自らを小学校（中学校）の教師の立場に身を置いて小学校（中学校）における実践のありようを批評しているつもりになっていたのではないだろうか。ところが、「いきいきスクール」の実践に取り組むことを通して、実際に小学校（中学校）教師の立場に自ら身をおいて子どもたちを見たとき、中学校にいたときに見ていた子どもたちとは違った様子が見えてきたのである。中学校教師が前提としていた文化的信念と小学校教師の文化的信念との「ちがい」が、互いの認識のずれの背景として意識され、小学校から入学してくる子どもたちと、中学校に入学したばかりの、また中学生として成長していく子どもたちの発達過程を、実践のなかで連続したものとしてとらえることが必要になってきた。

小学校では小学生のあいだのみを、中学校では中学生のあいだのみを学校教育活動の対象とし、それぞれが区画化された境界に覆われた範囲内で自らの活動を制限するのではなく、小中が連携し、協働することによって、小学校から中学校へと移行していくプロセスにある子どもたちをサポートすることによって、子どもたちのスムーズな移行と、発達環境の再構築が実現されていくだろう。そのためには、小学校と中学校、それぞれの活動システムの中に閉じこもるのではなく、境界を横断し、活動の対象を新たに共有しなおしていく必要がある。

このような結びつきは、小中を一貫校とし、九年間を同じ活動システムとしてとらえることとは違う。それぞれが対象を共有しながらも、独立した活動システムを形成しているなかで結ばれる関係なのである。エンゲストロームら（Engeström, Engeström, & Vähäaho, 1999）は、こういう関係を「ノットワーキング（knotworking）」と言っている。ノットワーキングとは、「そうでなければ関わることのなかった別々の活動の糸が、結ばれ、解け、また結ばれていくという律動によって特徴づけられるもの」（p.346）である（保坂 2003）。

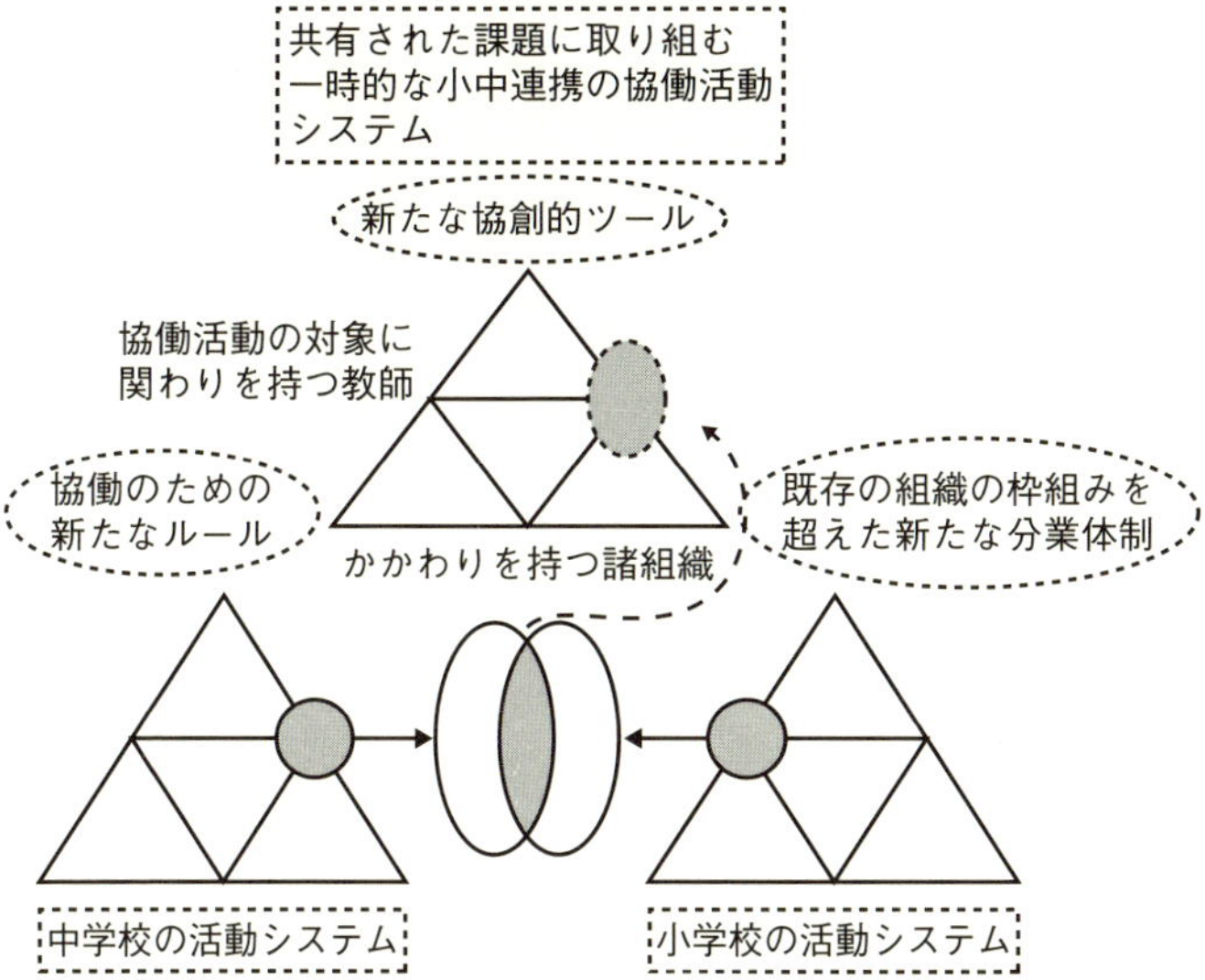

図3-5　小中連携実践によって創出された協働活動システム

いきいきスクールの実践で取り組まれていたのは、まさにそれぞれの学校の在り方を尊重しながらも、共通の課題のもとで、実情に応じた取り組みをすることであったといえよう（図3-5）。たとえば、2005年度に中学校の理科を担当した兼務小学校教師は、小学校という所属と小学生という教育活動の対象を超えて、将来小学生たちが進学していく中学校において教育活動にあたった。そして中学校から小学校へとおもむき専科教諭として理科を教えている教師と連絡を取り合いながら、小学校からの内容の連続性を維持しうる授業を展開した。時間的制約から、定期的に教師同士の会議を持つことは難しかったにせよ、小学校における前年度の授業内容を把握したうえで、復習事項として授業に小学校の内容を盛り込みながら授業を進めた。また、小学校と中学校の教師たちが立場を代えて授業を行ってみることを通して、教科カリキュラムの内容に重なりやずれがあることが問題として浮き彫りになり、小学校と中学校の教師たちが協働して、九年間を見通したカリキュラム作りに取り組みはじめている。これは、小中連携の実践を進めていく上での、新たなツールとなりうる。このように、実施可能な、また実施することに意義が見出せた教科において、それぞれ担当の教師たちが協働し、小学校、中学校といった既存の枠組みを超えた新しい結びつきを形成していった。

「今年は本当に、去年I先生がゆっくりと学習さして、ま、ちょっと発展的な内容もI先生なりのやり方でね……それをね、受けた授業をできるということを非常に実感しています。何か研究したわけじゃないんだけれども、やっぱり授業内容についてはI先生のやられたところについては、時間を割愛できる、すでに知っているので一からでなくてプラスアルファというかたちで授業ができるということで、I先生と正面たって打ち合わせをしたということはないんですが、常々小学校に来られたとき、またここに来たときに、I先生休み時間に準備しつつ立ち話しながら、でも去年今年で変わりましたとか、授業中には、もうすでにやったよ、とか子どもが。聞いたで、とか。やってないいう子もおるけど、まだやってないんかと聞きますと、周りの子がやったよとか、I先生がやったやんか、とかいう子もおりまして。そういう意味でね、まだじっくり話し合ってないので時間とってやらなあかんと思うんですが、本当に中小の内容って非常に近い部分いっぱいあるんです。これから先も、あると思うんで、よかったなと思っています。」

（小学校教諭、中学校理科担当M先生、２００５年６月）

このように、互いに義務教育期間という重要な役割を担う小学校と中学校が、長い歴史のなかでいつの間にか創ってしまっていた、異なった文化的信念に基づく境界に囲われた制約を超えていくことによって、新たな結びつきができつつある。だが、もちろん既存のものを超えていくことによる課題もある。たとえば、この小中連携のいきいきスクール事業に関わっている教師たちは、それぞれの学校で担任を持つことが難しくなる。また、校内の公務分掌などに関しても、充分に時間をかけることができない。

「たとえば僕は行きますわね、僕はここの中学校の教師として担任はできないわけですね。んで、ここのいろんなポストって言うんですか、この学校のために役割をはたさなあかんっていうのは、なかなかできていないいって思うんですね。三年生の学年でもいろいろご迷惑をおかけしていると思うんですね。」(中学校I先生、2005年1月)

「物理的にしんどいです。週に三回ですけど。で、門を開けるというのと。今、門閉まってるでしょ。……物理的にとてもしんどい。誰かが言わなあかんと思ってるから言ってるんです。やってる本人がいわないと……」(中学校I先生、2005年6月)

小学校と中学校が、互いに区画化された教育活動を展開していることによって子どもたちに現れてきた問題状況を解消すべく取り組まれたこの「いきいきスクール」事業は、実践を進めるなかで次のステップ、次の問題状況にぶつかることとなった(図3-6)。既存の枠組みを超越して小中が結びつ

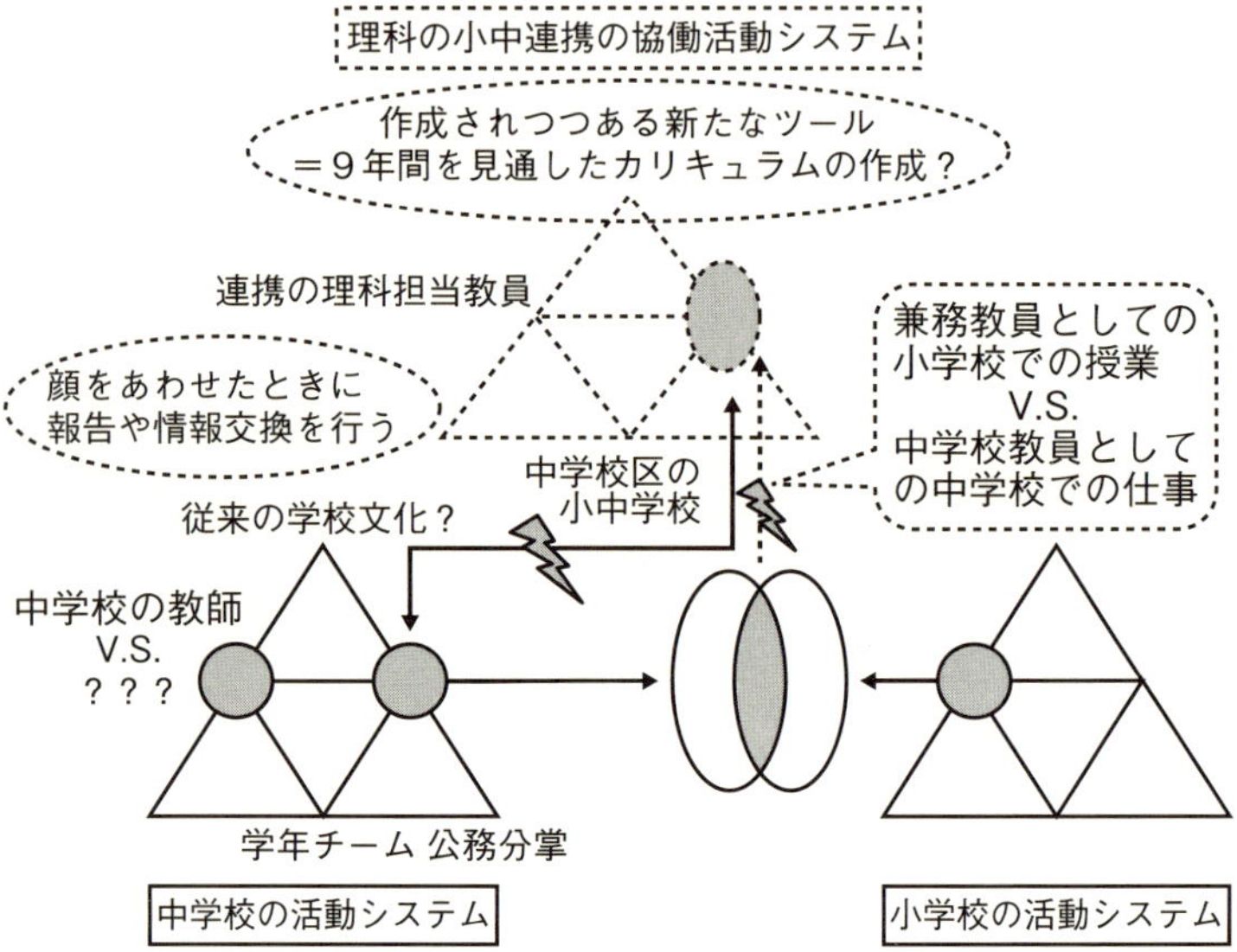

図3-6　小中連携の協働実践のなかでみられはじめた矛盾

くことによって、メリットもあるが、予想されていたこととはいえ、さらなる負担が増えることが、やはり解決しなければならない問題として大きくなってきていた。物理的なことも含め、「いきいきスクール」事業に関わっている個々の先生に大きな負担がかかりすぎているのではないか、ということが、会議の場でも、また日常の会話やインタヴューのなかでも指摘されるようになった。

「いきいきスクール」事業に関わる兼務教諭として理科の授業を小学校で行う中学校の教師は、他の理科担当の教師たちとの結びつきのなかで授業実践を展開するのであるが、同時に、生徒指導など、中学生の教育活動における行為主体でもある。中学校における教育活動と、特定の科目における教育活動とのずれが、結果として、二つの活動システムの境界を横断する行為主体としての個人の負担として顕在化してしまっている。これは教科教育の活動システムのみを検討すること、つまり、連携の授業が教科のみに還元されてしまうことへの危険性を示すものと考えられる。

教科教育と生活・生徒指導は、明確に切り離すことが困難な学校教育の中心となる二つの柱である。とはいえ中学校では、教科教育は各教科ごとに区画化され、他教科との結びつきを持ちにくい。小学校では通常、学級担任がすべての授業を行うことが多いため、教科間のちがいについては問題になりにくいが、中学校では教科担任が主流であるため、中学校全体としての取り組みといった枠組みを想定しにくいのである。また、この「いきいきスクール」の取り組みにおいては、教科ごとの枠が固定してしまっているという問題点がある。そのことが、システムのずれの問題を個人負担というかたちで顕在化させてしまったのであろう。ノットワーキングの実践を通じて、次の転換のためのステップが見えはじめた。

容易に考えうる解決策としては、ある特定の教科について専属の教師チームを構成し、それぞれの学校からは切り離す、ということであろう。独立した活動システムとして存在するのであれば、兼務教員としての教師なのか、中学校教師なのか、といった問題にぶつからずに済む。しかし、対象の共有を通じて、一時的につながりを持ち、結びつき、またほどけていくという流動的なノットワーキングの概念に基づくならば、そしてこのアイディアに基づき、小中一貫教育ではなく、互いの教育活動システムのあり方を存続しつつ連携し、連携の実践を通じて、それぞれの教育システムが転換していくということを前提としているならば、この「いきいきスクール」の実践を、小中合同の教科の活動システムとして独立させるべきではないだろう。また、そうすることは現実的でもない。現在の学校教育システムを現場の視点で具体的に転換していくためには、二つ、あるいは二つ以上の活動システムを横断するために共有しうる対象とツールを創出していかなければならない。そのために、どのような次の展開を想定することができるだろうか。そのヒントは、「いきいき相談グループ」の実践にあるように思われた。

3　多様な結びつきのために

「いきいきスクール」事業のなかでも、子どもたちの学校生活などのさまざまなサポートとケアにあたる実践の取り組みは、主に「いきいき相談グループ」によって担われている。いきいき相談グループは、この中学校区の三校にそれぞれ所属する養護教諭、生活指導、生徒指導、校長、教頭、さらに市教育センターの教育相談担当（含カウンセラー）によって構成されている。それぞれの養護教諭や学級担任が、個別の事例を持ち寄って検討したり、問題状況の解決へ向けての情報交換を行ったりする場となっている（図3-7）。同じ中学校区内で事例や情報を共有していくなかで、たとえば、「以前でしたら小学校は小学校、中学校は中学校で、不登校の子どもさんがいたら関わるわけですけど、親御さんからしたら、二箇所から違うことを言われるわけですよね。そういうことを連携して統一化することで、同じニュアンスで接していこうというようなことをやっていける」（中学校養護教諭

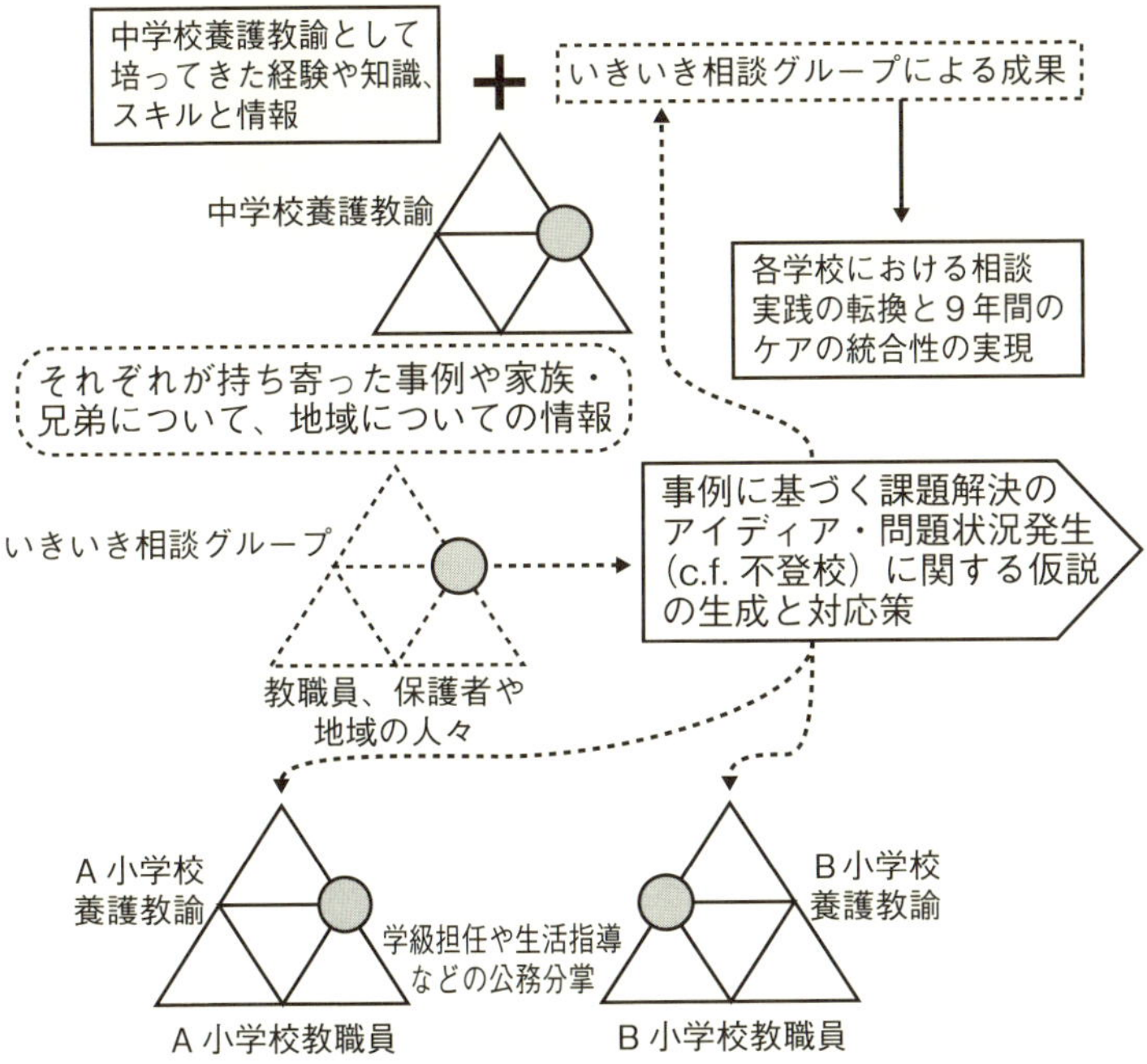

図3-7　３校によるいきいき相談グループの取り組み

F先生、2005年1月)。

個々の具体的な事例についての情報を共有していくなかで、それらが「境界対象（boundary object)」となり、異なる活動システムに属する行為主体に、教育相談実践を対象として新たな結びつきができたのである。「境界対象」とは、「ローカルなニーズに適用可能なほど柔軟なものであり、かつそれらを用いるある集団にとっては制約となるようなものである。それでもなお、各状況を通じて共通の独自性を維持しうるほど確固としたものでもある」(Star, 1989, p.46)。個別の事例についての検討はそれ自体、それぞれが直面している問題状況を直接解決することにつながるものではないかもしれない。しかし、情報や事例を共有していくことを通じて、共通認識を形成したり、仮説を立てたりしていくことで不登校対策について具体的に検討していくことができた。

「ある程度仮説を立てて、で、やっぱり小学校から来る生徒ゆうたって、中学校に来て不登校傾向が出るということで、小学校で早い段階でこのことをケアできないだろうかということがありまして、……たとえば小学校から中学校に来て、入級するというケースがここ数年続いた。それについてなんとか、その、もっと連携できないだろうかと、やっと言える関係になったなかで、……支援という形で働きかけをしている子どもたちが増えてきているというようなことも報告がありましたし、……かなり深い話ができたなあ、というところまでやっときました。」

（中学校養護教諭F先生、2005年1月）

具体的な事例や情報を共有し、検討を重ねていくなかで、それぞれが抱えていた問題状況についての指摘ができるような「関係」が創られてきている。そしてその関係を基盤とした、チームとしてのケア体制を組むことが可能となり、小学校から中学校という九年間を見通した子どもたちの発達へのサポートやケアの統合性を創り出そうとしている。またさらには、事例についての検討を通して、それぞれが各学校において行う相談実践も変化してきている。つまり、いきいき相談グループの実践活動による成果が、それぞれの学校相談実践における新たなツールとして加わったことにより、相談実践そのものが転換したのである。

授業における「いきいきスクール」の成果もあいまって、この中学校区においては、不登校児童・

生徒数がほぼゼロに近い状況を維持することが可能となった。授業における連携と比較すると、教育相談では不登校児童・生徒数の低減やいじめなど、個々の問題状況の解決という対象が明確であり、またすべての教職員にとって重要な課題であるため、新たに想定される活動の対象を共有しやすいといえる。また、ここでの具体的な活動のためのツールとして、持ち寄ったそれぞれの事例を採用したことも、結びつきを強めていく要因となったと考えられる。

しかし、相談グループにも課題がないわけではない。

「私はまして養護教諭ですから、私がいない間、誰もいないですよね。で、それを誰がカバーしてくれてるんって言ったら、やっぱり他の先生方がすっごく精神的な部分、支えてくれてるっていうことですよね。I先生言われたように、仕事量は減らへん、人は来ーへん、そういうなかで目の回るような。……過重労働っていう言い方してもいいかわからないけど、そら、かなり無理かなというのはあるんだけど。ただ私、励みにしてるのは、やっぱり先生方とのネットワークが広がった。小中九年間、直接的にはないけども、低学年なんかよく知らないけれども、小学校は。でも情報としていただいているんで、情報が入ってきてる子どもたちについては、あ、この子が例の、今年あんなんなってるわ、というようなことを見て、エネルギーに変えようと。いい面も悪い面も、マイナスプラス両方あると思うし……子どもたちが笑顔で、少しでも来てくれることが、私にとったらうれしいことかなっていって、自分がやれることはしよっかなっていう。……そこをみんなが、他の先生方がわかってくれて、支援してくれますよね。で。私がその、チーム支援っていうのを思ったのは、教師が病気にならないっていうね。ま、教育相談の部分ですけどね。一人が一人にあたってたら、どうしてもその、煮詰まる。それでやっぱりそのへんを、いろんな先生に支えてもらってるってい

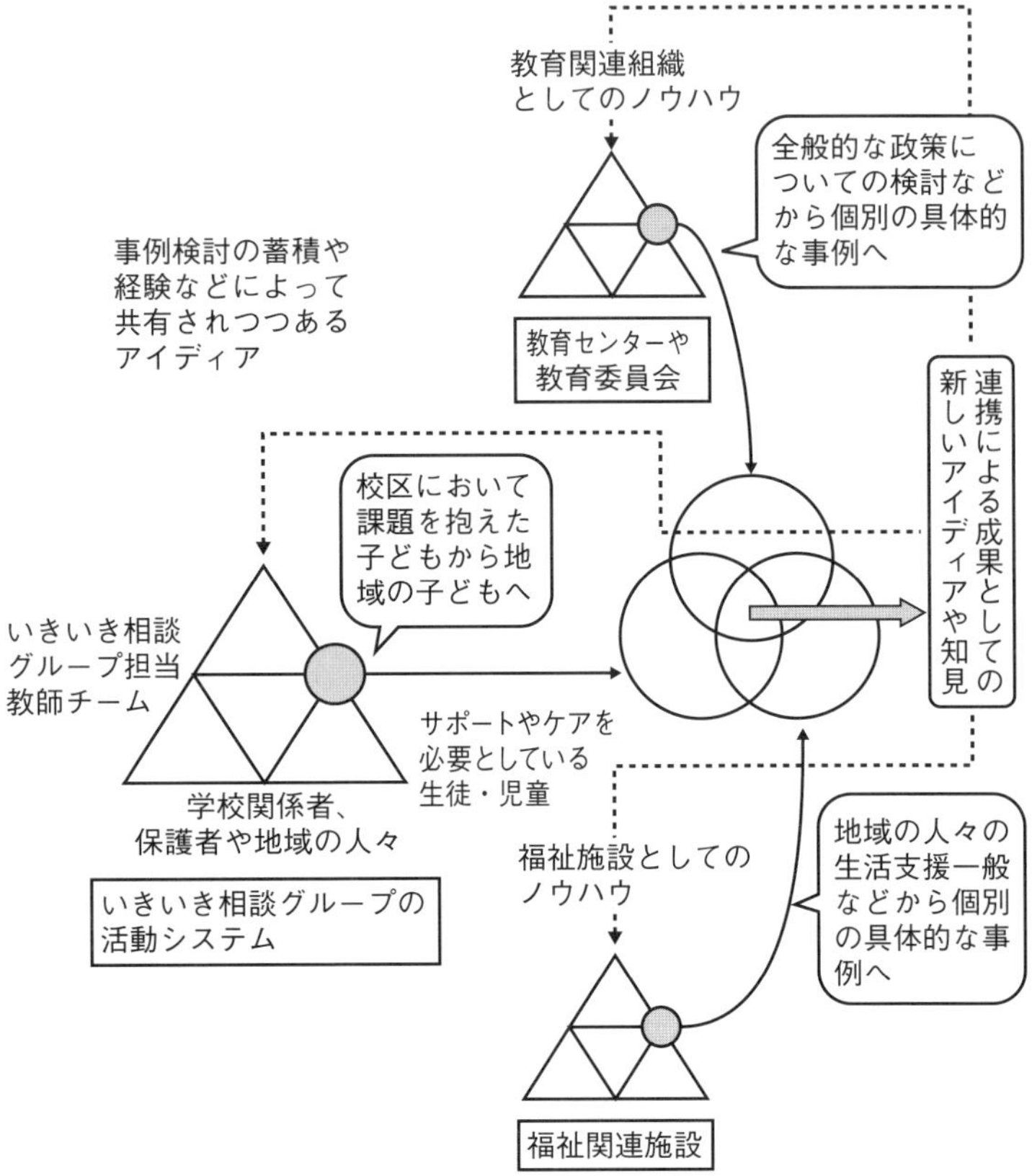

図3-8　ネットワークの中で拡張するいきいき相談グループの実践

うのが、これが、何とか、二年目三年目ももってるっていう……」（中学校養護教諭F先生、2005年6月）

相談グループでは、その活動対象の性質から、学校のなかだけで問題は解決されない。この中学校区でも、小学校との連携で家庭との連携関係が創りやすくなったケースが少なくない。小学校との連携を通して得た情報を手がかりに、地域として子どもたちの成長・発達を見守るための基盤ができてきている。それに加え、ケース事例によっては市の教育センターや福祉施設など、多くの外部組織との連携も必要になり、学校間のみならず、学校外の諸組織との連携も進んできている（図3-8）。

そこで現在模索されているのが、外部組織ともつながりを持った「教育相談システム」のアイディアである。中学生が問題を抱えていれば、中学校の養護教諭や担任がその解決にあたるのが当然視されてきたが、問題に応じてさまざまな連携を組み、多くの人々が当該の生徒と関係をつくっていき、生徒自身がネットワークのなかに身をおくことを通して、ともに問題を解決していくことをそのねらいとしている。「その子、その子で、あうあわないってあるから。できるだけ多くの人が関わることで、その子の問題を解決しやすくしてあげる」（中学校養護教諭F先生）というアイディアが根底にあり、教師たちが学校という境界を超え、新たな関係を創っていくとともに、子どもたちにも新たな関係を創ることができる環境が保障されている。

もちろん、教科に関わるいきいきスクールと相談グループの実践は、その活動対象のありようにおいて、大きく異なっている。しかし、さまざまな結びつきを広げていくことによって、学校教育を固定した制約の枠の中に閉じ込めることなく、子どもたちにとっても、多様なあり方を可能とする場としての学校へと転換していくことが可能になるのではないだろうか。教科教育においても、小学校と中学校の教師が兼務しながら授業を行うことの意味を再度確認しつつ、実情に即した連携の可能性を追究していく必要があろう。そのためにこの中学校区においては、授業を公開したり、校内研究会などの機会を利用して、直接はいきいきスクールの実践にかかわりを持たないが、実際にはこの活動を支えている教師たちと実践を共有したりするなどの試みが行われはじめている。こうした実践を通して、子どもたちの発達環境の協創のための新しい媒介ツールが見出されるであろう。

むすび

学校教育活動システムは、境界横断やノットワーキングの実践を通して、発達していく。このことが、子どもたちにとっての発達環境を新たに創りなおす実践となっているのである。これらの実践は、学校教育活動を行うコミュニティとしての教師チームが、どのように発達していくのか、というプロセスを示すものでもある。学校コミュニティでは、「教育する」という仕事が、かつてのような個人による個人的スキルの上達を追求するものから、教師チームとしての同僚性の構築など、教師集団としてのスキル向上へと、視点が移ってきている。

学校のコミュニティとしての発達は、図3-9のように示すことができよう。

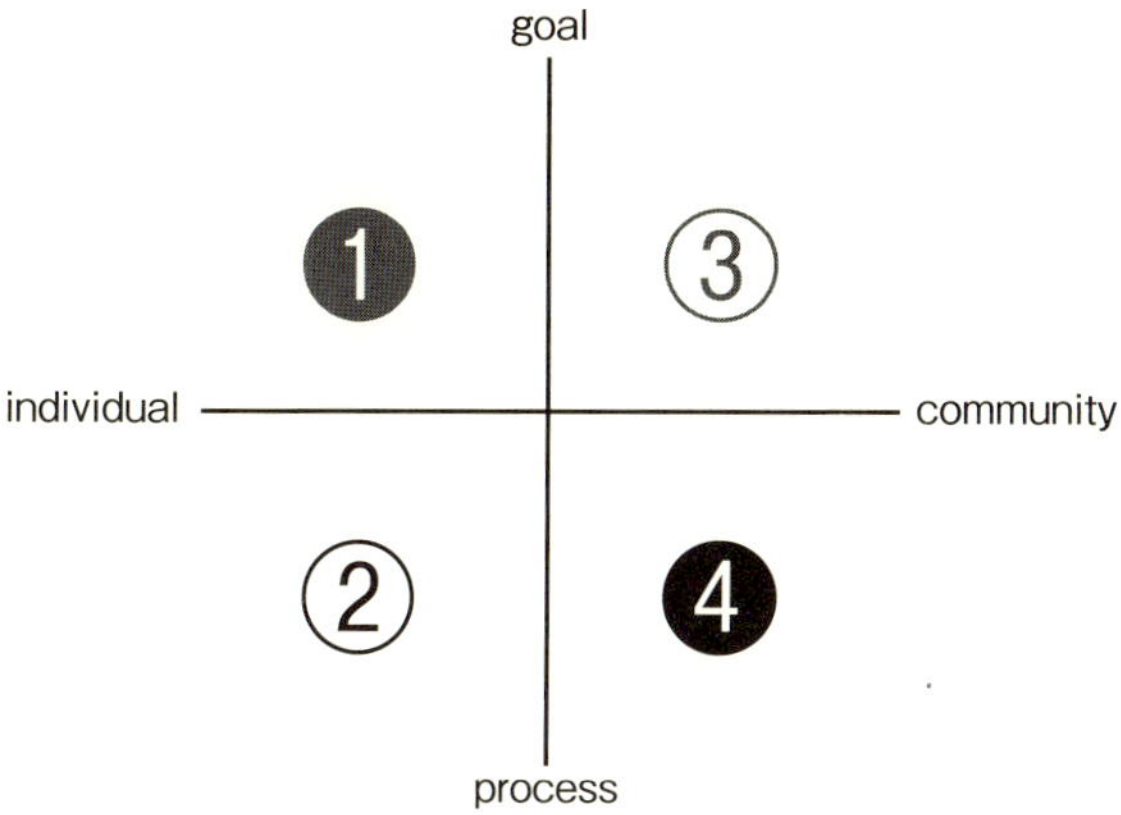

図3-9　学校のコミュニティとしての発達

①は、個人による目的（結果）追求を目指すもので、学校内の各教師が個別に定めた自らの教科指導のスキルアップを図る段階である。

②は、個人が自らのスキルアップのプロセスを自己省察のなかで改善、改革していくことを試みる段階である。

③は、グループやチームがひとつの結果の追求にあたるもので、たとえば、教科教育において、教科カリキュラムの目的を達成するために連携を図るような段階である。

④は、コミュニティとしての発達プロセスに主眼を置いた段階である。既存の定められた目的を追求するというよりもむしろ、変化のプロセスをモニターしながら、相互に学びあい、評価し、ヴィジョンを描き、実行するプロセスの繰り返しとなる。本章で検討したいきいき相談グループの実践のように、自らの活動システムの境界を超え、結びつくことによって、新たに見出された新しいアイディアや知見を、さらに新しい

ツールとして導入し、活動システム自体を革新していくようなタイプの発達プロセスである。このようなプロセスをエンゲストローム（1987/1999）は、「拡張による学習（expansive learning）」と名づけている。ただし教師の仕事活動には、上述のすべてのプロセスが関わっており、そのどの段階に到達することが唯一必要不可欠ということはない。課題となるのは、学校がコミュニティとしてともに学びあい、発展しあうような結びつきの関係を築いていくことができるか、ということにある。

学校のような伝統的文化 - 歴史的活動組織体の改革は、このように、拡張的、革新的コミュニティの実践を通して進められている。この組織的な学習は、コミュニティ内に、新しいルーティンを生み出すことを目指すものではない。相談グループにおいて事例の検討が関係を結び合う媒介ツールとなったように、それぞれの実践において必要とされるツールの創出と、その適用が求められる（Kerosuo, & Engeström, 2003）。

またエンゲストロームら（Engeström, Brown, Christoper, & Gregory, 1991）は、行為主体と彼らが向かう対象との関係を、三つの次元でとらえるモデルを示している。第一の次元は、コーディネーション（協調）で、この次元で行為者たちは、それぞれがある活動に対して与えられているスクリプト（筋書き）に従って、各々の異なった独自の目標を達成するために、行為する。つまり、協調においては、行為者が互いの目標や動機を積極的に統合しようとする活動は必要とされない。第二の次元はコオペレーション（協働）であり、行為者たちは同一の問題機制のもと、それぞれが分かちもたれた対象へと向かっていく。この次元では、それぞれの行為者が、筋書きにのっとった対象を共有してはいるが、対象自体を創出したり、筋書きを書き換えたりといったことは含まれない。しばしば、この次元がコラボレーションであると考えられているが、エンゲストロームらの主張は、さらに第三の次元を設定している。そこでは、行為者間の相互作用を通して、行為が向けられている対象自体、またそれに向かっていくためのスクリプトが書き換えられることになる。この次元をエンゲストロームらは、コミュニケーションと名づけている。コミュニケーションの次元では、分かちもたれた対象に向かう行為者たちが自らの行為を互いに省察し、目標達成のためのスクリプトを書き換え、また対象自体をも協働で創出していくという活動の構造を描き出そうとしている。そしてこのような行為者たちによって共有されている対象や文脈自体を問い直し、常に革新をはかるために行われるコミュニケーションこそが、「いきいきスクール」事業を通して目指されている学校改革であると考えられる。

現代の子どもたちの発達環境は複雑に入り組んでおり、その発達環境にかかわりを持つ活動組織体も多様である。このような活動組織体との必要に応じた連携を図りながら、協働で発達環境を創出していく試みがいま、必要とされているのではないだろうか。

第4章

コスモポリタニズム、アメリカ文学、外国語としての英語

山住勝利

1　有用な文章と無用な文章

藪の中でミソサザイを見て、「ミソサザイ」と呼んで、尊大にも歩き過ぎていくことは何も見なかったことを意味する。ミソサザイを見て、立ち止まり、観察し、その存在を感じ、しばらく我を忘れ、藪の木陰に立ち止まっていること—そのとき我々は「ミソサザイ」の存在を感じたといえるかもしれない。それは世界とひとつになった重要な瞬間である。同じように、私たちが遊び心で物を書いているとき、私たちの心の目は辺りをさまよい、景色や光景を見て、出来事を追体験し、聞き、同時に夢を見るのである。（スナイダー 2000, p.226）

つねに何かに急き立てられているかのような生活を送るわれわれ都会人にとって、ふと出くわす景色や光景に注意を払うのはまれなことだろう。そのせいか、たとえ時間的な余裕があったとしても、

世界とひとつになるかのように忘我の境に入ることもめったにない。先に引用したゲーリー・スナイダーの文には彼の「再定住（reinhabitation）」というエコロジカルな思想――生活する場の生態系を具体的に詳しく学びながら、そこに定住する考え方――が背景としてあるだろうが、まったく自然に囲まれた環境の中に居住し外界に対する感度が上がったとしても、その鳥が「ミソサザイ」と知ってしまえば、「『ミソサザイ』と呼んで、尊大にも歩き過ぎていくこと」は大いにありうることである。それには多様な世界に対する現代人の観察能力の低下が関係しているのかもしれないが、ベルクソン（1998）の言葉を借りれば、「われわれはほとんど物を眺めてはいない。その物がどのカテゴリーに属するかを知りさえすればいい」（p.215）のである。そうした態度でいれば、たしかに「尊大にも歩き過ぎていくこと」になるかもしれない。しかし、われわれとはちがって、日々の生活にこだわらない芸術家（ベルクソンは、言葉の本来の意味で「ぼんやりしている人」"un «distrait»"［Bergson, 1934, p171］と呼ぶ）は、われわれが自ずから狭めた感受性を拡張するかのように世界とひとつになり、われわれが知っているつもりだったけれど知らなかった世界を言葉や絵で表現する。たとえば芭蕉の蛙。あるいはゴッホの星月夜……。

言語表現に注目するなら、文章には有用な文章と無用な文章がある。有用な文章は、定型に沿った明確な構成によって論理的にまとめられ、躍動感や思わぬ逸脱、跳躍などを欠いたあくまで客観的で静的な情報の伝達を目指す。そのような文章を作り出す技術は、「現代世界において成功しようと願う者の装備の重要な道具のひとつである。このような文章は本質的に退屈であるが、しかしそれはまっすぐな畝を次々に作っていくトラクターのような有用性を備えている」（スナイダー 2000, p.223）。つまりここでいう有用とは、とりわけ経済的成功を目指す者にとって役に立つという意味である。それに対して無用な文章は、なんら有用性を備えていないように見えるが、有用な文章が排除した、多様性と予測不可能性を有している。スナイダーが「本当に優れた文章」とする、多様で予測不可能なそれは、「幅広く、深い知性で書かれる」一見無用な文章なのである（p.223）。であるなら、多様な世界に対するわれわれの感受性を高める言語表現は、後者の無用な文章ということになるだろう。言いかえれば、生そのものをとらえる文章、あるいは、知っているつもりが知らなかった世界を開示する文章である。そしてその良き例を産出してきたのは、「ぼんやりしている人」としての文学者である。

経済のグローバル化がすすむ現代において有用な文章とは、より具体的に言えば、英語で書かれた明晰な文章のことだろう。スナイダー（2000）の表現を用いれば、「首都（ロンドン、またはワシントン）の言葉」による文章である（p.222）。英語は、たとえばインターネット上における支配的な言語であることからもわかるように、国際語であり世界共通語だと言ってよい（無根拠に英語が世界共通語だと唱えることに対する批判としては薬師院 2005 を参照）。いまや英語がもっとも有益な言語のように思える。だから英語を母語としない者が経済的に成功しようと思えば、英語での論理的な文章能力は有効な道具となる。そしてその有用な文章が使われる中心に（今のところ）アメリカがある。それならばアメリカの文学者たちの書く文章（ひとまず無用な文章としよう）はどう位置づけられるのだろうか。

その問いに答える前にまず、有用な文章とは反対の無用な文章は、はたして本当に無用なのか考えてみたい。クロード・レヴィ＝ストロース（1976）は『野生の思考』の中で、シベリアの諸部族による薬用の動植物に対する明確な定義と効果を例に挙げ（眼疾に対して「レミズ鳥の巣に下がったつららから滴たる水の点眼」など)、「動植物種に関する知識がその有用性に従ってきまるのではなくて、知識がさきにあればこそ、有用ないし有益という判定がでてくるのである」(p.12)と言う。さらにレヴィ=ストロースは、このような呪術的な知識は実際には有益ではなくて、人間と物とから成る世界に全体的な秩序を与えることがその目的であると言うが(p.13)、いずれにせよ、ここで示唆されていることをわれわれの議論に援用すれば、有用な文章はなんらかの確定した有用性(たとえば経済的成功に役立つとか)に従ってあらかじめ制限されているのに対して、無用な文章はシベリアの諸部族のように、まず世界を観察する——世界に関する深い知を獲得する——ということから始められるものと考えられる。それが有用か無用であるかという判断が、世界の観察と世界に関する知識に先立つことはない。そうであるなら無用な文章は、「成功」に関する有用・無用の判定を無用にするという意味において無用な文章なのである。

だから、そうした無用な文章によって書かれる文学を通してわれわれは、有用・無用以前の地点に至ることができるだろう。そしてわれわれは、生の細部を観察し描きだす文学を媒介として次々と予測不可能な出来事を追体験し、多様な他者と出会うことができるだろう。換言すれば、文学は知っているつもりが全然知らなかった世界をわれわれに見せる。それは新たな世界の秩序の提示と言えるだろう。そのような潜在力を文学は秘めているのである。そのことは、われわれが外国語文学、とりわけ多様なマイノリティによって書かれるアメリカ文学を読むときに際立つ。アメリカ文学は、いわゆる世界共通語の中心地であるアメリカにおいて、われわれに未知の他者世界を開示し、共感を促し、目の前に現れる出来事に注視させるのだから。そしてまたアメリカ文学は、一方でアメリカの歴史的文化的地理的特異性を背景としながらも、われわれに寛容なコスモポリタン(世界市民)的態度——新たな世界の秩序——をもたらすようにも見える(その理由は以下で示していく)。その意味でアメリカ文学は、無用な文章を、有用・無用の判定を無用にする文章に変える。

アメリカ文学におけるコスモポリタンと言うと、20世紀初頭の、ガートルード・スタインによって命名された「失われた世代」の作家たちを想起するかもしれない。しかし彼らのコスモポリタン的態度を、アメリカを離れて他国へ向かう「国際主義」あるいは「故郷離脱」の態度ととるなら、ここで考察しようとするコスモポリタニズムとはいくらか意味が異なるだろう(アメリカ文学史におけるコスモポリタニズムに関しては、巽2000を参照)。コスモポリタニズムについては後に詳しく論じるが、私がコスモポリタニズムとしてイメージしているのは、たとえば第二次大戦後に登場する「ビート世代」の代表的作家で、フランス系カナダ系アメリカ人のジャック・ケルアックが『路上(*On the Road*)』で描いて見せた分身的語り手のアメリカ横断の旅である。彼の旅は、多様なローカルな場における観察、驚嘆、敬意、共感を通してその旅を(北米大陸に限定されているとはいえ)広大な世界へつなげていこうとするコスモポリタニズムに支えられている。それはパッチワーク的コスモポリタニズムと言えそうなものである。われわれがここで注目するのはそのようなコスモポリタニズムである。次にアメリカ文学に関する作家や詩人や哲学者たちの発言を参照することによってそのコスモポリタン的側面について述べていきたいと思う。

2　特異なアメリカ（文学）が示すコスモポリタン的側面

「共感の心を持たずに道をゆく者は、自分の屍衣をまとって自分の葬儀にむかって歩む者」（ローレンス 1999, p.315）

アレクシス・ドゥ・トクヴィルは、『アメリカの民主政治』（第一巻と第二巻の出版は１８３５年、第三巻は１８４０年）の中で、アメリカにおける文学の特徴を述べるにあたって、作家と社会との連関を重視する。トクヴィル（1987）は次のように言う。「国民の社会状態と政治構造とは、わたくしにとっては文学的作品を特性づける主要原因である。民族の社会状態及びその民族の作家たちの天稟との間に存在している諸関係は、常に非常に多いのである。そして前記の関係の［社会状態及び政治と作家たちの天稟との］一方のみを知って、他方を全く知らないということはないのである」（pp.121-122）。つまりアメリカ文学は、アメリカという国の特異性と切り離しがたく結びついているということだ。以下でわれわれは、トクヴィル同様、二者の連関を考慮に入れて考えたい。

アメリカとアメリカ文学の特異性に関しては、ウォルト・ホイットマンに焦点を当てると考えやすくなる。なぜなら、メキシコの詩人オクタビオ・パス（2001）が指摘するように、「ホイットマンの詩の特異性は、それを包摂するさらに大きな他の特異性――アメリカの特異性――との関係においてしか、十分に説明されえない」からである（p.468）。ではそのアメリカの特異性とは何か。それは時間に関係することである。アメリカは、ヨーロッパ精神によって夢想されたユートピアが具現化したものであり、その実体は常に未来に先送りされた形で存在している（パス p.469）。だから、アメリカの現在は常に未来であり、未来は現在であると考えられる。そして、未来がすべてを決定するアメリカにおいてホイットマンは、ユートピアのアメリカを――それはつまり現実／未来のアメリカを――謳った。「アメリカはホイットマンの詩の中で自らを夢見ている、なぜなら、アメリカ自身が夢だからである」（パス p.472）。

『アメリカ古典文学研究』でD・H・ローレンス（1999）は、ホイットマンを「共感」を実践する魂の詩人として捉える。共感と言うと非常に道徳的な（マイナス？）イメージが強いが、ローレンスは共感をそのように道徳的なものでも、愛や慈悲といったキリスト教的な意味でもなく、ただ共に感じることだと解釈する。何も与えず、何も与えられず、ただ一緒にいることから生ずる共感、魂の震え。「共感をもって、とホイットマンは言う。共感、と。愛とは言ってない。彼は共感と言っているのだ。共に感ずること。彼らが自分自身といっしょに感じているように、彼らと共に感ずること。通りすがりの彼らの魂と肉体の震動を捉えるんだ」（ローレンス 1999, p.329）。しかしローレンスは、「共感とは、何者かのためにではなく、何者かとともに、を意味している」にもかかわらず、ホイットマンはその共感という言葉を愛や慈悲と誤解したため、狂気の境にまで陥ったのだとする（pp.332-333）。だからといってホイットマンの共感が無意味になったわけではない。むしろホイットマンは共感による人間同士の連帯の可能性の扉を開いたのであり、ローレンスはその点にホイットマンのメッセージが有効であると見たのである（ただしスナイダー［2000］は、ホイットマンが連帯を築こうとするのは人間同士――それもほとんど白人同士――であって、人間以外の生物を視野に入れていないことを指摘する［p.272］）。

ところで、ジル・ドゥルーズ（2002）は、ホイットマンとハーマン・メルヴィルを中心に取り上げながら、アメリカ文学を「すぐれてマイナーなるもの」と言う（p.120）。ドゥルーズによればアメリカは、「たがいに異質な諸部分の集合としての世界――終わりなきパッチワーク、あるいは乾いた石の数々でできた果てしない壁」であり、大きな一つの全体を作るパズルのような世界とは異なる（p.121）。そのことは、アメリカ人作家たとえばトマス・ウルフ（1955）が『天使よ故郷を見よ』において「彼の生の織物の一部」である個的な経験の断片を作品の中に織り込む様子を見れば理解できるだろう。アメリカ文学は――あえて一般化すれば――、諸々のマイナーな断片が半ば永遠に自由に接続していくかのように、アメリカという国のあり方と同じく常に未来に向けて拡張しながら成立するものであり、そこにヨーロッパ文学のような合理的な結末を期待することはできない（ドゥルーズ2002, p.165）。ホイットマンは詠う、「出かけよう、かつて始まりがなかったように今は終わりのないそのものに向かって」と（ホイットマン1998,（上）p.380）。全体化に向かわない断片の諸関係による全体、と言えば逆説的であるが、「諸関係とは、一つの〈全体〉に内在するものなのではなく、むしろ、全体のほうこそがこれこれの瞬間に外在的な諸関係から生ずるのであり、それらの関係とともに変化してゆくのである」（ドゥルーズ p.125）。つまりアメリカは、終わることのない断片のパッチワークによって常に全体的秩序を流動的なものにする。そうした中でアメリカ文学は生成するのだ。

そしてまた、理性に対抗するようなアメリカ文学の性質からドゥルーズが捉えたアメリカは、「イギリスの父親的機能から解放された」横につながる「兄弟の社会」、また個々の要素が関係しあう流動的なパッチワーク――「複数の接続が可能なパッチワーク」――の世界でもある（p.172, p.174）。あるいは、ドゥルーズがたびたび言及するD・H・ローレンス（1999）なら次のように言うだろう。「アメリカ人のこころの奥底のどこかには、ヨーロッパの昔からの親に対する反発が巣くっている」と（p.18）。

「パッチワーク」と「兄弟の社会」についてさらに考えてみよう。まず「パッチワーク」は、本書のタイトルである「ノットワーキング」と近接した意味合いであると思われるので、ユーリア・エンゲストロームの論考を参照しながら説明したい。

ジグソー・パズルのピースのように、あらかじめ全体の中での各部の位置づけが決定している場合、それらが構成する全体像は堅固なものとなるだろう。たとえば、それぞれの役割が決まっている組織間の取引関係などは堅固な全体図を生み出す。エンゲストローム（Engeström, 2006）によれば、そのように安定した他者間のつながりはネットワーク（network）として考えられる。それに対して固定化しないネットワークは、ノットワーク（knotwork）として捉えられる。ドゥルーズの言う「たがいに異質な諸部分の集合としての世界」＝パッチワークと同じような性質を持つノットワークは、ネットワークに比して「よりとらえどころのない即興的な事象」である（Engeström, 2006, p.7）。それゆえ、ノットワークは多様性と予測不可能性を含み持つことになるだろう。そしてこのノットワークをエンゲストロームは、人間活動の発達を促す新たな概念として注目する。すなわち、ノットワークは、ある部分とある部分のつながりによって予測不可能な何か新しいものが創成され、そのつながりに関る主体が自らの生活を変化させ発達する過程を開示するものなのである。そうしたノットワークは、あらかじめ予期された段階を辿って発達するという発達観では把捉できなかったことである。またエンゲストロームは、予測不可能で多様な創造の中心に「菌根（mycorrhizae）」のイメージを据えて人間の活動について考察を加えるが、それはドゥルーズ＝ガタリの「根茎（rhizome）」と同様の意味で用いていると言う（p.11）。菌根からイメージされる異質な諸部分の共生としてのノットワーク／パッチワークは、われわれにあくまで流動する世界をもたらす働きであるが、われわれはここでノットワーク／パッチワークの一例としてアメリカ文学を挙げようとしているのである。

次に、父権が機能しない「兄弟の社会」に関して言えば、その社会では、ヨーロッパのように専門家など特権階級の言辞が垂直的に事物の意味を確定することはなく、すでに存在する隣同士の事物の間を縫う言語が水平的に新たなものを創り出していく。だからドゥルーズ（2002）は、「アメリカ人はイギリス人と同じように書く必要はない。必要なのは、アメリカ人が英語を解体すること、そして英語を逃走の線にそって突っ走らせることなのだ。すなわち、言語を痙攣的なものにすること」（p.122）と言う。田村毅は『ドゥルーズの思想』の訳注で、「逃走の線」という主題がローレンスからの影響であることに言及するが（ドゥルーズ 1980, p.224）、それにしても「逃走の線にそって」英語はどのように解体されるのだろうか。この点に関しては、トクヴィル（1987）がアメリカの文学の特徴について述べたことが解説となるだろう。

民主制時代の文学は、全体としては、貴族的時代においてのようには、秩序、規則性、科学そして技術などのイメージをあらわすことはできないであろう。そこでは形式は普通、無視され、そして時としては軽

> 蔑されるであろう。そこでは文体はしばしば突飛で、乱雑で、重くるしく、たるんでいて、そして殆ど常に大胆で猛烈であろう。（中略）そこでは、思想では無教養な殆ど野生的な力が、そしてその思想の作品ではしばしば非常に多種多様なものと珍しく多産的なものとが、支配するであろう。（p.120）

アメリカの作家たちは、トクヴィルが「アメリカ連邦の教養ある階級は、大ブリテンの教養ある階級とは、ことにその言葉によって異なっている」（p.128）と言うように、英文の定型にこだわることなく、むしろそこから離脱するかのように、野生的な力に満ちた米語を生みだしていく。英語はまるで外国語のような言語となる。そして、「偉大な個人や偉大な指導者」でなく「偉大な一般大衆」（ホイットマン 1968, p.110）としての作家たちによって書かれるがゆえ、アメリカ文学は「兄弟の社会」アメリカを描くことができるのだと考えられる。

このような背景を持つアメリカ文学にわれわれはコスモポリタンな側面を見出すことはできないだろうか。「兄弟の社会」を描くかぎりアメリカ文学は、ローカルな世界からより遠く、幅広い場所から俯瞰することのできるコスモポリタニズムの性質を常に潜在的に有しているのではないだろうか。アメリカの詩人、スナイダー（2000）による言語に関する以下の記述は、これまで考察してきたマイナーかつコスモポリタンなアメリカ文学の特性とそれが教育上軽視されてきたことを簡潔に述べたものとして解釈することができるだろう。

> 世界は常に流動し、全体的に種々雑多で、混成されたものだ。本当に新しいものは何もない。創造性とは

既にそこにあるものを新たに見直し、その暗示するものや予兆を読み取ることを意味する（中略）。このような洞察を表現し、宇宙における私たちの位置を繰り返し再定義しながら、歴史の中を生き抜いていく詩、小説、絵画がある。しかし創造性はユニークで、単一な無類の「何かを創る」という神のような行為ではない。それは存在に深く沈潜し、そして見落とされていた諸関係、物事の間にある緊張状態、反響、前兆、反転、書き直しを発見することから生まれる。現実に出現してくるものが「新しい」ものなのである。しかしながら言語についてのこのような考え方は、一般的な教育の思考からは全くかけ離れたものである。（p.222. 強調引用者）

次にこの引用を踏まえて、アメリカ文学からコスモポリタニズムと教育をめぐる議論へ展開（逸脱？）していきたい。

3　コスモポリタン的教育

『国を愛するということ』所収の「愛国主義とコスモポリタニズム」においてマーサ・C・ヌスバウム（2000）は、アメリカでの愛国主義（patriotism）の復調に対するコスモポリタニズムの重要性を説いている。そこでヌスバウムは、「人類という世界的規模の共同体に忠誠を誓う者」（p.20）であるコスモポリタンの育成としてコスモポリタン的教育なるものを唱えるが、その根拠を簡約すれば、コスモポリタン的教育が、学習者に対して、自己の世界の外にいる他者を知ることによって広い世界との繋がりを認識し、自分自身についてより深く学ぶことを促すから、ということになる。（多様な移民によって形成されてきたアメリカという国において、パトリオティズム［愛国主義、愛国心、郷土愛］をどう定義するかはそれだけで大きな問題であるが、本論ではそれについて厳密に論じる余裕はない。）

同書では、コスモポリタニズムに関するヌスバウムの提言に応答する形で他の論者による批判が掲載されている。その中で多く見られるのが、愛国主義をコスモポリタニズムの対抗概念にするのではなく、両立させて考えるべきだという批判である。応答者の一人であるクウェイム・アンソニー・アッピアの言葉を借りれば、「コスモポリタンしかいない世界でなら、われわれコスモポリタンが讃える多様性のすべてはどこに由来するのか？」ということが疑問となる（ヌスバウム 2000, p.48）。むしろ自己の根となる場（＝自らの国、自らの文化）を愛することによってコスモポリタン的な態度がとれるようになるのである。確かに、自己が属する確定した場所があって、ようやくコスモポリタンの可能性が開けてくるのかもしれず、その意味で愛国主義とコスモポリタニズムは共存可能である。そのような共存関係を考慮しなければ、コスモポリタニズムはその主義に反するものをことごとく排除することになるだろう。そうした排除の側面を残したままコスモポリタン的教育を掲げるのは適切でないと思われる。このように考えるなら、ゲーリー・スナイダーが生態系と人間との新たな関係づくりを試みるバイオリージョナリズム（生態地域主義）について述べることは、逆に、確定した場からコスモポリタン的態度をとることの難しさを示唆しているようで興味深い。スナイダー（1998）は次のように言う。

バイオリージョナリズムというものを提唱する人たちの考え方というのは微妙な立場にあるんですよ。一方で文化的、あるいは地理的なルーツというものを持つべきだと主張するのだけれど、他方ではそういうことを主張しながら、あらゆる文化に対してコスモポリタン的な寛容さを持つべきだと主張するんですね。これは少し複雑なことですけど。(p.46)

ところで、教育を主体の発達を促すものとして考えるなら、その発達は常に古いものと新しいものとの関係の中で成されていく。先の世代の知識が次の世代に伝えられていくように。その場合の「古い」と「新しい」の関係は時間的なへだたりに基づいているが、それだけでなく、物理的距離、つまり近いもの(古いもの)と遠いもの(新しいもの)との関係も忘れてはならない。エンゲストローム(Engeström, 2006)は、主体の発達を「逃走」'breaking away'(この語は必ずしも否定的な意味ではなく、撞着した状況からの解放という意味で使われる)として新たに定義し直すが、その逃走的発達の過程をらせん運動として説明する。つまり主体は、はじめに既存の支配的な活動のパターン(=静的なパターン)を内面化した後、その固定化して古くなったパターンの中心から個々に逸脱し、創造的な活動パターンを外面化していくことになる。そして各主体のそのような外面化が社会の中でピークに達すると、今度はこれまで新しく創造的とされたものが支配側にまわり、それゆえそれらはまた各主体に内面化され、さらに新パターンが外面化され……というふうに古いものと新しいものをめぐる運動はらせん形を描くのである(Engeström, 2006, pp.22-27)。しかし、古いものと新しいものの二者関係は、「逃走」という語のニュアンスから、現在と過去といった時間的な関係だけでなく、近く(古いもの)から遠く（新しいもの）へという空間的な関係として置き換えられる可能性をも含む。エングストロームが逃走的発達の例として考察するアメリカ映画 *Breaking Away*（１９７９年、邦題は『ヤング・ゼネレーション』）では、主人公のアメリカ人青年が自転車レースを媒介として異国イタリアの地を憧憬し、結果的にその憧れが彼に精神的発達をもたらしていく。そうした逃走的発達とは、結局、ローカルな場所からコスモポリタンな空間へと逃走することによって果たされるような発達なのである。

エングストロームの発達観を踏まえた上で話をコスモポリタニズムに戻せば、ジョン・トムリンソン（2000）はコスモポリタン＝世界市民であることの意味を次のように定義する。それは、「直接自分に関わりのあるローカルな問題だけにこだわらず、グローバルな帰属、参加、責任などといったものを意識し、こうした大きな問題を日常生活の活動の中に組み入れることのできるような文化的気質を持つことを意味する」（p.320）。ただし、ローカルな問題を軽視しグローバルな問題を優先するコスモポリタニズムは、たいてい富裕な第一世界の人間の社会的特権でしかないことに注意しなければならないだろう。たとえばグローバルな視点に立つ第一世界からの環境保護運動は、「しばしばローカルな利害や活動を支配するようにな」り、「そのため、イヌイト族の共同体は捕鯨を禁じられ、中国の人々はフロンガスを排出する冷蔵庫を使えなくさせられ」ることが起きる（p.329）。こうなるとコスモポリタニズムは、ローカリズムに対立するグローバリズムから派生した主張でしかない。それゆえトムリンソンは次のように言う。

少し見方を変えると、コスモポリタンというのは「ローカル」と対立するものとしての理想のタイプなどではないといえるかもしれない。彼らはまさしく、同時にグローバルな世界とローカルな世界の両方に――倫理的・文化的に――生きることのできる人間なのである。コスモポリタンは、彼ら自身の文化的気質を認識・評価し、自律性を持った他のローカルたちと対等な立場で交渉することができる。しかし、彼らはまた、ローカルな世界を離れて、行動の結果を遠くから長期的視野に立って考えたり、世界共通の利害を認識したり、そうした利害関係を推進する方法をめぐって、異なる前提から出発した他者と知的な対話を始めたり［する］こともできるのだ。（p.337. 強調原文）

コスモポリタンはローカルとグローバルの関係の中で活動する。あるいはローカルから出発すると言ってもいいだろう。われわれは先にエンゲストロームを参照しながら教育における「逃走」（発達）について見たが、それはコスモポリタンと同じように近くと遠くの二者間での活動であった。それゆえ教育をコスモポリタン的観点から捉えるコスモポリタン的教育の活動は、ある一方の極に固執することのない、相互的な関係の間で生ずる活動であることが望まれるだろう。トムリンソンはコスモポリタニズムの可能性について以下のように言うが、ここで疑問として挙げられることは、コスモポリタン的教育が促すであろう、他者に対する関心のきっかけは何かということである。

コスモポリタニズムの可能性は、ローカリズムの鉄壁の論理によって排除されるのではなく、遠くの他者を象徴的な意味で「重要な他者」として意識するために、相互関係に関わる領域を拡大することを目指した文化的プロジェクトの中に収斂していくのである。（トムリンソン　2000, p.356）

4 他者への共感を促す文学

『良心の領界』の中でスーザン・ソンタグ（2004）は、異質なものに対する礼節は注意力（アテンション）を高めるという。その礼節は自己と多様な他者とのつながりを拡張していくものであるだろうが、自己とは異なる他者への関心が世間を騒がせるスキャンダラスな事件に対して抱くような否定的で世俗的なものに留まるなら、当然のことながら他者への共感はなく礼節など生じはしない。その場合の他者は、自己との交換可能性とその想像を含んでいないからである。つまり、「私」はあくまで「私」で、他者の行動は予測可能な範囲内にあり、「私」があなた／彼／彼女……である（になる）可能性と想像は排除されているのである。ソンタグは、「注意力《アテンション》の形成は教育の、また文化そのもののまごうことなきあらわれ」（p.i）だとするが、同書所収の「文学は自由そのものである」と題する講演においてソンタグが「文学は、自分でもなく自分たちのものでもない存在のために涙を流す能力を醸成し、鍛錬してくれます」（p.255）と言うことから、文学を他者に対する「注意力《アテンション》の形成」を補助する有力な媒介物として捉えていると解釈してもよいだろう。その講演でソンタグは、さらに次のように問いかける。

自分でもなく自分たちのものでもない存在に共感できないとしたら、私たちはどんな存在になっていたこ

とでしょうか。少なくとも何度か、我を忘れることがなかったとしたら、私たちはどんな存在になってい
たことでしょうか。もし学ぶことが、許すことができず、自分たち以外の存在になることができなかった
としたら、私たちはどんな存在になっていたことでしょうか。(pp.256)

ソンタグの問いかけによって、われわれは、文学には孤独と連帯の往復を可能にする潜在力があることを改めて知る(先に引用した詩人のオクタビオ・パスは『孤独の迷宮』の中で、人間とは孤独を感じながらも、他者との連帯を求める存在であると言う[パス 1982, p.207])。孤独な読書は、単に自己の内面を深める内向的な営みだけではなく、異質な他者と共感の関係を持つという意味で連帯的な行為である。文学を読むことは孤独な行為であるが、他方で他者への共感に伴って自分という存在からの解放をもたらすのである。それゆえそこに「学び＝真似び」の契機を見て取ることができる。しかし、ここで注意すべきことは、孤独あるいは連帯のどちらか一方に傾斜してしまわないことである。ソンタグは次のように戒める。「孤独は連帯を制限する。連帯は孤独を堕落させる」"Solitude limits solidarity; solidarity corrupts solitude."と(p.125, p.292)。この警句を先述したコスモポリタニズムの問題に関連させるなら、「ローカルはグローバルを制限する。グローバルはローカルを堕落させる」と言えるだろう。そして「孤独‐連帯」「ローカル‐グローバル」、これら二者間の境界を自由に往復するのが、文学でありコスモポリタンである。さらに、先に考察したアメリカ文学のコスモポリタン的側面を考慮するなら、われわれはアメリカ文学をその境界上において見出すことになるだろう。

5 トランスナショナル・アメリカ文学

20世紀アメリカにおいて、最初にコスモポリタニズムの重要性に気付いたのはランドルフ・ボーンだった。ボーンは1916年に発表された「トランスナショナル・アメリカ」の中でアメリカのコスモポリタン的性質と異種混淆した国のあり方を讃えている。19世紀から20世紀に至る世紀転換期のアメリカでは、それまでの北欧系の「旧移民」と異なる（南部の）イタリア系やスラブ系などの「新移民」が急増し、外見と言語が異なる新移民に対する旧移民の——新移民が「アメリカ文化の統一性を破壊し、北ヨーロッパ系の白人プロテスタントの旧来の支配を危殆に陥れているという」（ハイアム 1994, p.69）——不安や反感が、たとえば法の整備に関して、1896年に上院議員ヘンリー・キャボット・ロッジによって提案され1917年に成立した移民制限のための「識字能力検査法案」に顕著にあらわれたが、ボーンは、アメリカ特有のパイオニアスピリットによって母国とアメリカを往来する新移民たちを排他的に捉えない。そうではなく、彼らの移動を国際的な交流（cosmopolitan interchange）として捉え、それを可能にするアメリカのみが人びとに世界市民となるきっかけを与えるのだと言う（Bourne, 1977, p.262）。そしてボーンは、多様な出自の人々が共生するコスモポリタンなアメリカという理想像をとりわけ大学生に託した。というのも、大学生は学内において自分とは異なる民族的文化的背景を有した多くの仲間と出会い、また、歴史、政治、経済、文学など様々な学問を通してコスモポリタンの素養を身に付けていくからである。つまり大学は、「それ自身のうちに未来の国際的な知的世界につながる種をすでに持っている」のだ（p.259）。「トランスナショナル・アメリカ」におけるボーン独自の着眼点は、アメリカ文化の伝統は過去ではなく未来にあるというパラドックスだが（p.256）、それを敷衍する形で彼は、大学生と伝統的なトランスナショナル・アメリカという未来像を結びつけたのだと考えられる。

このようなボーンの思想には、ジョン・デューイの教育思想から大きな影響を受けた彼の教育観が背景としてあるだろう。ボーンは『教育と生活』の中で、従来の教育に見られる、空の器・知恵のない者（empty vessels）としての子供たちという前提を批判している。それは、子供は教育者が知識を詰め込まなければ何も入っていない空の器と同様だという前提である（Bourne, 1917, p.6）。しかし教師にできることは、子供を既成の知識で満たすことではなく、学校を様々な経験で満たし子供たちがそれに接する機会を作ることである（p.10）。そもそも子供たちは自らの好奇心を外の世界に向けて拡張しようとするものなのだから、教育の重要なポイントとなるのは、知っているかどうかだけが問題となるような教師の知識ではなく、子供たちが様々な他者に対して抱く多様な関心である。子供たちの他者への関心を無視するなら、教育は外の世界との繋がりを失い、刺激のないものとなるだろう（p.48）。こうしたボーンの教育観に従えば、教育活動において前提とされるべきなのはむしろ、他者との関係の中で生じる刺激から個人の思考は始まり、批判が生まれ、新しい創造的な学び手の生活が導き出されるということだろう。そのような教育思想が目指すのは、それが予測不可能な新たな創造性を基盤とする限り、「トランスナショナル・アメリカ」論と同じような、過去の伝統ではなく未来の伝統ということになるのではないだろうか。

アメリカ文化の伝統を未来に見出す「トランスナショナル・アメリカ」から、オクタビオ・パスがホイットマンを論じる際にアメリカの実体が常に未来に先送りされていると指摘したことを思い出した上で話をアメリカ文学に戻せば、ボーンがコスモポリタン的アメリカの未来を託した大学生の一例として、先に簡単に触れておいたジャック・ケルアックが挙げられるかもしれない。

ケルアックは、コロンビア大学に入学して以降、大学内外で様々な他者と出会い、詩人アレン・ギンズバーグや作家ウィリアム・バロウズらを中核とするビート・ジェネレーション（ケルアックが命名した世代）を形成するからだ。そして彼らとの交流と彼らからの刺激がケルアックに多くの文学作品をもたらしたのだと考えられる。先に述べたように、彼の代表作である『路上』は、語り手サル・パラダイスが自分の属する世界を脱け出し、他なるものと共感によって交わりながら世界を拡張していこうとする、パッチワーク的コスモポリタニズムに支えられている。アメリカ横断の旅の途上、サルはロサンゼルスのある通りを行きかう人々を見て言う。

> アップルジャック帽をかぶった山羊ひげの興奮した黒人たちが笑いながら通り過ぎていった。そのすぐあとには、ニューヨークからルート66を真直ぐにやってきた長髪の衰弱したヒップスターたち、荷物をかかえながら広場のベンチに向かう年老いた砂漠の住人たち、ほつれた袖のメソジストの牧師たち、そしてたまにひげを伸ばしサンダルで歩く「ネイチャー・ボーイ」の聖者。俺は彼らみんなと会い話したかった……。（Kerouac, 1991, p.86）

サルは、「孤独 - 連帯」「ローカル - グローバル」これら二者間の境界を往復するかのように旅を続ける（結果として境界上で宙吊りの状態になっても）。

1957年に出版されたケルアックの『路上』の意義は、白人プロテスタントの文化環境の中で生活する人びとに、彼らが知っていたつもりだったけれど知らなかった、彼らとは異なる多様な文化が広大なアメリカに存在することを明らかにした点にあるだろう。つまり、コスモポリタンなアメリカに至る可能性を『路上』というアメリカ文学が示したのである。一方でそのことは、少なくとも1957年の時点においてアメリカが、ボーンが予期したようなコスモポリタン的アメリカ像を実現していないことを暗示する。では『路上』出版からさらに50年ほど経過した現在において状況はどのように変化しただろうか。

トクヴィルから約170年を経て、トクヴィルと同じフランス人の目から現代のアメリカを観察したギ・ソルマンは、犯罪の増加に対するアメリカの表面的な「寛容ゼロ」の対応が、「政治家にとっては犯罪が文化と新型経済のギャップによると説明するより世論に売り込みやすい」がゆえ、大西洋を横断し、ヨーロッパにも拡がっていると言う（ソルマン 2006, p.142）。最近日本でも落書き対策などで適用される「寛容ゼロ」理論は、アメリカの政治学者ジェームズ・ウィルソンと犯罪学者ジョージ・ケリングの「割れたガラス窓」論に基づく。「寛容ゼロ」は、割れたガラス窓を放置して犯罪を許容するようなサインを一切出さない。つまり、公共の秩序を維持するために、少しの許容サインも容認しないという考え方だ（p.135）。確かにニューヨークなど都市の犯罪率低下に貢献した「寛容ゼロ」対応であるが、その「寛容ゼロ」がアメリカにおいて象徴するのは、眼前の社会問題の背後にある、経済のグローバル化が進展した社会において必要な知識を身に付けた中産階級と専門的知識を欠いた無教養な低所得階級との経済的・文化的格差拡大といった、より長期的に考えることが必要な問題や、たとえばカリフォルニアにおいて、メキシコから不法に越境してくる移民を安価な労働力として受け入れる企業に見られるような寛容さ（p.206）とのアンバランスに対する批判的視点の欠如ではないだろうか。それは、グローバルな視点の欠如ではなく、コスモポリタンな視点の欠如だと言い換えられるだろう。というのも、先に引用したトムリンソンの言葉を繰り返せば、コスモポリタンは「行動の結果を遠くから長期的視野に立って考えたり、世界共通の利害を認識したり、そうした利害関係を推進する方法をめぐって、異なる前提から出発した他者と知的な対話を」することができるからだ。コスモポリタン的視座に立つならば、社会的問題に対して「寛容ゼロ」の態度をとることは考えにくい。それゆえアメリカは、コスモポリタンな未来像を抱きながらもコスモポリタン的アメリカの完成を現在も先送りし続けていると言えるだろう。

6　終わりなきパッチワーク

話が乱雑に飛躍しながらも、これまで考察してきたアメリカ文学は、常に未来に向かって延びてゆく「たがいに異質な諸部分の集合としての世界——終わりなきパッチワーク」（ドゥルーズ 2002, p.121）であるアメリカ世界を無用な文章によって（あたかも英語を解体するかのように）描くものであった。

トクヴィルがアメリカにおける社会および政治と文学作品との密接な関連を観察したことからもわかるように、アメリカ文学の原動力は、アメリカと同様、未来にある。そして終わりなきパッチワークの完成――それはコスモポリタン的アメリカと言ってもよい――は未来のアメリカにおいて達成されるだろう（逆に言えばパッチワークは、決して達成されることなく、常に過程の中にある）。それゆえアメリカ文学の作家たちは少なからずコスモポリタンとなる。コスモポリタン的アメリカ像は、その実現に至る過程の中で垣間見えるものにすぎないが、アメリカ文学はその像をわれわれに与え続けているのである。

われわれは、ドゥルーズの言うパッチワークがノットワークとほぼ同義であることをエンゲストロームの論文によって確認したが、繰り返せば、そのノットワーク／パッチワークは、人間の発達に関して言うなら、あらかじめ予期された段階を辿って発達するという考え方が把捉できなかった、予測不可能な何か新しいものが創られていきながら主体が自らの生活を変化させ発達する過程を開示するものであった。そのようなノットワーク的発達観は、自らの意志によって多様で予測不可能な未来を開拓しようとする主体の生に焦点を当てるものである。その生は、これまでの考察に即して考えれば、「トラクターのような有用性を備え」た無味乾燥な論理的文章にそぐわない。むしろその生は、アメリカ文学が外国語としての英語で表現するような、コスモポリタニズムを指向する、絶えず異質なものに接続していくパッチワーク的世界に適応する。であるならば、アメリカ文学は、未来に向けて発達する生と、ローカルとグローバルを架橋するコスモポリタン的パッチワーク的世界とを媒介する無用な文章をわれわれに提示するだろう。

最後にホイットマンの文章を他なるものとの接合の潜在性を示す例として引用し、この章を終わりにしたい。

ただ一人、このような静まり返った森の真中にやって来て、あるいは荒涼とした大草原や山の中の静けさの中にあるような、孤独の静穏さや寂しさの中にいるとき、人間が、誰かが現われはせぬか、地面の中から、あるいは木陰、岩の陰から飛び出しはせぬかと、あたりを見まわす本能を決して失くしてしまわないのは、どうしてだろう？（中略）決して不安や恐怖ではない。まるで何か得体の知れぬものが、ひょっとしたらあの藪やさびしい場所に潜んでいるかも知れぬというような。いや、確かにいるのだ――ある生命ある目に見えぬものが。（ホイットマン 1967, p.211）

第Ⅱ部　即興・多声・記憶のノットワーキング

第5章

即興としての災害救援

渥美公秀

あの日から8年[1]。私は、救援活動の現場に身を置くことが多かった。阪神・淡路大震災当時、私は、西宮市に在住しており、幸いなことに家族も無事だったので、ボランティアとして、避難所での救援活動に参加した。以降、日本災害救援ボランティアネットワーク（ＮＶＮＡＤ）[2]の一員として、国内の震災や水害の救援活動に参加し、インドネシアや台湾の震災救援活動にも出かけていった。そして、災害救援の現場では、地元の方々、ボランティア、ＮＰＯ、財団、行政、企業など様々な人々が、見事な即興を演じている姿を何度も目にすることになった。

震災の救援には、全国から１３８万人ともいわれる多くの方々がボランティアとして、被災地に駆けつけてくださった。ボランティア元年という言葉まで生まれた。私は、ボランティアとして救援活

［1］本稿は、２００３年に書かれたものである。
［2］特定非営利活動法人　日本災害救援ボランティアネットワーク Nippon Volunteer Network Active in Disaster　http://www.nvnad.or.jp

動に参加しながら、研究者として、災害ボランティア活動の現場を一歩抽象化して議論していく枠組みを探していた。そこで、まず災害救援を即興としてとらえてみることによって、救援活動の特徴を整理することから始めた。次に、即興に関する考察を進めるための論点を挙げ、手がかりとなる理論に言及することにした。その上で、災害救援の現場で即興を演じやすくするための実践的な処方箋を提示してみようと考えた。まだその途上であるが、本章では、これまでの論考（例えば、渥美 2001 [3]）を〝叩き台〟として、議論を少し前進させておきたい。

震災については、被災者の一人として、もう思い出したくないことも、語りたくないこともある。読者からは、即興などというキーワードを振りかざしていないで、あの時の風、あの日の匂い、あの曲、あの味、あの空を語る努力をせよという声も聞こえてきそうだ。ただ、被災者の一人であるからといって、また、ボランティアとして救援の現場にいたからといって、被災者の思いを「代わりに語る」（冨山 1995）などということはとてもできない。では、自分の思いや伝えたい記憶を語ればよいと指摘する向きもあろう。しかし、何かを語れば語るほどにつかみ損ねていくような気がしてならない。震災から10年を目前にしてますますそんな気持ちが深まっている。そこで本章では、被災者の思い、救援活動に参加する者の気持ちとして語られ得ることには、敢えて立ち入らず、救援活動を即興というキーワードを頼りに描くことに努めたい。

翻ってみれば、即興は、本書の主題、「ノットワーキング」の中心となる概念でもある。ノットワーキングとは、多様な要素がある時突然に「結び目」となり、次の瞬間にはその「結び目」がほどかれて、別の要素との「結び目」を作っていくような運動のことを指す。結び目の形成と崩壊は、臨機応変に生じる。ここにノットワーキングと即興との親和的な関係を見て取ることができる。もちろん、即興は、あるシステムの挙動について、単に時間を縮めた状態を指すのではない。では、即興という言葉をノットワーキングの中心に据えてみれば何が見えてくるだろうか。これが本章の課題である。本章では、ノットワーキングという言葉そのものを多用することはしないが、即興がノットワーキングの中心にあることを視野に入れつつ、まず、災害救援の現場を素描し（1節）、救援活動に見られる即興的な特徴を整理する（2節）。続いて、即興を一般的に論じる際の論点を列挙し（3節）、最後に、救援現場で即興を生じやすくしていくための実践的な提案を試みる（4節）。

1　即興への着目――災害救援活動の現場から

阪神・淡路大震災直後から、西宮市には、全国各地からのボランティアが救援に訪れた[4]。市役所には、大量の救援物資とともに、多くのボランティアが活動の紹介を求めて列をなした。ボラン

［3］本章では、これまでの考察を整理したものとしてこの文献を使う。そもそもこの文献自体が、オリジナルの論考をもっているが、本章では、煩雑さを避けるためにこの文献で代表させ、一つ一つの論文は引用しないことにする。

［4］震災直後の対応については、西宮ボランティアネットワーク（1995）が貴重な資料を提供している。

ティアのコーディネートは、西宮市役所人事部およびボーイスカウトなどが中心になって実施した。いわゆるシナリオのない臨機応変な対応が求められる中、2月1日には、西宮市自身もその構成団体となる西宮ボランティアネットワーク（NVN）が誕生した。NVNは、西宮市内で活動していた13団体の連合組織であり、市役所地階の職員食堂を拠点として、西宮市と協力関係を維持しながら、物資や食料の配布などを行った。西宮市立安井小学校避難所での風呂焚きを中心としたボランティア活動を終えた私も、2月半ばから、NVNに加わり、大学院生らとともに、非公式に、研究班を結成して、活動に参加し、NVNの活動方針に関する連日連夜の議論に参加して記録を残していった[5]。緊急救援活動がある程度の落ち着きを見せる中、NVNは、西宮での救援活動の経験を各地の災害救援に役立てるために、日本災害救援ボランティアネットワーク（NVNAD）へと組織を改変した。私たち研究班は、NVNの現状を整理し、災害救援の現場を理論的に整理することに専心した。ジャズという比喩を用いて、災害救援の現場を即興としてとらえだしたのは、震災から1年を過ぎたころである。その後数年の活動を経て、現在、NVNADは、「ネットワーク活動」、「防災まちづくり活動」、「講座・研修活動」を平常時の活動としている。

振り返ってみれば、震災以降、毎年のように各地で災害が発生している。私は、NVNADが救援活動に参加することを決めた場合に、メンバーとして、災害救援活動に関心をもつ研究者として、そして、震災の被災者の一人として、幾度となく災害救援の現場に赴いた。主な現場を挙げてみると、1998年には、南東北・北関東豪雨災害が発生し、栃木県那須町の水害ボランティアセンターの設立に一部ではあるが参加した。1999年には、台湾で大震災が起こり、発災当日から現地に飛んで、

（特）日本レスキュー協会が展開する救急救命活動に立ちあった。今度は、２０００年に鳥取県西部地震が発生し、現地に駆けつけてボランティア活動の必要性について聞き取りを行った。さらに、翌年、予想だにしなかった同時多発テロが起こった時には、アメリカの災害ＮＰＯの動きを追うとともに、アフガニスタン難民の方々への思いを含めて、対応に苦慮することになった。いずれの事例でも、その時々において、現場では、ボランティアを含む即興としての災害救援活動が展開されていた。

2　災害救援活動に見られる即興――渥美（2001）をもとに

震災におけるボランティアを含む救援活動を整理する中で、私は、集合的即興ゲーム（Collective Improvisation Game）という概念を提出した。本節では、渥美（2001）に示した議論に加筆を施し、整理しなおして紹介しておきたい。

渥美（2001）は、即興を「安定した規範が一時的にせよ遠のいた時に、その場その場の状況に応じて、人々が、一時的な規範を生成・更新し続ける過程」として定義し、「安定した規範が消失した後に、人々が織りなす集合性が帯びる様相」を描くことを試みた。ここで、規範[6]とは、行為の妥

［5］震災から5年間余りのＮＶＮＡＤの活動については、渥美（2001）に含まれているエスノグラフィーを参照のこと。

当・非妥当を指し示す操作である（大澤 1990）。妥当・非妥当の区別の集合を、ルールと呼び、ルールを取り巻く行為の集合をゲームとしてとらえてみた。そして、規範が生生流転する事態における諸集団の振る舞いを「集合的即興ゲーム」と呼んだ。その際、メタファーとしてジャズに注目し、災害救援活動が即興（ジャズの演奏）と類似していることを指摘した。

まず、「効果的な災害救援活動を行うには、緻密な計画があればいいのだろうか？」と問い、災害救援の現場では、必ずしも、参加者が共通の知識をもち、ルールに画一的に従うことが求められているのではないことを指摘した。その背景には、震災後、より綿密な計画の下にルールを確立することが必要だという指摘が各所でなされてきたことへの違和感があった。実際に震災の救援活動の渦中に身を置いていた私には、ルールに従うことよりも、ルールを臨機応変に変更しながら展開する活動を目の当たりにしてきていたからである。救援の現場では、何が適切な活動で、何が不適切な活動であるかといったことが時々刻々と変化していた。そのような場で、人々は、まさに、ジャズのような「即興」を演じていたのである。もちろん、ここでいう「即興」は、即興という言葉から連想されがちな「場当たり」とか「思いつき」による活動ではない。即興という言葉で表そうとしたことは、次の5つの点であった[7]。

（1）固定したシナリオの不在

災害救援には、大筋でのストーリーはあっても、事の詳細を記したシナリオはない。阪神・淡路大震災をはじめとする各地の救援現場では、発災直後から、人命救助を中心とする救急救命期、水・食料といった最低限の物資が必要となる緊急期、避難所等に入った被災者に対する救援物資や様々なケアが必要となる救援期、ライフラインが復旧していく復旧期、地域の復興に向けて動き出すとともに、被災者に対する息の長いサービスが要求される復興期といった大筋の展開が見られたことは確かである。しかし、各時期、各場所における活動内容には、その時々の参加者が臨機応変に対処すべきことがらが多く、予め、すべてを計画するのは不可能であった。例えば、西宮の救援現場でも、ボランティアたちは、届けられた救援物資を何から配ればいいのか、どのように整理しておけば使いやすいのかといったことについて、その場で臨機応変にルールを定めるしかなかった。そして、一度ルールを決めても、日々変化する避難所の様子に応じて、またルールを変更しなければならなかった。

即興では、このように仮構されては消滅し、再び仮構されていく規範、いわば、生生流転する規範に着目する。そこに固定されたシナリオはない。ジャズの比喩に託すならば、曲調やコード進行は、ある程度、予め決まっているけれども、それをいかに演奏するかという点は、事細かに規定されているわけではなく、その時々の演奏者が臨機応変に演奏するわけである。

[6] 規範の生成そのものについては、楽学舎（2000）にわかりやすい解説がある。ここでは、規範の生成が意味の生成でもあることを確認しておく。

[7] 以下の各点は、渥美（2001）pp.32-35 の記述に加筆修正したものである。

（2）既存の知識・技術の活用

災害救援では、救援に関する多様な情報や技術などが柔軟に発揮されるべきである。行政機関は、周到な防災計画の整備とその適用を求められる。企業には、被災地の現状に応じた人材・資材・資金の投入が期待される。また、ボランティア団体は、ボランティア活動に参加する人々を受け付け、活動場所を紹介するだけでなく、参加者の安全確保や撤退時期にも通じている必要がある。個々のボランティアも、安全に関する基礎知識やどこに行けばどのような活動に参加できるのかといった情報をもつ必要が出てくる。

このように、即興は何もないところから生じる動きではない。多様な参加者が、それぞれに習得してきた技術・知識を前提として、現場の多様な声に臨機応変に応答しながら、それらをいかに結びあわせていくかということ――ノットワーキング――が問われる。ジャズの場合も、各演奏家はそれぞれの楽器に通じている必要があろう。ただ、楽器を上手く演奏できるといったレベルだけでは、物足りない。その場の他のプレーヤーの音に臨機応変に応答しながら、音楽を紡ぎだしていくわけである。

（3）個と全体の〝間〟

災害救援では、参加する諸組織・個人が、全体の〝間〟を考慮しながら、活動していく必要がある。要求されるのは、自他の活動を理解しながら、即興が行われている場全体をも同時に理解することである。個々の参加者に関する情報と、場全体に関する情報が揃った時にはじめて、活動の重複を避け、活動の欠けている部分を補い合うことができ、効率的、効果的な救援活動が可能になる。例えば、避難所への炊き出しは、避難されている被災者にとって有意義な救援活動の一つである。しかし、阪神・淡路大震災の救援活動の中で、その初期には、メディアで報道された避難所に炊き出し活動が集中し、その近隣の避難所では炊き出し活動が実施されていないといったことも生じた。こうした場合には、他の団体と調整したり、別の場所・機会を探索したり、あるいは、そもそも炊き出しが最も求められている活動であるかどうかといった議論を展開するなど、救援活動の場全体に配慮して時機を逸することなく活動を展開していくことが望まれる。

しかし、参加者はルールをすべて知り尽くすことはできないし、常にすべてのルールに目を配りながら活動しているわけではない。むしろ、即興の渦中にあって、参加者はただただ活動しているだけなのである。個々の参加者に関する情報と全体の挙動とが偶然にも連動した時には、即興が上手く進むであろう。逆に、個々の参加者に関する情報も、場全体に関する情報も、そのどちらかの情報が完全に欠落していれば、文字通り「間の抜けた」救援活動になってしまう。ジャズにおいて、いわば「書かれざる間」がいかに大切かということは、もはや指摘するまでもないだろう。

(4) 被災者との協働

災害救援は、被災者と一体となった活動である。災害救援では、被災者のニーズと乖離した活動には意味がない。ボランティアが救援する側であり、被災者は救援される側だという固定観念があるとすれば、それは害こそあれ互いにとって益とはならない。かといって、被災者のニーズと救援者の提供できること（シーズ）とのマッチングを図ればよいというほど単純でもない。また、当然ながら、被災地の復旧が進み、被災地住民による自力復興の兆しが見え始めた場合には、それまでの救援活動を、被災地住民に引き継ぐことを考えなければなるまい。

確かに、ボランティア活動には、「提供して欲しいこと（ニーズ）と提供できること（シーズ）のマッチング」という課題がある。ニーズが何であり、シーズが何であるかが同定できるならば、マッチングは技術的な問題になる。しかし、ニーズやシーズが明らかではない場面も多い。災害救援の現場では、発災直後の生命の安全や水の確保といった基本的なニーズは理解できる。ところが、救急救命活動が一段落すると、被災者のニーズはたちまちとらえがたくなる。思わぬことが被災者のニーズであったり、特に何でもないことがボランティアのシーズであったりする。実は、ニーズとシーズが同定できて、それをマッチングするのだという発想を反省しなければならない。そもそも、人は自分のニーズに自分自身で気づくことができるのだろうか。ボランティアは、シーズをすべて自覚できるのだろうか[8]。このように、被災者の内面にニーズなるものを措定し、ボランティアの内面に救援への意志なるものを措定して、両者のマッチングを図るのではなく、被災者とボランティアとが一緒になって、協働でニーズを構築していくのだと考えたい。ジャズもその演奏はステージの上だけで行われるのではない。聴衆とのえもいわれぬ交流がいいジャズを生んだり、ジャズを殺してしまったりするという話はよく聞かれることである。その際、個々のプレーヤー一人一人の聴衆の内面に、〝聴きたい音楽〟なるものを措定するのではなく、両者がその時、その場で協働して音楽を奏でていると考えるわけである。

（5）流動するコーディネーター

災害救援においては、個々のボランティアや様々な組織・機関の動きを調整するコーディネーターが必要である。ただし、コーディネーターは、固定している必要がないということを見落としてはならない。つまり、ルールが時々刻々と変化する即興の現場では、ルールを体現する者としてのコーディネーターも次々代わっていく。現に阪神・淡路大震災の被災地では、数多くのボランティアコーディネーターが生まれては消え、消えては生まれることが繰り返された。ジャズの世界でも、ソロはあるし、名プレーヤーもいる。しかし、セッションが始まれば、それぞれのプレーヤーが表に出たり、下支えを行ったりしながら演奏が進行する。

［8］この点については、中田（2000）に優れた論考がある。

ここまで、阪神・淡路大震災での救援活動の体験をもとに、災害救援活動を即興として整理してみた。即興は、災害救援だけに限定されるものではない。むしろ災害救援から着想を得た即興という概念を磨き上げ、より広く応用できる場へと持ち込みたい。そのためには、どのような論点が検討されなければならないだろうか。次節では、即興を災害救援活動という具体的な場から少し離して、即興の理論化に向けた論点を抽出する。

3　即興論のための論点

即興とは、安定した規範が一時的にせよ崩壊した時に、人々がルールを作っては壊しながら、現場の複数の声に臨機応変に応答していく集合的な振る舞いのことである。即興に関する考察は、何も災害救援の現場だけを対象としたものではない。われわれの日常生活を振り返れば、即興は至る所で行われていることに気づく。例えば、日常会話は、その場その場での複数の声に臨機応変に応答しながら展開する。また、レシピに厳密に従って料理を作る時もあろうが、あり合わせの材料で献立を考えることも多いだろう。さらに、組織で仕事をする場合にも、即興は見られる。市場の予期せぬ変動に対して俊敏に対応していく場合には、Plan-Do-See という通常の対応ではなく、Do-See-Plan といった具合に「走りながら考える」こともあろうし、行為の後になって計画や目的を「発見する」こともあろう。

組織論の分野では、即興に関する考察を積極的に展開しているようである。1998年の*Organization Science*誌は、この分野における即興について、特集を組んで紹介している。その代表的な論文（Weick, 1998）[9]に注目してみよう。まず、彼は、即興の見られる場面としてジャズに注目した[10]。そして、ジャズ研究を引用しながら、即興を「演奏の特別な状況の中で、思いつき、形作られ、形を変えてきた予期しなかったアイデアに応じて、既にあった素材や構想を練り直して、一つ一つの創造行為に独特の味わいを付けていくこと」（Berliner, 1994, p.241）と定義している。この定義からは、即興が、何もないところから生じるのではなく、過去に慣れ親しんだ旋律をいまここで新たに構成しなおすといった形式で行われることが読みとれる。そして、組織については、意思決定（decision making）ではなく、意味を構成すること（sense-making）に注目していくべきだと主張する。ここで規範の生成が意味の生成と同じだということ[11]を思い起こせば、ワイクのここでの指摘は、組織が次々と規範を生成していく姿を即興として描いていると考えることができる。実践的には、即興は、時間がなくてスピードが求められるような場面で仕事を円滑にするだろう。しかし一方で、組

［9］この論文は、ワイク（Weick, 2001）における一つの章として採録されている。

［10］論文では、ジャズ以外にも即興の見られる場面として、料理、ダンス、財団形成、チェス、旅行、飛行機の着陸、言語、愛、結婚、行動の準備、絵、歌、スポーツなどなどを挙げ、言語獲得、心理療法、医療診断、軍事、生活そのものなどに注目している。もちろん、書や陶芸も加えてよいだろうし、学級の運営などについても検討できるのではないだろうか。

［11］注［6］参照。

織は、上手く行った前例を引き継ごうとする性向をもつから、常に新しいことがらを求める即興が組織に馴染むかどうかは一概には言えないというワイクの指摘も忘れてはならないだろう。

このように組織論という文脈でも、即興は豊かな議論を触発している。事実、組織論での成果は、災害救援を即興であるととらえることへの魅力を深めてくれる。例えば、ワイクの議論は、災害救援を静的なシステムとしてとらえ、計画の精緻化で満足するのではなく、意味構成のプロセスとしてとらえることの意義を示してくれている。では、このように具体的な場面の違いを超えて、即興を論じていくためには、いかなる論点を展開していけばいいであろうか？　本節では4つの論点を提示しておきたい。

（1）参加者のメンバーシップ

即興への参加者のメンバーシップは時々刻々と変化する。日常生活を支えている安定した規範が、一時的にせよ、崩れてしまった場合、人々は、その場その場で当座の規範を局所的に仮構しては、そのもとに立ち現れる多様な選択肢を臨機応変に選択することになる。それこそが即興であった。即興では、行為の基盤となる選択肢の束が時々刻々と変化する。今日、あれかこれかと二つの選択肢から一つを選んでも、明日になれば、三つ目、四つ目の選択肢が生まれてきたり、昨日の二つの選択肢がそもそも意味を成さなくなったりする。こういった状況では、偶有性は極度に多様化し、行為の根拠は泡沫のごとく消失する。様々な行為の中で、いわば次の一手が続かなかった行為は、消滅していく。

結局、このような一時的な規範が持続するとすれば、行為に引き続き新たな行為が生じるということ、ただこれだけに依っている。

参加者は、こうした行為の継続に寄与する限りで参加者となる。その結果、メンバーが頻繁に入れ替わることになる[12]。では、メンバーシップが時間的にも空間的にも決定しないような集合は、どのように扱っていけばいいだろうか？

（2）即興の境界

メンバーシップの流動性は境界の流動性でもある。通常の集合であれば、その集合の要素は集合の内にあり、その集合の要素でないものは、集合の外にある。つまり、集合の境界は、その集合の要素と要素でないものとの間に引かれる。しかし、前項で述べたように、集合の要素は時々刻々と変化する。即興を展開している集合を一つのシステムだと考えると、そのシステムにはどのような特徴が見られるだろうか？

このようなシステムを考える際には、産出プロセスとしてのシステム、すなわち、オートポイエーシス（河本 1995）の考え方が参考になろう。産出プロセスが自己を形成し、それがさらに産出してい

［12］実際、ボランティアの集まりを観察していると、タスクに応じてメンバーが意外なほど柔軟に交代していくように見える。参画するメンバーがそもそも流動的であり、途中での入れ替わりも多い。

くという循環は、観察者から見ると、システムが自律し、個体性をもち、境界を形成し、そこに入出力があるように見えるのが自然である。しかし、システムそれ自身の視点に立てば、ただ産出しているだけである。ここに即興との親和性が見られる。つまり、「システムの境界を導入する際、スペンサー＝ブラウンの認識論的操作によれば、地面に円を描いてシステムの内部と外部を区別すればよい。これに対してオートポイエーシスでは、地面の上を猛スピードで円を描くように走り続ける。疾走者はただ円を描いているだけであるが、観察者から見た時それはシステムの境界を産出しているように見える。疾走者が走りやめば、境界はたちまち消滅する。システムの境界の存在は、システムの作動に依存している。」（河本 1995, p.174）という指摘は、即興が描く境界の特徴をとらえたものだと言えよう。すなわち、即興とは活動している間だけ即興である。では、境界を形成した（と観察された）こと、いわば、境界の痕跡はどこにも残らないのだろうか？　あるいは、どのようにして次の時間へと引き継がれていくのだろうか。より現場に即して言えば、上手く即興を演じることのできた救援活動は、今後の活動にどのようにすれば活かされるのだろうか。これからの検討課題の一つである。

（3）目的に対する行為者の視点と観察者の視点

即興では、即興を演じている当事者と、それを描いている観察者との視点の相違を、行為の目的との関係で論じておくべきであろう。即興への参加者の視点に依拠するならば、行為は、何らかの究極的な目標に到達するか否かという基準によって行われるのではない。ただ単に行うのである。その行為に次の行為が接続すれば、当該の行為が意味を帯びる。例えば、災害救援に携わるボランティアも、被災者・被災地を救援するといった抽象的な目標をいつも確認しながら活動していたというより、ただただ水を汲み、食事を運んでいたという方が実感に近いだろう。一方、即興の進行をある時点で止めてみれば、次々と産み出される規範は、具象的な身体に担われている。この身体が（その瞬間での）コーディネーターである。即興は、「観察者から見た時」、そのつど規範を産出しているように見える。しかし、「当事者の視点から見た時」、根底にルールなどというものはない。当事者は、その時々の目的に応じて臨機応変に、「ただただ活動している」のである。

活動に参加する者の視点と、活動を企画し観察する者とを併せ持つことの分析と意義については、渡邊（2000）が展開した「○○と言わない○○」という考え方がヒントになる。これは、地域防災活動の一環として、NVNADが実施してきた活動を分析したものである。NVNADでは、これまで地域の諸組織と連携して子どもを対象としたワークショップ「わが街再発見ワークショップ」を実施してきた。キーフレーズは、〝防災と言わない防災〟である。このフレーズが示すように、企画者であるNVNAD、地域組織、行政、ボランティア等は、地域防災プログラム（〝防災と言う防災〟）として行事を企画するが、参加する子どもたちに対しては防災という言葉を用いずに（この場合は、地域の探検として位置づける：〝防災と言わない防災〟）、行事終了後に参加者が防災に関する知識を得て関心を深めることのできるように運営されるものである。参加者は「事後に目的を知る」のである。渡邊は、参加者が防災という言葉を使わずに、結果として防災に関する学習を成立させていることを指して、このワークショッププログラムを「防災と言わない防災」と名づけた。さらに、このプログラムを支えている論理が、何も防災に限定されないことから、論理の核を「○○と言わない○○」というフレーズで取り出した。

ここでは、参加している側からすれば、ただ参加しているだけであって、必ずしも前もって目的を知っているわけではない。一方、企画する側からすれば、目的が設定された予定通りの活動である。即興には、このように行為者と観察者の視点の違いを利用し、実践的なプログラムを企画する可能性が開けている。

（4）始動条件と終了条件

即興が始動するのは、安定した規範が消失した時である。災害は、その典型的な例であった。即興の開始において決定的に重要なことは、「今が即興だと知ること」である。例えば、２０００年の愛知豪雨水害では、既存の救援プログラムを発効させ、そのプログラムをベースに見事な即興が演じられたが、これは、災害救援の現場を何度も体験してきた地元のＮＰＯの声があったからである（渥美・杉万　2003：杉万・渥美 2003）。「今が即興の時だ」といういわばモードチェンジができるための条件を明らかにしていかなければならない。

一方、安定した規範が消失したことから始まった即興が場を埋め尽くしてしまい、すべてが即興になるわけではない。いつかは終焉を迎える。即興として一時的に形成された規範が次々と行為を接続して安定していく場合もあるだろう。一時的に形成された規範は結局どれも安定せず、最終的には、崩壊していた古い規範が再度構築されることもあろう。では、いかなる時に、即興的に形成された規範が安定することによって即興が終了するのか、またいかなる時に、旧来の規範の復活によって即興が終息するのか、そして、なぜかといった終了条件に関する分析が必要である。

4 即興としての災害救援を実現していくために

最後に、即興を実践的な面から検討しておきたい。再度場面を災害救援に戻して考える。具体的には、即興としての災害救援活動を生成、維持させていくには、何をしておけばいいのかという問いを考える。ここまでの考察をもとにすれば、始動条件の整備とメンバーシップ維持のための方策が求められている。言い換えれば、今が即興の時であるという判断をいかにして醸成するかという問題と、一度即興が始まったら、次から次へと行為をつないでいける体制の整備である。ここでは、前者を計画の熟知として位置づけ、計画を浸透していくための実践的なプログラムを提案する。一方、後者についても、次から次へと多様な選択肢に対応できる体制について、すでに動き出している活動を紹介する。

(1) 即興の始動に向けて――計画の熟知

逆説的ではあるが、即興を行いやすくするために、まずは計画やルールを熟知する必要性を指摘しておきたい。ちょうどジャズが勝手気ままな演奏の集積ではなく、そこに既存の旋律、和声、奏法などが活かされていくように、災害救援活動にもそれぞれの参加者が有する技術や知識が臨機応変に結びあわされていくことが必要である。そのためには、どこまでが計画されていて、どこまでが計画されていないのかということを事前に知っておく必要がある。その上で、「これからジャズを演奏するのだ」というステージの設定が重要であるように、災害救援の現場についても、「今から即興の救援活動に入る」という文脈を創出することになる。この文脈の迅速な創出については、十分条件を提示できる段階にはないが、まずは計画を知るということが必要であることは間違いないだろう。

では、計画を知るためにはどうすればいいだろうか？ 防災計画を配布し、読んでおくようにというだけではいかにも心許ない。ここでは、ＮＶＮＡＤが実施したことのある「マニュアル叩き」という手法を紹介しておく。「マニュアル叩き」とは、マニュアル（例えば、防災計画）を積極的に使ってみようというプログラムである。ワークショップ形式で開催し、参加者には、マニュアルと赤鉛筆が行きわたるようにする。そこで、少し時間をかけてマニュアルを読んでもらい、気づいたことがあれば、赤で書き込んでもらう。実際にその通りにできそうにないことがあれば、とりわけ目立つように朱を入れてもらう。そして、一定時間後、赤で記されたことを全員で共有していく。ここでは、マニュアルはいわゆる〝参考書〟（災害救援活動の知識が詰め込まれたもの）ではなく、〝問題集〟（災害救援活動について、読者に問いを発しているもの）として読まれることが重要である。そして、問題集は、そこに含まれる問題を自分で解いてこそ力になる。

このようにマニュアルを読むことによって、何が計画されていて、何が計画されていないのか、言い換えれば、どこから即興が始まるのかということが伝われば、「今からが即興だ」という判断も下しやすくなるのではなかろうか。もちろん、このようなマニュアル理解それ自身がまた安定した規範として作用するだろう。即興の定義からしても、安定した規範が消失したところから即興が始まるのであるから、結局は、計画も即興も完全には習得できないのであろう。しかし、マニュアル叩きという意見交換の場を持ち、計画を修正可能なものとして扱う経験を積んでいくことによって、ルールを変更するという即興への耐性が高まり、即興の始動に寄与するものと思われる。

(2) 即興の維持に向けて——多様性の保持

即興の場面では、次から次からへと新しい規範が紡がれていく。多種多様に提示される場面に応答していくためには、参加者の多様性が必要となる。ちょうど体外からの多様な攻撃に多様性をもって備えている免疫システム（多田 1997）と同じ発想である。したがって、開始された即興としての災害救援を維持していくためには、救援システムの多様性をいかに保持しておくべきかという問いに応じていくことになる。

ここでは、全国災害救援ネットワーク（J-Net）の活動（鈴木・菅・渥美 2003）を紹介したい。J-Netは、2000年1月16日、震災5周年を目前に設立され、NVNADがその事務局を担っている。J-Netは、北は北海道から南は九州までに散在する25団体あまりの災害NPOがネットワークを形成し、今後の災害救援活動において連携することを狙ったものである。ただ、災害NPO

とはいっても、平常時の活動は実に様々である。例えば、中途障害者を中心に作業所を営んでいるNPOがある。まちづくり活動に取り組んでいるNPOもある。こういった組織が、災害が発生した時に、多様な知恵をもって救援活動に参加するわけである。

J-Netには、ネットワークの運営に、即興の基盤となる多様性を保持する工夫が見られる。つまり、災害が発生した時に、代表を務める組織や事務局が、加盟団体に救援活動への参加を呼びかけるのではなく、加盟団体がそれぞれにその時その場で救援活動に参加するかどうかを独自に決定するという方針を堅持していることである。言い換えれば、救援活動への参加については、中央からの指令によるのではなく、あくまで各加盟団体の独自の決定に委ねることとしている。これは、全米災害救援ボランティア機構の組織運営（鈴木・渥美 2001）をモデルとしたものであり、各加盟団体の災害NPOとしての独自性を尊重するものである。平常時の活動は多様であるのだから、それぞれの加盟団体が、それぞれの平常時の活動との折り合いの中で、救援活動への参加（不参加）を独自で決定すれば、自ずと多様な視点をもったNPOが救援活動に参加していく可能性がある。

実は、J-Netの活動は、ノットワーキングそのものでもある[13]。平常時のある時点を切り取って見れば、加盟団体がローカルに、あるいは、関心領域毎に「結び目」を作っている。もちろん、こうした結び目も安定したものばかりではなく、できては消える動きが見られる。また、緊急時にもネットワークとして一斉に活動するのではなく、救援活動に参加する組織としない組織があり、その決定は加盟団体に委ねられているわけであるから、結局、あちらこちらに「結び目」ができている。そして、論じてきたように結び目を巡って即興は生じるわけである。

おわりに

救援活動を即興の現場としてとらえてみれば、もはや、救援活動のために緻密な計画を立てることや、参加者に共通の知識を与え、静的なルールを守ることを目指した活動だけでは功を奏さないことは明らかである。そして、生生流転する規範のもとで、臨機応変に活動すること、そのこと自体に目を向けなければならない。現在、東海地震は言うに及ばず東南海・南海地震の発生をも射程に入れた防災が求められている。こうした災害には、何が危険かわからない危険が伴う。既存の制度も想定していないような事態に直面し、制度の未成熟（厚東 1999）を露呈する。そんな時こそ、「既存のシステムに内在する論理に拘束されず、柔軟に想像力を働かせて臨機応変に対応していく」（渥美 2001 p.43）

[13] ノットワーキングとネットワークとは次のように考えると相互の異同がよくわかる。夜の高速道路を走る車を写真に撮る。高速道路では、あちらこちらに2、3台の車の列が形成されては崩れ、スムーズな流れを形成している。この風景を早いシャッタースピードで連続写真に撮れば、各所に展開するローカルな車の光列（結び目）が写った写真が何枚もできる。一方、シャッタースピードが遅ければ、車のライトが描く軌跡が写った写真が仕上がる。ノットワーキングは、車の光列（結び目）の連続写真に注目して、その結び目の形成と崩壊に考察を向けていく。一方、車のライトが描いた軌跡を見れば、それは車が織りなすネットワークが見て取れることになる。

ボランティアの実力が期待される。こうしたボランティアを含む災害救援は、多様な参加者との関係の糸を結びあわせてはほどいて、また次々と結び目を作っていくという即興としてのノットワーキングが求められるだろう。そのためには、計画を熟知した多様な人々のいる社会を築いて行かねばなるまい。

第6章

多声の空間
——島団地再生事業の経験から

平山洋介

和歌山県御坊市の公営住宅である島団地は一連の困難——物的な老朽・劣化、無秩序な増改築、入居者の生活困窮、コミュニティの衰退……——に直面してきた。この状況の変革を目指して、ワークショップ方式を導入した斬新な再生計画が立案され、事業化に移されてきた。住民・行政・専門家が話し合い、手を動かし、団地の再生に向けた計画をつくり、事業を進める、そうした方法をワークショップと呼んでいる。

公営住宅に関わるすべての権限は行政に帰属する。しかし、再生事業のワークショップは〝多声の空間〟を立ち上げ、行政だけではなく、住民と専門家が関与する場面を生み出す。法的な権限が単数の「声」によって計画・事業を制御するのではなく、複数の「声」が交錯するとき、どのような方法が現れ、どのような空間が立ち上がるのか、という問題がここでの関心事である。筆者は再生事業に10年以上にわたって関わる機会に恵まれてきた。この経験を踏まえて、〝多声の空間〟について考えてみたい。

1　島団地再生事業の経緯

（1）再生事業に向けて

最初に再生事業の経緯を概観しておく。御坊市内の最大の住宅団地である島団地は、日高川沿いに立地し、1959年から1969年にかけて建設された。中層集合住宅が9棟、218戸、簡易耐火2階建てが1棟、8戸、総計10棟、226戸である。この団地の建設には、1950年のジェーン台風、1953年の日高川氾濫、1961年の第二室戸台風、1964年の大火災などの災害が深く関係した。被災地域に対する公営住宅の建設、応急仮設住宅の供給とその再開発、という一連の事業が島団地を形成してきた。

団地の状態が悪化していることは経験的に知られていた。住宅水準の社会的な陳腐化は著しい。住戸規模は30・2㎡〜39・6㎡と小さく、大半の住戸は浴室設備を欠いていた。入居者による増改築の繰り返しは生活空間の混乱に拍車をかけた。住民の多くは低所得、疾病、失業などの問題をもっていた。

行政は島団地自立援助担当者会議を1989年に設置し、団地の窮状への対応を開始した。担当者会議は同年の夏に団地の実態調査を実施した。島団地に対する最初の調査であった。この調査を契機として、行政職員と住民の接触機会が生まれた。

これに続いて、1990年度の市の委託により、筆者のグループが団地の実態調査を行い、再生計画の基本方向を提案した。提案の骨子は、①個別世帯へのソーシャルワーク・プログラム、建て替え事業を基軸としたハウジング・プログラム、地域社会形成を支援するコミュニティ・プログラムという三つの領域の施策を〝包括プログラム〟として推進する、②団地の問題に専念する〝現地立地〟かつ〝横割り〟の行政組織を設置する、③事業のプロセスに住民参加を継続的に巻き込む、というものである。この提案は再生計画の基調を形成した。

(2) 島団地対策室の始動

島団地対策室は現地に張り付く〝現地立地〟の行政組織として1992年4月に発足した。環境・福祉・児童・教育などの分野からの6名の職員が構成する〝横割り〟組織である。全国的にみて新しい試みであろう。対策室の設置によって、再生事業は本格的なスタート地点に到達した。住民は既存の街づくり委員会を改組してみなおし会を組織した。対策室が〝包括プログラム〟を実施し、そこにみなおし会の関与を通じて住民が参加するという回路が生まれた。

対策室の初動期の仕事は行政と住民の〝関係〟を形成する点にあった。行政が長期にわたって島団地の問題状況を放置してきた経緯は否定できない事実である。対策室の職員は日常的に住民との接触を繰り返し、信頼関係を育成するところから再生事業を始動する必要があった。

再生事業の中心的な課題は団地の建て替えである。しかし、対策室はハウジング・プログラムに直ちに着手するのではなく、ソーシャルワークとコミュニティ・プログラムを先行させた。ソーシャルワークを通じて住民の個別事情への対応が進み、コミュニティ・プログラムは住民相互の交流を促すうえで大きな効果を発揮した。これらのプログラムの先行は再生事業が物的問題への対処だけでは成功できないという判断にもとづいている。

（3）立体の街づくり

現代計画研究所大阪事務所（江川直樹所長）が建築の専門家として1993年度から事業に参画し、同研究所と筆者が協力してハウジング・プログラムの基本構想をまとめた。島団地の現在の敷地における即地的な建て替えは過度に高密の空間を生み出すことから、近傍に別途の敷地を確保し、現敷地と新敷地の双方を使用する事業の実施が構想された。新敷地への建設を行い、その後に現敷地の建て替えを行う計画である。

基本構想における建築計画は〝立体の街〟の形成を意図したものである。島団地は箱形・高密・単調な建築をつくり、周辺地域とは異質の空間として存在してきた。この状態を変換するために、新しい団地を〝立体の街〟としてつくり、団地と周辺環境の有機的な文脈を構成する方向が目指された。具体的には、周辺地域との融合性を意図したボリューム計画と住棟の分節化、地域性に配慮した景観計画とデザイン、コミュニティ形成と周辺への開放性に配慮した緩やかな囲み型の配置、共用空間であるコモンルーム・空中街路・空中庭園の水平・垂直方向へのネットワーク化などが建築計画の特色である（図6-1、写真6-1、6-2）。

〝立体の街〟の建設は漸進する。最初に計画内容のすべてを固定するのではなく、年度ごとに少しずつ設計と建設が進む。新敷地への事業は5期、現敷地への事業は4期を要する。各年度の事業の反省を次年度の計画に反映し、時間の経過に応じて変化する課題に対応するうえで、漸進的な事業は効果的である。建築基準法との関連では、一団地設計ではなく、年度ごとに増築を繰り返す手法が採用された。一団地設計が計画の全体を固定するのに比べ、増築の反復は漸進的な事業の実施に適している。〝立体の街〟は一挙に完工するのではなく、自然に成長するかのように生成する。

（4）ワークショップ方式の導入

建て替え事業は1995年に始まり、住民参加を実質化するためにワークショップ方式が導入された。具体的には、みなおし会と入居予定者（住民）、対策室（行政）、現代計画研究所と筆者のグループ（専門家）がワークショップを構成する。年度ごとに入居予定者のグループがつくられ、ワークショップの単位となる。ワークショップによる計画づくりの粘り強い展開は再生事業の核心的な特徴を形成した。

第一期の住棟が1997年末にようやく完成した。島団地自立援助担当者会議の設置から9年近く、島団地対策室の発足から6年近くが経過していた。2001年の秋に新敷地の建設工事が終了し、再生事業は一段落を迎えた。これ以降、現敷地への住棟建設が進み、団地の建て替えは

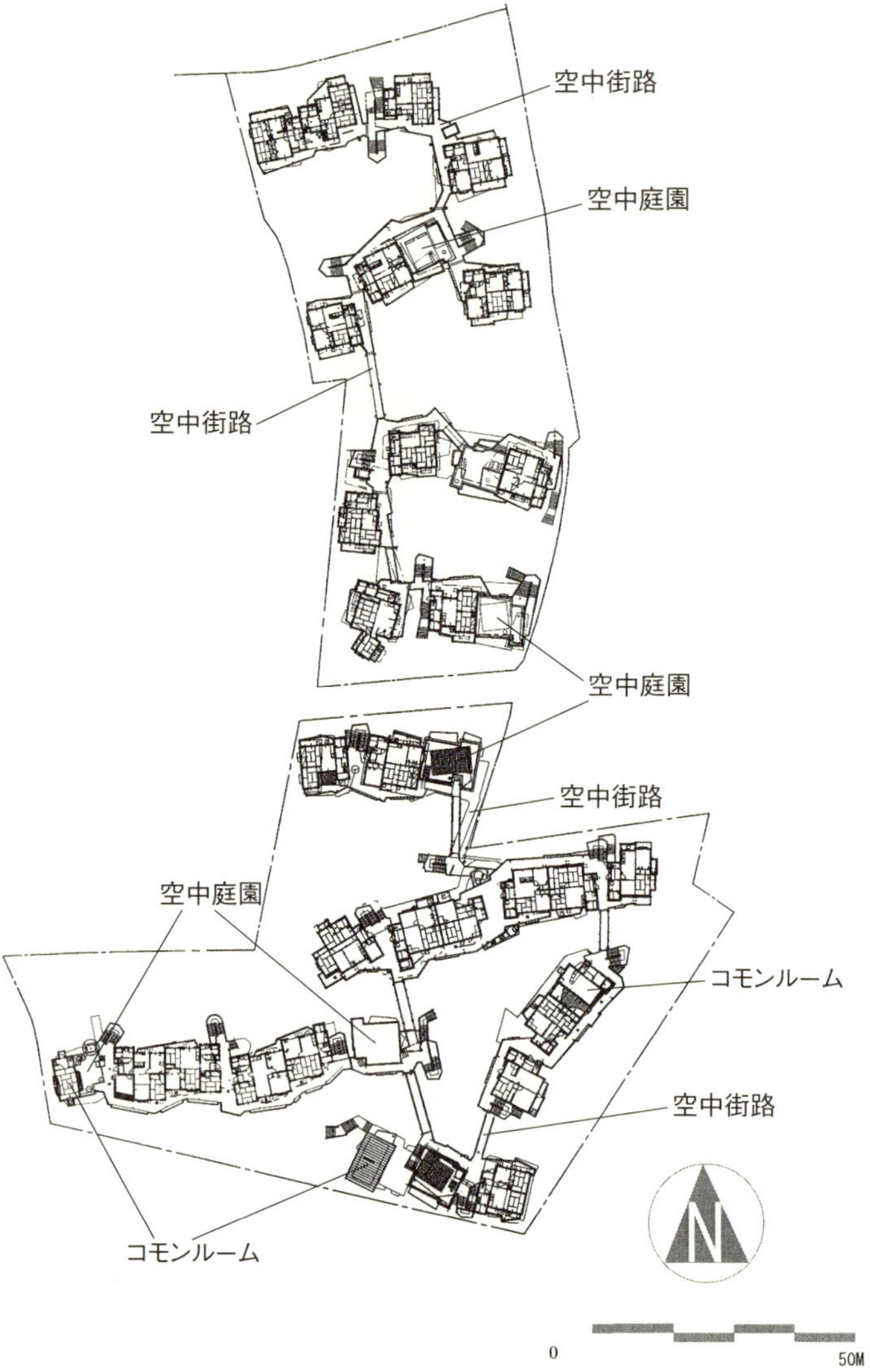

図6-1　新しい団地の3階平面図

写真6-1、2　生まれ変わった団地の景観

２００５年の春に完了した。なお、本事業は２０００年に日本都市計画学会関西まちづくり賞、和歌山県ふるさと建築景観賞、２００２年には日本都市計画学会計画設計賞を受賞し、評価を得ることによって、住宅団地の再生に関わる課題に社会的な注意を促す役割を果たした。

2 空間の二重性

再生事業が含んでいる意味を把握するための枠組みとして、そのワークショップにおける空間の二重性に注目する視角が考えられる。

近代社会の空間には葛藤が内在する。人びとは選択、解放、移動、混沌……を欲求し、しかし同時に、統制、帰属、定着、秩序……を希求する。ある人間は移動と混沌を求め、別の人間は定着と秩序を願い、あるいは同一の人間が混沌と秩序の双方への憧憬を同時に有している。近代に住む人びとは、一方においてノスタルジーに浸り、他方では新たな機会に向けて躍動する、というような困惑を生きてきた。空間はそのような二重性の矛盾を映し出し、漂泊／定住、挑戦／安定、進歩／望郷、普遍／特殊、権威／参加、実在／虚構……という緊迫した関係を受け入れてきた。

建築・住宅・都市を構想するための多彩な方法は一連の対立的な関係——モダニズム／ポスト・モダニズム、権威主義／大衆主義、普遍主義／地域主義、ル・コルビュジェ／ジェーン・ジェイコブス……——を構成してきた。しかし、このような対立項は相互に呼応したうえで対立するという枠組みをつくっている。権威主義を克服するために大衆主義が生起した。しかし同時に、権威主義に照明が当てられたのは、大衆主義が出現したからである。普遍主義に反発して地域主義が勢力を伸ばすと同時に、地域主義の追求こそは普遍主義に対する関心を強化した。ル・コルビュジェの仕事はジェイコブスの神経を逆撫でした。しかし、ジェイコブスの登場によってル・コルビュジェの企図はより明確に理解された。こうした枠組みにおいて、対立項の一方を主張することは、それ自体が否認する他方の対立項を浮かび上がらせ、両者は対立と応答の関係を通じて意味を帯びる。住宅・建築・都市を構想する方法が発達したのは、複数の概念が呼応して摩擦を生み出したからである。

建築・都市計画の重要な仕事を達成した人物に関する簡明な解説が流布してきた。偉人たちは明快な確信にもとづいていたと説明されることがある。しかし、何かを成し遂げようとする人物の意思と感覚は一貫しているとは限らない。ル・コルビュジェはマシン・メタファーの建築・都市を追求したことで知られている。その「直角の精神」は近代主義、科学主義、機能主義を反映した。「輝く都市」の都市計画が極端に機械的な形姿とエリートの英雄性を強調していることは確かである。後年にジェイコブスが批判対象の筆頭に位置づけたのが「輝く都市」であった。しかし、ル・コルビュジェの建築作品の多くは科学主義の適用としては説明がつかない空間をつくっている。ロンシャンの教会にみられる曲線美と精妙な柔軟性、ラ・トゥーレット修道院の音響的なリズム、ユニテ・ダビタシオンにおける住空間の多様性は、「直角の精神」の字義どおりの解説を拒んでいる。素朴には説明できない困惑こそが独創の原材料になっていたと想像される。惑いを内包しない仕事から独創は生まれない。

現代の建築が何らかの危機に直面しているとすれば、その核心は二重性の緊張に向き合う耐力の装備を断念しているところにあるだろう。矛盾と対立を避け、技術使用をパターン化しようとする感覚が明らかに伸長した。再開発事業は地価と容積率という簡明な変数にもとづいて素早く計画される。ニュー・アーバニズムとして流行している新伝統主義はノスタルジーのコードに従った記号建築を並べ立てる。行政が住民参加を標榜する必要があるときは、「ワークショップ」を手続きのための演出として使用する。ウォーターフロント開発では、熱線反射ガラスのオフィスパーク、テーマパークのようなショッピング・モール、ダブル・スキンの集合住宅を並べた住宅地、これらのワンセットが定型である。

私見によれば、島団地再生事業は空間をめぐる葛藤を呼び出す試みとしての意味をもっている。ワークショップのプロセスは摩擦と困惑を生んできた。住民は私的な事情にもとづいた欲求をもっている。行政は市民から付託された権限にもとづき、公的な住宅ストックを管理する責任を負う。両者のどちらの欲求に立脚すべきか。専門家は行政をクライアントとし、しかしワークショップの場面では住民の欲求に直面する。プランニングを確定する根拠をどこに求めるべきか。ワークショップの過程では多数の矛盾が連続して現れる。その〝多声の空間〟は葛藤を招き出すように機能した。

ワークショップのプロセスは摩擦を回避するのではなく、そのまま受け入れる領域を積極的につくってきた。矛盾に向き合い、それを受け止め、二重性の〝尾根〟を歩くような、そうした方法がしだいに発現しているように思われる。ワークショップの場面は再生事業の内容に対して影響を与える。しかし、その瞬間の根拠は常に揺れ動き、予測を受け付けていない。ワークショップ方式の理論・実践的な可能性が宿っているのはこの点であろう。

再生事業が引き出す論点として、最初に注意する必要があるのは、制度空間の内部／外部が構成する緊張関係である。

3　制度空間の内部／外部

公営住宅の建設は制度外の空間を制度の内側に組み込む過程として理解することができる。老朽住宅・過密居住・不衛生住宅などの存立は否定され、それを良質の住宅・住環境に置き換える作業が実施される。公営住宅の建設は、法的な根拠にもとづくこと、〝望ましい〟と社会的に認識される住宅をつくること、〝望ましい〟生活様式の普及を意図していること、そうした意味において、規範的な空間の形成を意味する。しかし、制度空間の外部を根絶し、それを内部に組み入れようとする試みは、必ずしも予定どおりに進行するとは限らない。

島団地は制度空間として建築された。不良住宅としての応急仮設住宅は除却され、近代的な集合住宅が新しい空間をつくり出した。しかし、この空間は安定した状態を保てず、再び制度の枠組みから外れる方向に向かった。増改築の活発な進展、とくにベランダへの浴室設置と1階部分における居室の張り出し、行政との契約関係が不明瞭な住民の増加、家賃滞納の発生と累積など、多くの問題が現れた。当初の団地建設は一定の基準に従っている。しかし、住戸の狭小性、設備の欠如などの状態は住民による増改築を誘発した。公営住宅の制度が予定していた生活様式は普及せず、入居者の失業・

疾病、子どもの低学力・長多欠、家族関係の不安定などの状態が目立つようになった。

島団地再生事業は公営住宅に対する再更新事業である。不良住宅は更新され、建設された団地が再び不良化し、それを再び更新する事業が実施される。制度空間をつくる事業とそれを不安定化するベクトルが環流しているような過程が生じている。

このプロセスのなかにあって、再生事業は次のような問題に向き合ってきた。すなわち、公営住宅の建設は〝境界〟を形成する。建て替え後の新しい団地に入居するには、住民は一定の「資格」の保持を求められる。制度空間の外側から内側への〝境界〟を越えるための「資格」である。家賃・税金などを滞納していないこと、名義関係が整っていること、ワークショップに参加すること、などが具体的な資格要件である。建て替え後の団地は家賃が上昇する。住民はその家賃を負担できる能力を有している必要がある。新しい住宅に入居するには保証人が必要である。換言すれば、制度空間の規範性に合致する住民だけが〝境界〟を越えることを認められている。しかし、再生事業が進むなかで、「資格」をもっていない多数の住民が存在する状況が現れていた。あるいは老朽していても低家賃の住宅への定住を望む住民が存在した。制度空間の建設を目指す事業と団地の実態が矛盾を生み出していた。

島団地対策室は資格要件の規制緩和に取り組んだ。可能な限り多くの住民が新しい住宅への再入居の資格を得ることが望まれた。保証人に関する要件緩和、名義・家賃滞納などの処理期限の延長、家賃減免制度の拡充検討などが試行された。しかし、事業が公的制度にもとづき、公的資金を使用している限り、「資格」の完全な撤廃は不可能である。〝境界〟の全廃の不可能性という制度空間の現実を知ったうえで、住民の再入居を促進する努力が継続した。

公営住宅の建設は、制度の外側に発生する空間の存立を認定せず、空間の全域を制度の内側に取り込む作業が可能であるという仮説に立脚する。しかし、再生事業はそのような論理構成の虚構性を明るみのなかに引き出し、そのうえで可能な限り多数の住民の再入居を可能にしようとした。

4　権限／権威／参加

再生事業の最大の特徴は、ワークショップ方式を導入したことである。建築をつくるプロジェクトでは、その内容を「誰が決めるのか」という論点がある。ワークショップは「誰が決めるのか」を単純化することなく、再考を要する問題として扱ってきた。

ワークショップを構成する主体は住民・行政・専門家である。公営住宅に関係する事業では、これらの主体はあらかじめ準備された位置と定義を備え、それに従った役割を果たすことを期待されてきた。住民は施策の対象者である。行政は事業主体としての位置を占め、事業の遂行に関する全面的な権限をもつ。専門家は専門分野における権威として、クライアントである行政に対して技術を提供する。こうした主体の役割は互いにオーバーラップすることなく、それぞれ区分された機能を担い、効率的な分担関係を編成してきた。

しかし、再生事業のワークショップでは、関係者は予定どおりの位置に定着するとは限らない。役割の区分と分担関係はしだいに柔軟になり、住民・行政・専門家は相互に混じり合うような関係を形成する。ワークショップに関与する主体は自身の定義の安定性を手放し、そこから新たな方向性を模索した。

再生事業における住民と行政の関係は、一般的な建て替え事業のケースとは明らかに異なる。誰がどの住戸に住むのか、住宅の設計をどのように行うのか、新しい団地をどのように管理するのか。これらの問題のすべては、ワークショップを通じて検討されてきた。行政は権限を全面的に行使するのではなく、住民の意向を事業に取り入れる。住民は施策の対象者としての位置を超えて、話し合いに参加する。両者の関係は平明には説明がつかないものである。どの主題の、どの範囲までを、行政が決めるのか、住民が決めるのか、あるいは両者の話し合いを通じて決めるのか。これに対する判断のあり方は定式化していない。住民と行政は相互の関係を規格化せず、ワークショップの場面に応じて複雑に交差した。

専門家の位置は一般的な範囲には収まっていない。専門家にはクライアントへの技術の提供が求められる。再生事業においてクライアントである行政と専門家が契約関係を結び、それに従って報酬と技術が交換される点は通常のケースと同様である。しかし、ワークショップの場面では専門家は住民の意向に直接的に向き合い、その実現への助力を求められる。行政と住民の要望が異なるとき、専門家の判断の安定性は揺らぐ。これに並行して、専門職一般とは異なり、建築家は自身の発想と考え方をもち、作品表現の機会を求める。建築の権威はクライアントの行政、あるいは住民の意向に無条件に応答するとは限らず、自らの判断に確信をもち、作品表現を重視することがある。

〝多声の空間〟では、「誰が決めるのか」は容易には解答されない問題へと転化する。住民と行政の意向が食い違う場面は珍しくない。専門家は住民の希望に耳を傾け、行政からの要望に対応し、同時に自身の作品表現を試みる。ワークショップは「誰が決めるのか」を宙吊りの状態のままで維持した。

5 「決定」について

建築・都市計画などのプランニングの領域では〝合意形成〟のあり方が検討されてきた。行政・住民・専門家による合意の調達が必要かつ可能という前提のもとで、〝合意形成〟のテクニックをどのように洗練するのか、という組み立ての議論が増えている。

〝多声の空間〟と〝合意形成〟はけっして同義ではなく、対抗的な性質を含むことに注意する必要がある。〝合意形成〟が関係者の「声」の「同一」化を重視するのに比べ、〝多声の空間〟は関係者の相互間における「差異」を引き出し、複数の「声」を呼び出す方向に向かう。〝合意形成〟の装置が予測可能性を前提として作動するとすれば、〝多声の空間〟は予測不能性を受け入れる。

プランニングの行為は「決定」を必要とする。権限による「決定」を抜きにしてプロジェクトは動かない。しかし、〝合意形成〟と〝多声の空間〟とでは、「決定」の機構は異なる。特定の主題に対して複数の「声」が発生するとすれば、「決定」のための合意は不可能性をはらんだ仮構物でしかありえない。〝合意形成〟の仕組みのもとでは、「声」の単数化によって合意の調達が宣言される。しかし、〝多声の空間〟では合意の不可能性が承認され、そのうえで「決定」が決断される。重要なことは、〝多声の空間〟における「決定」とは、合意の産物ではなく、多数の「声」を聴き遂げたうえでの「決定」、〝合意形成〟を拒絶する「声」を聴いたうえでの「決定」、あるいは「決定」の以降においても「声」を聴く用意があるという約束のうえでの「決定」、を意味するということである。

再生事業が「決定」を必要とすることに変わりはない。権限・権威・参加の話し合いの過程では、誰がどこに住むのかを決める、建物の設計を決める、団地管理のルールを決める、というように、多くの「決定」の場面がある。しかし、ワークショップでは複数の「声」が招き出され、関係者によって聴かれる、という空間が経験され、そうしたプロセスを経由して「決定」が現れる。

ワークショップの「決定」は簡明な合理性を指向するのではなく、葛藤を内在させたままで実施される。換言すれば、ワークショップは「正しい声」を選別・指定するための作業ではない。住民・行政・専門家が主張するのはそれぞれの合理性である。住民は自身の欲求を表明し、行政は制度上の規定に従う必要があり、専門家は自身の判断力を信頼する。複数の「声」はそれぞれの合理性の内容を一致させるとは限らない。〝合意形成〟を求める人たちは単一の「正しい声」によって合理性の範囲を絞り込むように振る舞う。〝多声の空間〟は多数の「声」による多数の合理性を引き出し、単独の「正しい声」という発想の幻想性を明らかにする。ワークショップの意味は、「決定」の葛藤への認識を拒否しない過程に宿っている（写真6-3）。

そして同時に、ワークショップを経由する「決定」は、不完全なコミュニケーションにもとづいている。〝多声の空間〟は意志疎通の遂行を保障しない。住民・行政・専門家の間では意思の相互伝達が成功しないことがある。日常生活の差異、専門用語の使用、日常的なコミュニケー

写真6-3　ワークショップの光景

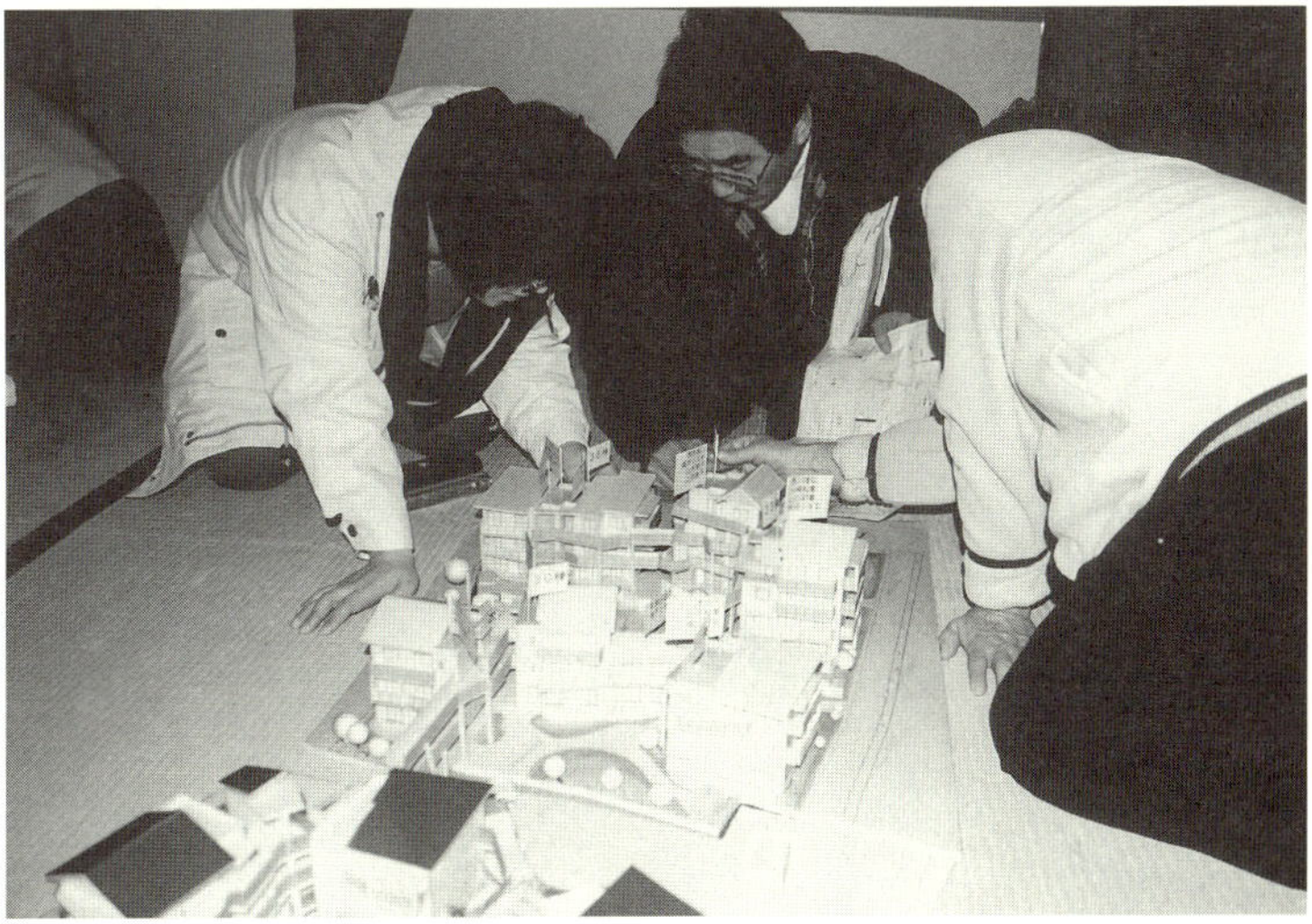

写真6-4　模型を使って考える

ションのあり方の差異、方言の使用などが意思疎通の円滑性を低減することがある。ワークショップでは専門家は建築の模型・図面を頻繁に使用する。しかし、住民が模型・図面の内容を理解できないケースがある。「話しかける」行為は、それが自動的に受け止められるという仮説には立脚できないし、「聴く」という行為は、「声」が自動的に耳に入ってくるという仮定にもとづけない。模型・図面が「声」としての役割を果たせるとは限らない（写真6－4）。

〝多声の空間〟では「話しかける」行為と「聴く」行為は、意志疎通には到達できないかもしれない、という懐疑のもとで繰り返される。そして、この懐疑こそが意思疎通のための努力を拡大するように働く。このことは、ワークショップにおける「決定」は確定・確信されるべきではなく、不完全なコミュニケーションのなかで、変化の可能性に向けて開かれて初めて成立する、ということを示唆している。

6　悩ましい場面

（1）色決めコンテスト

ワークショップは「誰が決めるのか」に関して多くの「悩ましい場面」を生み出す。住民・行政・専門家は〝合意形成〟を製作するのではなく、相互に意見を出し合い、「悩ましい場面」を共有してきた。

年度ごとのワークショップの終盤段階では、住棟の色彩を決めるためのコンテストが実施される。

入居予定者が立面図に色彩を書き込んで提案し、その作品への投票を通じて色彩計画の素案を選び出す、というコンテストである。対策室と専門家のメンバーがコンテストに出品することもある。専門家はコンテストの結果を尊重し、そこに調整を加えて最終的な色彩計画を行う。

コンテスト方式の実施は第1期における対策室・専門家のスタッフ・ミーティングによって考案され、ワークショップの場面で入居予定者にアナウンスされた。これに対して、打ち合わせに欠席していた専門家から異議が示された。異議のポイントは、①公共建築としての団地の色彩は住民だけが決めるべき事項ではなく、市民全体の意向が関係する公共的な主題であり、したがって対策室は市民から付託された権限を行使することがありえる、②色彩計画は専門的な知識と判断を要する問題であって、住民だけに委ねるべきでなく、専門家の仕事は住民の意向にそのまま従うことではない、という点であった。この異議は論理的に妥当な指摘として、コンテスト方式の根拠を掘り崩す可能性をもっている。

しかし、コンテストの実施は住民に向けてすでにアナウンスされ、その取り下げは難しい。専門家はコンテスト方式の妥当性については納得しなかったが、ワークショップの場面で示された手続きを尊重する必要を否定できず、住民が選んだ作品を基本に据えるという手順を受け入れ、そこに自身の判断によって専門的な調整を組み入れる仕事に従事した。

ここでは団地の色彩を「誰が決めるのか」は簡明ではなく、コンテスト方式を採用するという「決定」は必ずしも合理性を主張できないこと、しかし「決定」をめぐる葛藤を受容してワークショップが進んだことが意味されている。

写真6-5　住棟の色彩を考える

第5期のワークショップでは、色彩計画のあり方が再び論点を形成した。第5期と第4期の住棟は接続して建設されることから、専門家は第4期との連続性を考慮して第5期の色彩を検討する方向性を妥当と考えていた。このため第5期のコンテストでは専門家が第4期との関係を考慮した作品を提出し、その主旨を説明した。しかし、第5期の入居予定者は第4期の色彩とは異なる独自性を表現したいと希望し、そうした傾向の提案をコンテストによって選び出した。専門家は住民選出の作品を持ち帰り、それへの調整を行った。しかし、調整の結果は入居予定者が選んだ提案とは大きく異なり、専門家の考え方を濃厚に反映していた。対策室はその色彩計画では住民の納得を得られないと判断し、専門家に対してコンテストの結果を取り入れて調整し直す仕事を依頼した。専門家は再び調整作業を行い、最終的に入居予定者の意向に近づいた内容の色彩計画を仕上げた。

こうした第5期の経緯において住民と専門家のどちらの「声」が「正しい声」なのか、は簡単には答えの出ない問題である。より重要なのは、色彩計画の方針に関して複数の「声」が発せられ、聴かれ、それをめぐって惑いが経験された、という過程である。

(2) 空中街路

新しい団地は住棟の南側に空中街路を張り巡らし、それを通じて〝立体の街〟を形成した。この空中街路は、専門家と対策室によって発案された。島団地では高齢の単身者が増加し、障害者が増えていた。外出頻度が低い高齢者・障害者への配慮が必要であった。このため開放性に富んだ団地のあり方が模索され、住戸の外部からの安否確認を自然に促進するような空間の形成が目指された。空中街路を設置すれば、そこを利用する者が高齢者・障害者の状態の気配を察知できる。北側の外廊下は「廊下」でしかないのに比べ、南側の「街路」は入居者相互の接触頻度を増やし、コミュニティ形成に寄与すると想定された。新しい団地が〝立体の街〟としての景観を形成したのは、空中街路のネットワークによるところが大きい。

第1期のワークショップでは、空中街路がプライバシーを損なう可能性に対して入居予定者から反発が表明された。しかし、専門家と対策室は空中街路の効果に確信をもち、その必要性を住民に繰り返し説明した。最終的に専門家・対策室は空中街路を設ける方向でワークショップを進め、その計画を実施に移した。空中街路に面した住戸に関しては、プライバシーの確保を補うためにコンクリート・ブロックを使用した目隠しが設置された。

実際に建築された空中街路に対する入居者の評判は、良好とはいえなかった。プライバシーの不足についての不満が多い。このため、再生事業の進捗につれて、空中街路がしだいに住棟の北側に設けられる場合が増えた。第1期から第3期の住棟は南側に空中街路を有しているのに対し、第4期と第5期の住棟では北側の空中街路が多い。

こうした「コミュニティとプライバシー」は、建築の分野では古くからの主題である。再生事業では空中街路のあり方は長期にわたって議論の対象とされてきた。事業の初期では専門家・対策室は住民への「啓蒙」を試みた。既存団地の住民は空中街路を「体験」したことがなく、そのことが新しい試みへの反発を促していると考えられた。しかし、新しい団地に実際に設置された空中街路は入居者からの支持を得られず、専門家・対策室は「啓蒙」の態度を軟化した。再生事業は漸進的に進むことから、計画内容に少しずつ変化が生じる。

専門家・対策室と住民の「声」のどちらが「正しい声」なのかは、容易には判定できない。住民がプライバシーを重視する傾向は依然として強い。しかし、空中街路は「廊下」だけではなく、子どもの遊び場として機能し、入居者が談笑を楽しむための場所を提供してきた。入居者が「体験」を深めれば、空中街路への評価を変化させる可能性はある。ある高齢者は空中街路によって一命をとりとめた。高齢者が住戸内で倒れている気配を通りかかった住民が察知したからである。再生事業では「コミュニティとプライバシー」は継続審議の題材であり続けた。

（3）間取りづくり

ワークショップのなかで入居予定者が最も熱心に取り組むのは「間取りづくり」である。住民は自分で設計案を作成し、それを素材にして住民・行政・専門家が話し合いを繰り返す。「間取りづくり」では入居予定者は自己の希望を実現できる度合いが高く、意欲的に作業に取り組む。

しかし、住戸平面の「決定」のあり方はけっして単純ではなく、ケースによっては「悩ましい場面」が現れる。そのことを示すために、Aさん世帯の事例をみておく。この世帯は、父・母・娘の3人で構成され、父親は飲酒量が多く、母親は精神障害という状態にある。ワークショップには、当時中学生であった娘が世帯を「代表」して出席していた。

Aさん世帯の提案にもとづいて最終的に「決定」した平面は図6－2に示す通りである。住宅設計の「常識」からすれば、きわめて「特異」な平面である。

①廊下が明確に確保され、面積的な合理性が低い。
②南面和室（1）（3）の広い続き間は、父親が友人を呼んで酒を飲んだりする場所。
③4畳しかない北向きの小さな和室（4）は、母親の部屋。
④娘の部屋は独立性が最も強い和室（2）。
⑤台所は小さく、食事・だんらんのための公室が皆無。

こうした計画からは、「世帯」の生活が平面を規定しているのではなく、「個人」ごとの空間が準備

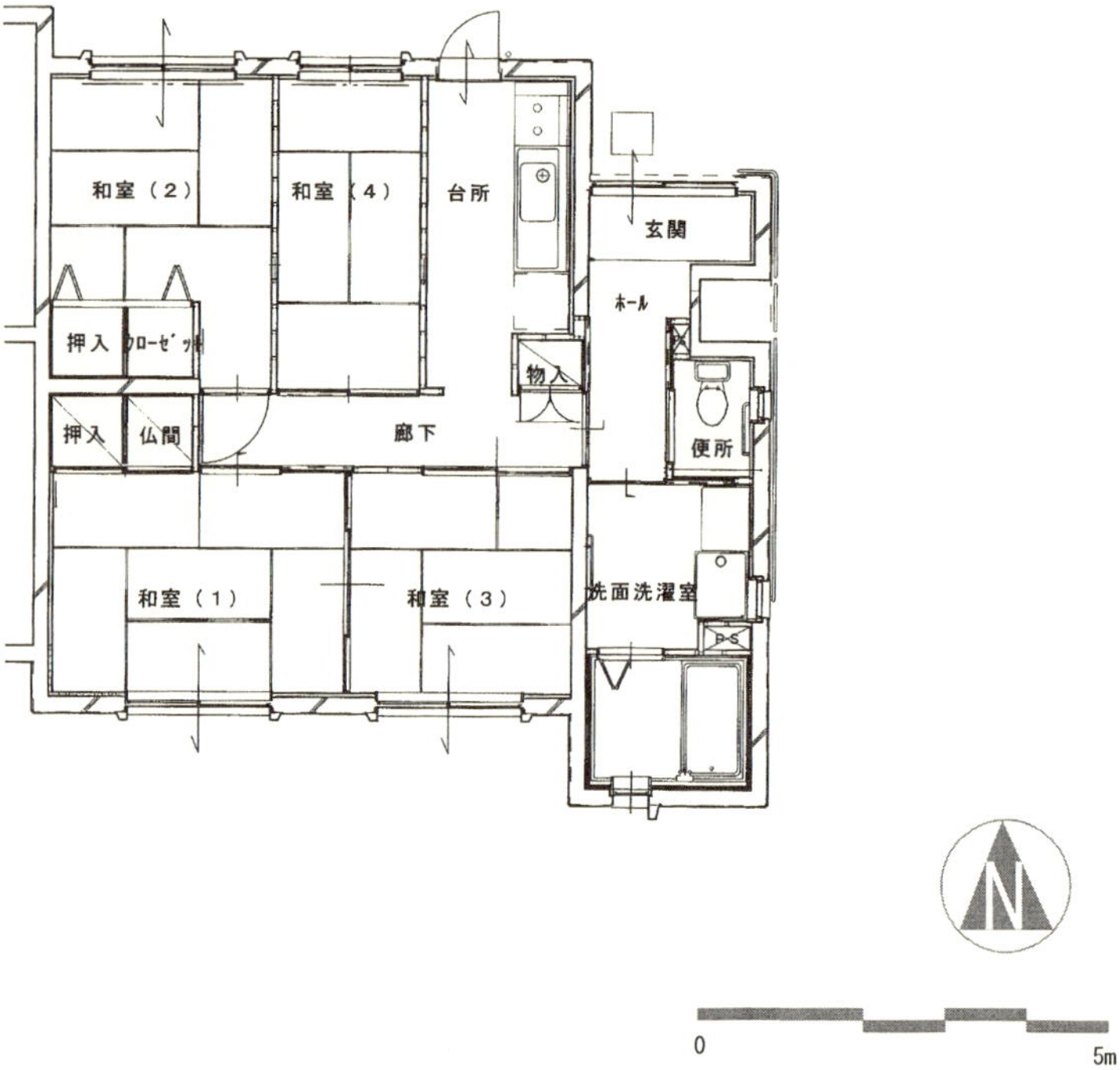

図6-2　Aさん世帯の住戸平面

され、並べられている、ということが読みとれる。同時に、父親の発言力が突出して強いこと、娘は個室の生活を欲求していることが分かる。

平面の案がAさん世帯から提出されたとき、専門家・対策室のスタッフ・ミーティングでは、長時間に及ぶ議論が発生した。設計に親しんだ者からすれば、平面案は「特異」に見えるからである。

専門家は平面案に対する反対意見を出した。精神障害の母親のためのスペースが極度に小さい。この母親が一日中屋内で生活していることからすれば、適切な日照と面積を確保すべき母親は表現能力を欠いていて、平面案に希望を反映していない。専門家と行政が母親の立場を代弁すべき。母親の医師の意見を聴取すべきではないか。父親の希望が突出していて、それが平面を「特異」化している。公室が皆無の平面は「特異」であるし、少なくとも公的住宅としては不適切……。

これに対して、対策室のスタッフは、専門家の反発を理解したうえで、Aさんの家庭事情を考慮に入れ、提出された平面案をベースとした計画を行う判断を示した。父親の意向が平面案に影響していること、母親のスペースに問題があることは明らかである。しかし、平面案を改変すれば、世帯を「代表」してワークショップに出席している娘に対して父親の反発が向けられる。娘が憧れている個室は確保されている。この「特異」な平面案は、世帯内部の微妙なバランスのもとに成立していて、それを改変することは、ある意味では「安定」しているバランスを崩す結果を招く……。

対策室の判断に対する疑問は残る。対策室はAさんに日常的に接していることから、専門家に比べれば、その家庭事情をより詳しく知っているとしても、その理解はどこまで深いのか。世帯内部のバランスの「安定」を何よりも優先させるべきであったのかどうか。公的住宅として不適切な平面が計画されたのではないか……。

このような議論を経過して、最終的に確定した平面は最初の案から大きくは変わらなかった。この過程はプランニングの「決定」に関する多角的な論点を示唆するものであった。Aさんの「世帯」は世帯として成立しているのか。「世帯」の「声」とは誰の「声」なのか。母親の「無声」をどのように「聴く」ことができるのか。建築家は建築の合理性をどのように考えるべきなのか。「個人」、「世帯」、専門家、行政、これらの〝多声の空間〟では「決定」に至るまでに入り組んだ葛藤が生まれ、最終的な

「決定」の合理性が完全ではありえないことが経験された。

7　公的／私的空間

公営住宅などの公共賃貸住宅は原理的に二重性を含んだ存在である。一方において公的空間が形成される。市民は行政への権限付託を経由してストックを共有する。その建設には税制による市民の資金負担が必要である。しかし、他方において、住宅が特定の入居者の占有のための私的空間として存立することに変わりはない。

この二重性が生み出す矛盾を回避するために編み出された住宅計画の技術が標準設計である。不特定多数の対象者に標準住宅を供給するうえで、科学性と啓蒙性を前面に打ち出した設計のあり方が考案されてきた。住宅平面の標準は公私室分離・就寝分離という原則にもとづく*n*ＤＫ・*n*ＬＤＫ型である。「夫婦と子」の標準世帯が社会の主流を占めると想定され、世帯の人数に応じてnを操作すれば、標準住宅が生まれると仮定された。この技法を通じて、私的な住宅における公的性質の根拠が説明されてきた。

しかし、島団地の混乱した状態は、公共賃貸住宅の性質を捉え直す必要があることを証明するものとなっていた。標準設計の適用、住戸の単純な積層・配列、極度の画一性など、そうした要素が形成した空間は、老朽・劣化につれて、環境の荒廃を招いてきた。私的空間としては住民に対して疎外の感覚を与え、有効な公的空間の形成・維持には結びつかない。標準設計の手法は根拠説明を備えているようにみえる。しかし、その使用は公的・私的な空間の双方に対して否定的な影響をもたらしてきた。

ワークショップでは標準設計は棄却され、次のような段階設定に沿って住宅計画が進んだ。①住棟のどの位置に誰が住むのかを決定する「陣取り」。②個別世帯が自身の欲求にもとづいて居室部分の平面を自由に設計する「間取りづくり」。③上下階の構造壁、台所の位置を揃える「縦列調整」。④コモン・ルーム、植樹、屋上庭園、外壁色彩、ゴミ処理、コミュニティ運営などに関する「共用空間づくり」。

こうしたプロセスは、公的空間と私的空間の関係に対して、矛盾の解消を仮構するのではなく、二重性がもたらす緊張関係をそのまま受け入れ、その均衡を探索するという意味を有している。ワークショップ方式は段階ごとに何らかの「決定」を必要とする。しかし、「決定」の根拠は定式化しない。「陣取り」は誰がどのような根拠にもとづいて行うのか。公共賃貸住宅の入居者は将来的に入れ替わる可能性がある。その「間取りづくり」に対する個別世帯の自由の範囲はどこまで認められるのか。自由に作成された住戸プランは「縦列調整」においてどのような制約を受けるのか。「共用空間づくり」を確定する根拠は何か。空間の二重性を受け入れるとすれば、このような問題群に取り組む必要が発生する。

ワークショップ方式が産出した住空間が成功しているのかどうかについては慎重な評価が必要であろう。しかし、ワークショップは標準設計の基盤を掘り崩すうえでは十分な役割を果たした。

まず、標準設計の前提であった住宅と世帯の単純対応、すなわち個別住戸における個別世帯の生活

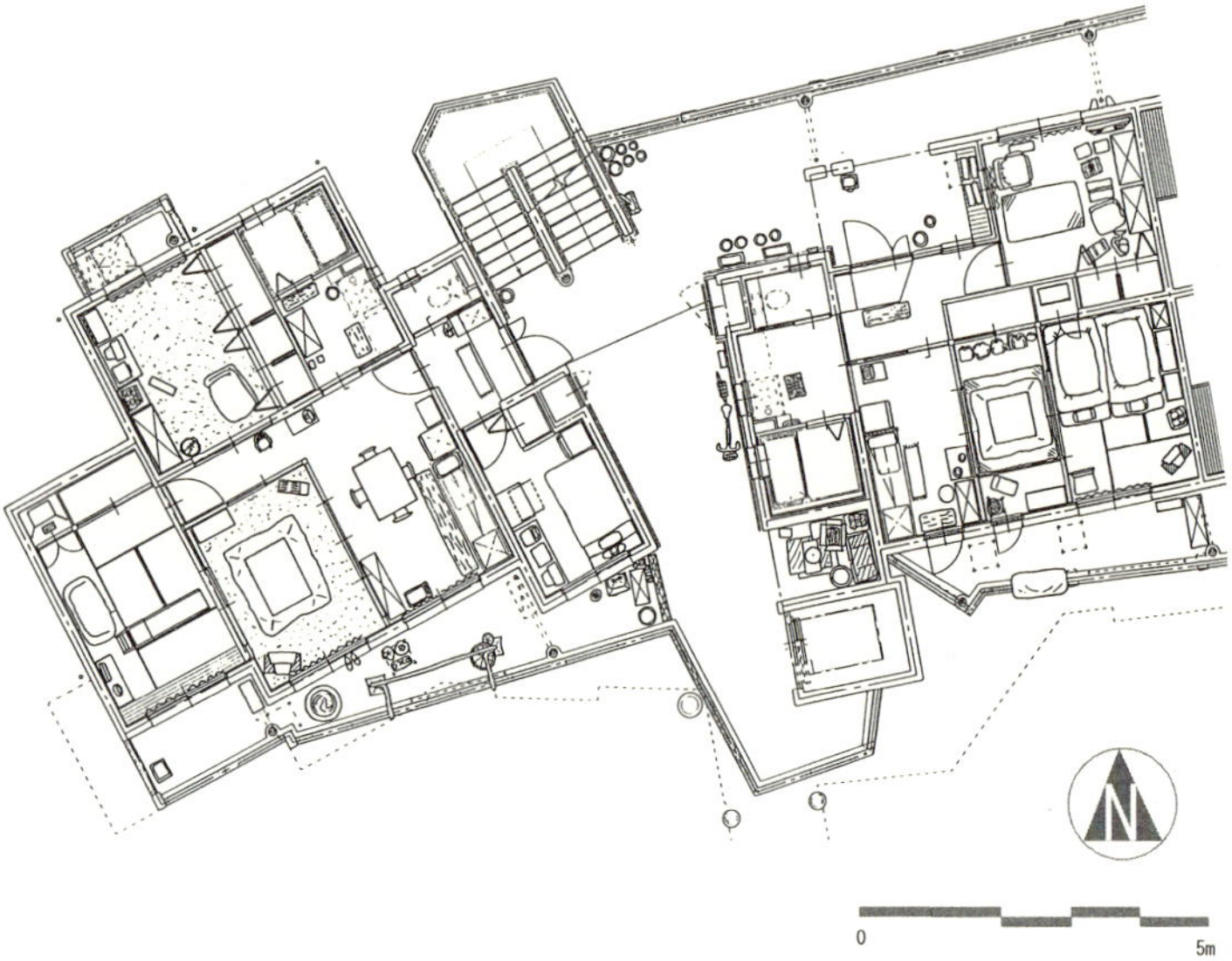

図6-3　複数住戸居住の事例（計7人が2戸を使って住んでいる）

の完結、という古くからの仮説が揺らいだ。ワークショップ方式が生み出した多数の平面計画では、住宅と世帯が単純には対応していない事例が目立つ。

第一に、複数の世帯が親族関係を媒介して複数の住戸群を柔軟に使用して生活する場合がある。ある住戸で食事をとる者が、別の住戸で就寝する、ある住戸に住んでいた者が、家族構成の変化などによって別の住戸に生活拠点を移すなど、住戸群の多様な使用形態がみられる。再生事業の過程では、専門家は島団地における住まい方調査を実施し、複数の世帯が住戸群に住むという生活のあり方を発見していた。そのような生活の方法は新しい団地に受け継がれている（図6-3）。

第二に、単身高齢者が孤立を回避し、集まって住むための「だんらん室」が提案さ

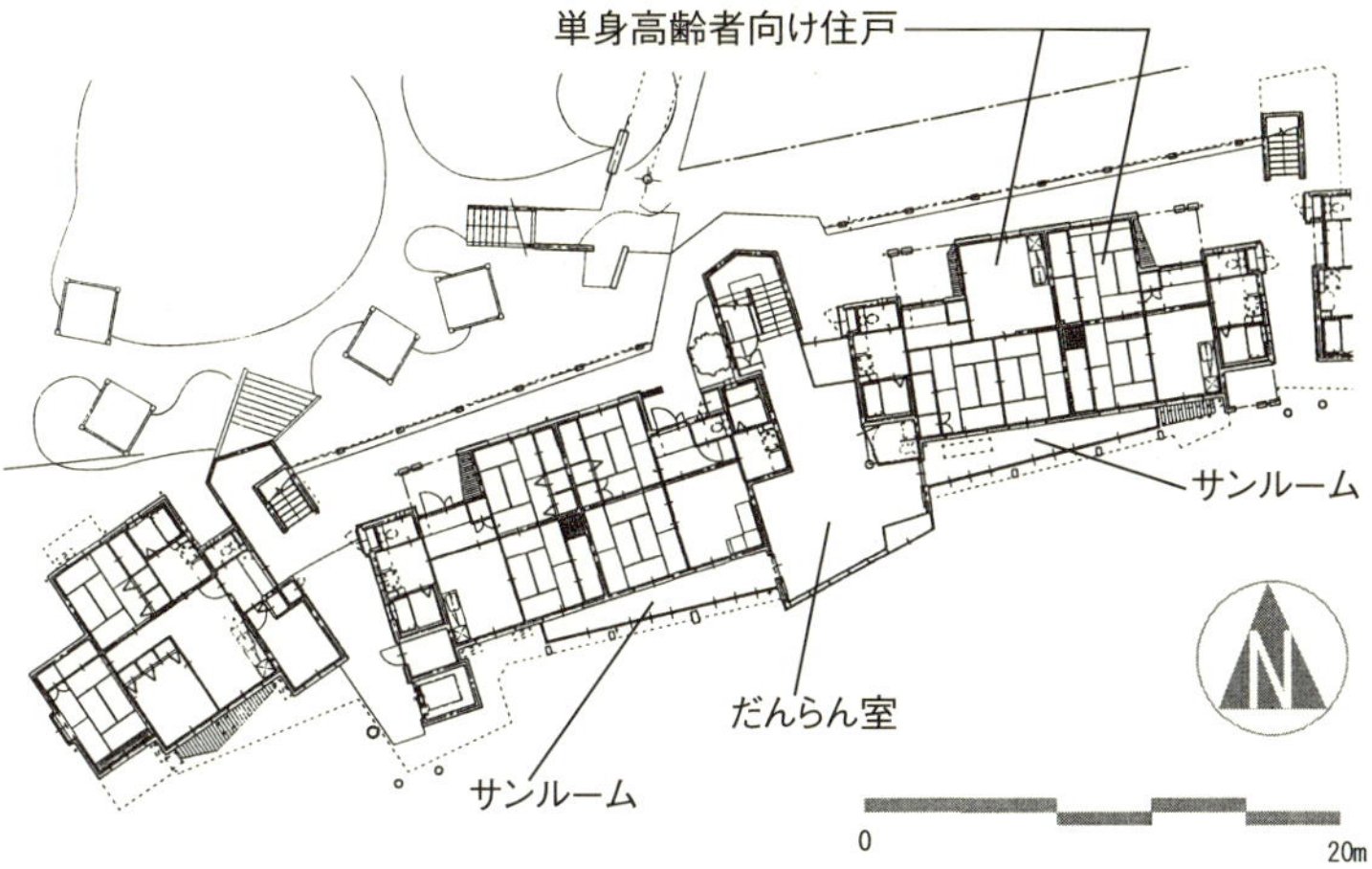

図6-4　単身高齢者のだんらん室

れ、実際に建築された（図6-4）。単身高齢者は個別住戸に完結して住むのではなく、簀の子を敷いたサン・ルームを通って「だんらん室」にアクセスし、そこで談笑・お茶・食事などを楽しむ。簀の子を敷いたのは、靴の着脱を不要にするためである。入居者は素足のままでアクセス可能な空間を自身の空間領域として感じる。「だんらん室」にはホームヘルパーが定期的に訪問し、食事会などのアレンジを行っている。

第三に、個別住戸が「世帯」を包んでいるのではなく、「個人」を単位として成立しているケースがある。世帯メンバーの相互関係によって生活が成り立ち、それに対して平面計画が発想されるのではなく、あくまで「個人」の欲求が優先され、世帯全体のための空間が希薄になっている場合である。先述のAさんの事例はこれに該当する。住戸面積が70平方メートル前後のときは、廊下を設けずに、居室面積を可能な限り拡張することが通常は合理的である。しかし、廊下を明確に設定して居室を強く分離する平面が散見される。あるいは〝家族だんらん〟の空間を極度に切りつめている事例がある。これらのケースでは、個人間の関係が世帯を構成し、その世帯が平面計画を規定しているのではなく、「個人」は「個人」としての空間を確保し、「世帯」を媒介せずに平面計画に至っている。

ここで示されているのは、住宅と世帯は必ずしも完結した対応関係にあるとは限らず、複数の「世帯」による生活の協同化、あるいは逆に世帯の「個人」への分散、というベクトルが発現しているということである。ワークショップでは住宅と世帯の関係への再考を促すような住空間のあり方が生まれてきた。

次に、ワークショップ方式の住宅計画は住空間の多元化を促した。規範的な標準設計と住民の欲求が合致しているとは限らない。標準設計は平面のnDK・nLDK型への一元化を促進したのに対し、再生事業ではnDK・nLDK型だけではなく、続き間型が大きな位置を占める。標準設計の基礎となった建築研究は続き間型を前近代性の残滓として退けていた。和室の転用による機能の不確定性、そしてプライバシーの欠如が近代化を妨げるという考え方が存在した。しかし、ワークショップ方式の建築では、続き間型が再生して住空間が多元化した。

公的賃貸住宅は不特定多数を対象とし、入居者の入れ替わりがありえることから、その住宅計画へのワークショップ方式の導入に関して批判が生じることがある。再生事業ではすべての住戸の平面構成が異なる。Aさんの事例のように、「特異」な平面が生じていることは確かである。しかし、平面の多元性を全体として注意深く観察すると、奇抜な個性の多元性ではなく、nDK・nLDK型と続き間型を中心とする類型性の範囲内における多元性が生じたことが分かる。この意味では、ワークショップ方式は多数の住戸平面を生み出してはいるが、公的な性質を欠いているとはいえず、むしろ類型性を備えた公的ストックの形成に寄与していると考えてよい。標準設計による平面計画の一元化こそが、〝標準〟とはいえない住戸の大量生産を重ねてきたというべきだろう。

標準設計における核心的な要素の一つは「私的内部／公的外部」の明快な分割である。しかし、ワークショップ方式を通じた住宅計画では「私的外部／公的内部」の関係を含む住空間が出現した（図6-5）。接地階の入居者は外部空間を居間の延長とみなし、花壇をつくり、植樹を積極的に手がけた。上層階の空中街路は外部の居間として利用される。続き間型の住宅は外部からの訪問者を内部に受け入れるための空間を準備する。多数の住民は玄関の開閉部分に「ドア」ではなく、「引き戸」を選択し、あわせて「縁側」を設置した。この「引き戸」と「縁側」は住戸内外の区切りをやわらげる効果をもっている。私的な外部を備え、公的な空間を内部に呼び込むような住宅が生まれていることが分かる。

これに並行して、標準住宅の単純積層・配列による「団地空間」が私的空間と公的空間を明確に分割するのに比べ、〝立体の街〟では小規模なコモンルームの分散配置、空中街路網の形成、空中庭園の設置によって私的空間と公的空間の連続性が生じた。コモンルームは「集会所」とは異なり、日常動線の途上に分散され、小さなグループによる気軽なアクセスを受け入れる。空中街路と空中庭園は「廊下」とは異質の空間をつくり、交通空間だけではなく、インフォーマルな溜まり場、子どもの遊び場、休息のための場所として複合的に機能する。

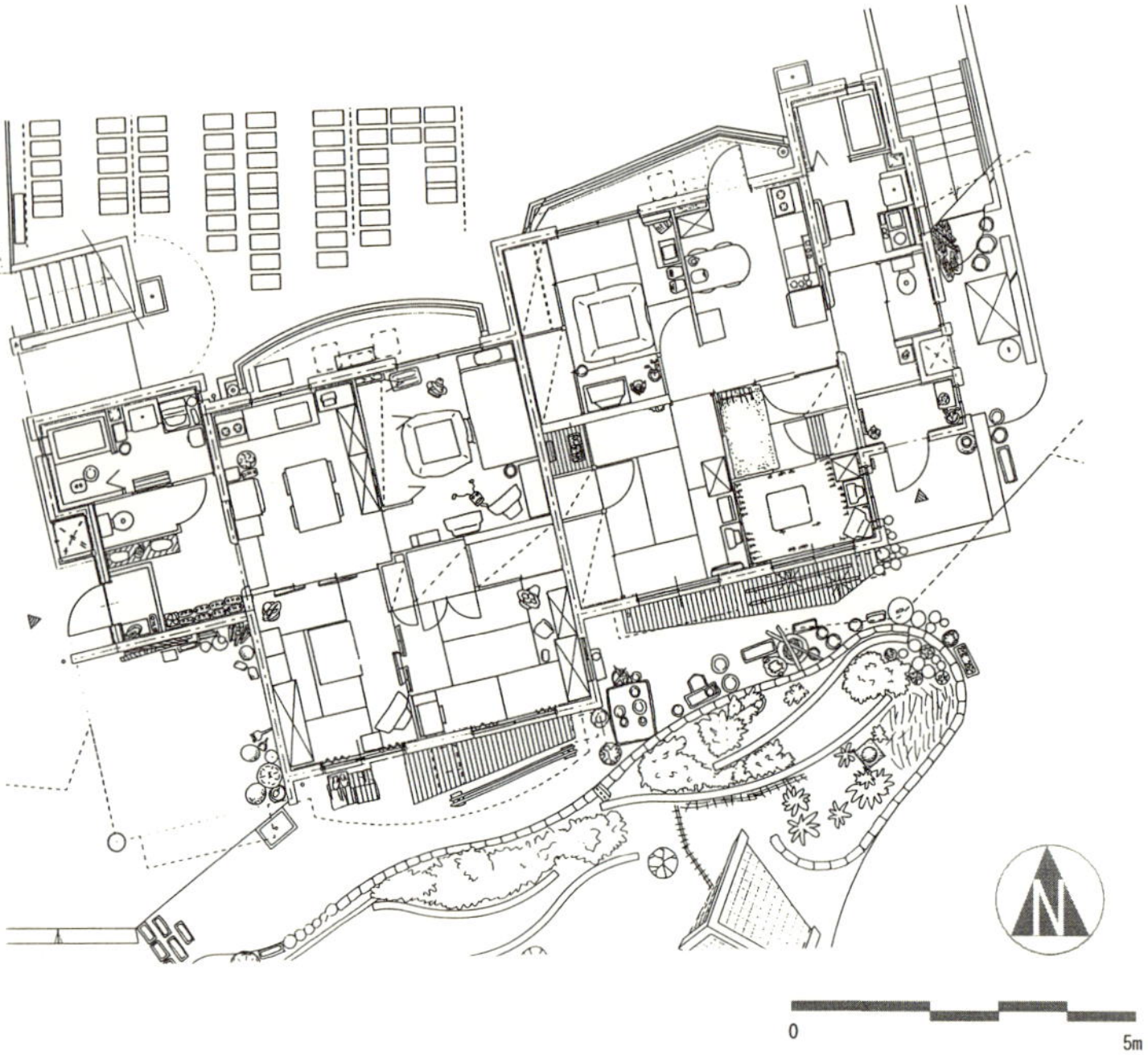

図6-5　続き間型住宅と「外部の居間」の緩やかな連続

最初に島団地を訪れたとき、素直にいえば、その実態に少なからず驚いた。狭小な住戸を積み上げた住棟は老朽・劣化し、無秩序な増築は物的に危険な状態を呈していた。ゴミが散乱し、廃車が放置されていた。筆者は実態調査と提言の仕事を委託されていた。提言のために「ポジティブな材料」を探そうと思った。しかし、関係者の多くは、「島団地に展望はない」と言っていた。

この惨状は簡便には解決できないと感じた。物的な建て替え事業だけでは限界がある。住民は与えられた空間から疎外され、環境を改善しようとする気持ちを失っていた。団地の全体が変化を必要としていた。

島団地には公的施策が大量に投入されてきた。しかし、その結果は無惨な環境を生み出していた。近代社会が発明した公営住宅建設、住宅計画、社会福祉などの制度と技術には、何らかの欠陥があると考えざるをえなかった。既存の手法をどのように変換できるのか、という問題を具体的な現場を通じて立論する必要があった。住民自身が再生事業に影響を及ぼす、行政は住民に日常的に接触して相互の関係をつくる、断片的な施策ではなく、包括的なプログラムを編成する、「ポジティブな材料」を少しずつ積み重ねる、そうした方向性が必要であるように思われた。

再生事業は成果を生み出してきたと思う。対策室の設置、住民参加の徹底、ワークショップ方式の実行など、事業のプロセスは新しい試みの連続であった。住民・行政・専門家は何度も何度も議論を繰り返した。意見が折り合わないことが何度もあった。そのうち、そうした多数の「声」が衝突したり、共鳴したり、混じり合ったり、という状態の経験こそが新しい方法ではないか、と感じるようになった。

住民の多くは新しい住宅を「良い」と言う。住戸面積を拡大するだけの建て替えであれば、事業の実施はそれほど難しくない。しかし、住民が「声」を発したり、聴いたり、という過程を体験し、「悩ましい場面」に何度も参加したことが、新しい団地を「良い」空間にしているのではないかと感じる。再生事業は粘り強く続いた。毎年のように新しい課題が現れ、毎年のように新しい方法が試された。ワークショップは日常の風景と化し、そのなかから島団地の変化が着実に生まれてきた。

【付記】

本稿は１９９９年に書いたものである。その後の事業の推移については最低限の情報を校正時に書き足したが、詳しくは平山（2005a）を参照されたい。また平山（2005b）と本稿は、論点が異なっているが、内容に重複している部分があることをお断りしておく。

第7章

地震の言語と人間の言葉
——李村敏夫論、記憶のノットワーキングのための

細見和之

はじめに

あの神戸・淡路大震災の発生から二週間後、ぼくは被災地を知人の案内で訪れた。そのときにぼくの目に焼きついた、忘れがたい言葉の光景がある。崩壊した家屋の一隅に掲げられていた板切れや段ボールに記された乱雑な文字である。「家族みな無事です。以下のところに避難・移転しています」という趣旨の言葉とともに、移転先と家族の名前すべてが、ボールペンやマジックで文字どおり走り書きされていた。

あのようなときに、なぜひとは「文字」を、そして「名前」を記すのか。友人、親戚など見舞いに訪れてきたひとびととの連絡を保つ、という便宜のためばかりではないのではないか、とそのときぼくは思ったのだ。理不尽な暴力に遭遇して住みなれた場所を離れざるをえないとき、そこにいた自分

か、と。

たちを記憶として文字にして刻んでゆく、そういう切迫した思いにひとは襲われるのではないだろうか、と。

文学とか詩というものには、畢竟、生きてゆくための命綱のような側面があるだろう。そして、あのような出来事に遭遇して、現に言葉をよすがとするよりなかったひとびとの姿――。そのかぎりでは、あの大急ぎで記された書きつけの類いまで含めて、「詩」あるいは「文学」と呼ぶことができるのではないか、と思う。地震の揺れをそのままに自らの心身の震えとして反復しつつ書きつけられた手書き文字。その意味において、震災は、「震災詩アンソロジー」などには収集されることのない、多くの切実な「詩」を生んだのだ。

ところで、ぼくがいくらか親しんできたドイツの批評家ヴァルター・ベンヤミンは、初期の論考「言語一般および人間の言語」（『ベンヤミン・コレクション1』ちくま学芸文庫、所収）のなかで、「言語」の概念を拡張して、たんに人間の言語ではなく事物一般の言語について語っている。それに倣えば、「地震」もまたそれ自身の言語を持つ、あるいは、地震という出来事それ自体がひとつの言語である、と言うことができるのではないか。具体的に言うと、倒壊した建物、罅割れた大地、みごとにひっぺがされたハイウエイ、立ち昇る炎と煙、あたりに漂う異臭、それらすべてが「地震の言語」にほかならない。地震はそれらの出来事の言語をつうじて、おのれが何者であるかをまがまがしく私たちに告げていたのだ。

そのように捉えるなら、あのとき被災地に生じていた事態を、ひとまずは、地震の言語と人間の言葉の相克という観点で理解することができるのではないだろうか。地震の、耳を聾する圧倒的な言語にたいして、どんなにか細いものであれ、人間の言葉によってひとびとは懸命に対抗し、自らがなにものであるかを告げ返そうとしていたのだ。そこには、地震という理不尽な出来事にたいする、最小限の、しかし切実な、「報復」という意味合いさえ読み取ることができるだろう。

だが同時に、その人間の言葉が地震の震えを反復するものであるかぎり、そこに生じていたのは、たんに人間の言葉と地震の言語の相克ないしは報復の関係だけではない。そこには、人間の言葉による地震の言語の「翻訳」とも捉えなければならない次元が存在したのではないか。地震という出来事の言語にたいする人間の言葉による応答には、当然ながら、地震の言語それ自体の激しいこだまが響いている。だが、そのこだまがあくまで人間の言葉という媒体のうちで生じているかぎりは、それはもはや地震の言語そのものではない。それは、むしろ人間の言葉によって「翻訳」された、地震の言語なのだ。

そこには、もはや地震が語っているのか、人間が語っているのか、不分明になる境界も存在しているだろう。地震の言語と人間の言葉が直接的にひとつであるような敷居に位置している言語――。たとえば、あの震災のなかで死んでいった死者たちの呻き声は、そのような境界の言語そのものではないだろうか（そのときの「声」は果たして死者のものなのか、地震のものなのか）。そういう境界の言語をはらみながら、あのとき以来、地震の言語が人間の言葉へと翻訳されてゆくプロセスが、震災体験の深化とともに進行していったのではないか。

あの阪神・淡路大震災に際して、各地域のコミュニティの力やボランティアの体制、「国家」や行政の対応力とともに、人間の言葉の力、そしてその「翻訳」の能力もまた、根本的な審議に付されたのだ、とぼくは思う。

ここで取り上げる季村敏夫は、地震の言語が人間の言葉へと翻訳されてゆくそのようなプロセスに、自らの言葉を全面的に差し出してきた詩人である。しかも、彼はその「翻訳」に際して、近代の歴史それ自体を根底から問う、べつの出来事と記憶を神戸の被災地に決定的に引き寄せた。神戸という地を、たんにあの地震の記憶の場所とするだけでなく、近代のまがまがしい記憶の出会う渦巻きのごとき焦点とすること、そこから、いわば記憶のノットワーキングの緊密な網を時代的にも空間的にもあたうかぎり遠く張り巡らせること、季村敏夫という稀有な詩人は、被災地のただなかでそのような作業を繰り広げてきたのである。

まずは私的な回想からはじめたい。

1 論集『生者と死者のほとり』

あの震災から数ヶ月を経たときのことだったと思う。神戸在住の詩人・季村敏夫から不意に原稿の依頼があった。震災体験を記憶する論集のために、被災のあるなしに関わりなく「震災から見えてきたもの」を私的な場所から書いて欲しい、ということだった。ぼく自身は当時、大阪と京都の中間くらいに位置している茨木市に住んでいたので、直接的な被災体験はないに等しかった。しかし、「被災のあるなしに関わりなく」という趣旨に促されて、ぼくは応じることにした。

季村敏夫は一九四八年生まれ、ぼくよりは一四歳年上のいわゆる団塊の世代で、ぼくが密かに尊敬もすれば怖れてもいる、そういう存在だった。実際、それまでに一、二度会ったことはあるものの、ほとんど言葉を交わしたことのない相手だった。ぼくは戸惑いながらも一五枚ほどの文章を認《したた》めた。あの地震によって死んでしまった、ぼくにとって比較的身近だったひとりの人間の、文字どおり私的な記憶を綴ったものだ。けれども、その論集が出版されるにはしばらく時間が必要なようだった。

そんなおり、季村敏夫の新しい詩集『日々の、すみか』(書肆山田)がこれも不意に届けられた。季村は父親から引き継いだアルミニュウム類の金属加工の工場を経営していたのだが、その工場が地震でほぼ全壊した、とぼくはひとづてに聞いていた(ただし、住居が全壊したわけではない季村は、一貫して自分や自分の家族を震災の直接的な「当事者」とは見なしていないようだ)。

一九九六年四月三〇日刊行のその詩集には、一年あまりにおよぶ季村の震災体験がつぶさに綴られていた。もちろん「震災体験」といっても、優れた詩人の渾身の仕事である。素朴なリアリズムもルポルタージュもいっさい拒否して、ひたすら細部にこだわって、いわば「言葉の震え」として作品は綴られていた。とはいえ、その時点で季村の「表現」にぼくがきちんと応答できたわけではなかった。正直なところ、その詩集にたいする簡単な礼状ひとつぼくは返信することができなかった。なまなかの礼状など出しようもない――そんな詩集の佇まいでもあったのも事実だ(この詩集については、季村の詩人としての歩みを確認したのちに、第六節で中心的に取り上げる)。

先の論集がようやく書物として届けられたのは、一九九七年一一月のことだった。笠原芳光と季村敏夫の共編著で『生者と死者のほとり――阪神大震災・記憶のための試み』と題されて、人文書院から出版された。壊滅した都市の風景（地震の言語）を陰影深く捉えた宮本隆司の写真とともに、ぼく自身をふくめ二二人の論者がさまざまな立場・観点から、さまざまな文体で、震災について論じていた。季村の知り合いということで比較的詩人が多かったが、俳人もいれば、精神医学や建築学の専門家も名を連ねていた。そのなかには、のちに高校の教科書に採用されることになる上念省三「風景が壊れている、そして私も……」という文章も含まれている。その論集のなかで、ふたたびぼくは季村の決定的な「震災体験」と出会うことになったのである。

この論集に季村は「鷹取に住む人びと」と題された文章を収めている。そこで季村は、緊急の避難所のひとつとなった神戸市立鷹取中学校で出会ったひとびとの姿を、ひとりひとりの固有名をあげながら、印象深く綴っている。「トントン」というまな板の音を響かせてその避難所でお弁当を作る女性たち、廊下の片隅で一心に教科書を読む、友人をなくした少年、テントの水もれから便所の詰まり、動かなくなった洗濯機に至るまで、ことごとく修理・修繕してしまう女性、毎日水を注いで花の世話をつづけるおばあさん……。季村の文章は、これらのひとびとの姿を、じつに柔らかい言葉で描き出したものだった。あの論集の基調を形づくっている代表的な文章だ。

季村の描くひとびとが、かけがえのない友人を失った少年を例外として、ほぼ女性で占められているという事実は、彼の震災体験の核にさまざまな年齢、さまざまな背景を背負った女性たちとのあらたな出会いがあったことを想定させるのだが、おそらくそのことと無縁ではないのだろう、季村はその文章の末尾近くで、チェーホフ『三人姉妹』の一節を思わぬ形で「引用」していたのである（以下、台詞のあいだの一行空きを詰めたほかは、表記、中略とも、季村の引用からの再引用である）。

三人姉妹、たがいに寄り添って立つ。

マーシャ　まあ、あの楽隊のおと！　あの人たちは発って行く。一人はもうすっかり、永遠に逝《い》ってしまったし、わたしたちだけここに残って、またわたしたちの生活をはじめるのだわ。生きて行かなければ……。生きて行かなければねえ。……

イリーナ　（あたまを、オリーガの胸にもたせて）やがて時が来れば、どうしてこんなことがあるのか、なんのためにこんな苦しみがあるのか、みんなわかるのよ。わからないことは、何にひとつなくなるのよ。でもまだ当分は、こうして生きて行かなければ……働かなくちゃ、ただもう働かなくてはねえ！（略）

オリーガ　（ふたりの妹を抱きしめる）（中略）やがて時がたつと、わたしたちも永久にこの世にわかれて、忘れられてしまう。（中略）みんな忘れられてしまう。でも、わたしたちの苦しみは、あとに生きる人たちの悦びに変わって、幸福と平和が、この地上におとずれるだろう。そして、現在こうして生きている人たちを、なつかしく思いだして、祝福してくれることだろう。（中略）楽隊は、あんなに楽しそうに、あんなに嬉しそうに鳴っている。あれを聞いていると、もう少ししたら、なんのためにわたしたちが生きているのか、なんのために苦しんでいるのか、わかるような気がするわ。……それがわかったら、それがわかったらね！

季村の文章をつうじてこの一節を読んだときの感銘を、ぼくは忘れることができない。戯曲『三人姉妹』が発表されたのは一九〇一年、奇しくもちょうど二〇世紀の最初の年だった。季村による決定的な引用をつうじて、およそ百年の歳月を隔てて、マーシャ、イリーナ、オリーガの三姉妹は、まさしく神戸の被災地に肩を寄せて佇むことになったのだ。二〇世紀の冒頭で、たがいの社会的な没落を人類の新たな経験への旅立ちとして立ち去っていった彼女たちが、二〇世紀のおわりにふたたび登場し、被災地での切実な「問い」にあらためて耳を澄ましている――。このような光景を現出させえたところに、季村敏夫の決定的な震災体験をぼくは感じ取ったのだった。

そして季村は、チェーホフ『三人姉妹』のこの一節を受けて、その文章の末尾に自らこう記していた。

私たちの再出発はどうなるのだろう。あの「苦しみ」、あの「悲しみ」の本当の意味が、わかるときが来るのだろうか。私たちが死んで何百年か経ち、いつの日かすべてわかる日が訪れるのだろうか。そのとき世界は、どのような光に包まれているのだろう。「それがわかったら、それがわかったらね」、私たちも心からそうおもう。遠い何ものかによりそいながら。

震災後の困難きわまりない日々のなかで、これだけ奥行きのある言葉を書きつけた季村の想像力に、ぼくは激しく胸を打たれたのだった。ぼくが冒頭に記したあの板切れや段ボールに走り書きされた文字、そして避難所でのひとびとの日常の所作、声なき言葉にたいする、これは季村敏夫という詩人によるみごとな「翻訳」であり「注釈」である、と言えるだろう。

さらに季村は、同じ論集の「さまざまな声の場所――あとがきにかえて」で、ほかならぬベンヤミンからの引用を行っているのだった。ベンヤミンの編んだアンソロジー『ドイツの人びと』（丘沢静也訳、晶文社）にモットーとして掲げられていた、三行の詩のような言葉、「知られざる栄誉につつまれ／輝かざる偉大さを秘め／備われざる品位をもって」である。彼はこのベンヤミンの言葉を指して、

「まるでここ、阪神・淡路地区の人びとに贈られた激励の言葉ではないか」と評していたのである。

ちなみに、ベンヤミンのこの本は、哲学者イマヌエル・カントの弟ハインリヒ・カントが兄イマヌエルに宛てた手紙や、ニーチェの友人オーバーベックがニーチェに宛てた手紙など、一八世紀末から一九世紀末に至る百年のあいだに書かれた「ドイツ人」の手紙二五通を、注釈つきでモンタージュ風に並べたものだ。ただし、一九三六年に亡命先のスイスでこの本を出版する際、ベンヤミンは本名ではなく「デートレフ・ホルツ」という偽名を使っていた。ベンヤミンは、ヒトラー支配下のドイツへ、ナチスとはべつのドイツ精神の記念碑を送り届けようとしていたのだった。「ドイツの人びと」というタイトルはそのために選ばれたものだったし、非ユダヤ的な偽名もそのために必要とされたのだ。死滅してゆく「ドイツ文化」のただなかに放たれた、「ノアの箱舟」のような書簡アンソロジー、それがベンヤミンの『ドイツの人びと』であり、季村の引いている三行は、そこに収められている書簡に充溢している精神に捧げられたものだ。そのようなベンヤミンの言葉が、ふたたび季村によって、神戸の被災地のひとびとを照らし出すものとして、思わぬ形で引かれている——。

ベンヤミンも季村敏夫も、ある状況下における他者の言葉がべつのコンテクストにおいて新たな輝きを発揮することにきわめて敏感であるとともに、まさしくそういう言葉を支えとして生きることを、自分の生の本質的要素としているのである。すべて引用だけからなる本を理想ともしていたベンヤミンは、まさしく引用の天才であるが、季村にもそのような天分が備わっていることは疑いない。震災という過酷な出来事の言語は、さまざまな人間の言葉による応答と翻訳を不可避的に引き出したが、そこには季村がこの論集でみごとに果たした、右のような「引用」もまた存在していたのだ。

ところで季村は、『日々の、すみか』のあと、すでに新詩集『かむなで』（書肆山田）を刊行している。以下では季村敏夫の詩人としての歩みを確認しながら、彼の詩作品のほうに視線を移してゆきたい。

2　家族の促し——『つむぎ唄　泳げ』の世界

季村は一九七四年に二五、六歳で『冬と木霊』を刊行したのを皮切りに、現在にいたるまで以下の詩集を出版している。すなわち、『わが標べなき北方に』（一九八一年）、『つむぎ唄　泳げ』（砂子屋書房、一九八二年）、『性のあわいで』（同上、一九八三年）、『うつろかげろふ』（同上、一九八八年）、『都市のさざなみ』（書肆山田、一九九一年）、『日々の、すみか』（同上、一九九六年）、『かむなで』（同上、一九九九年）である。

第一詩集、第二詩集はぼくの手元にはなく、いまにいたるまでぼくは読むことができていない。したがって、季村の表現者としての出発点はぼくには不分明なままである。しかし、第三詩集『つむぎ唄　泳げ』の「付録」（栞）に掲載されている佐々木幹郎の短文から、この二冊の詩集の佇まいをかろうじて推測することができる。やはり団塊世代で、その世代を代表する詩人と言うべき佐々木幹郎は、同志社大学時代、季村の親しい友人のひとりだったのである。佐々木は同志社時代の季村の面影をも伝えつつ、こう記している。少々長くなるが、貴重な「証言」でもあるので引いておきたい。

「同志社詩人」時代の季村敏夫は、不良少年の美学を甘やかに奏でるようなところがあり、驚くほどのリリシズムあふれる詩句を、肩肘はらずにふいと出すところがあった。本人はとてつもなく無骨で、ゆっくりとしたリズムで思考する青年だったのに、詩の言葉になると急激にエキセントリックになったりもした。第一詩集は、彼が言葉に対して意識的になればなるほど、自らの資質を裏切ってしまうということの見本のようになっていて、わたしにはそこで多用されていた漢語慷慨調、文語まじりの呪文のような詩の世界がいぶかしかった。鋭敏な彼は、きっとそのことの身動きのとれなさに気付いていたに違いない。言葉自体もここでは袋小路の様相を示していた。

それ以降彼はどこにも発表する機会をもたず、詩に見切りをつけたかのように思えた。その季村敏夫が、七年ぶりに第二詩集『わが標べなき北方に』を出したのは、昨年（八一年）のことだ。突然、第二詩集とともに彼の手紙が届いたとき、わたしは驚いた。言葉がかつてのリリシズムを回復していること。なによりも季村敏夫が、子供の絵本にあるリズミックな言葉をそのまま詩の世界に持ち込んで、しかも作品の結構を破らないような詩法を手に入れたことに対してである。

この佐々木の評によれば、季村の第一詩集と第二詩集のあいだには、七年におよぶ時間の隔たりがあっただけでなく、その書法においても大きな変貌があり、かつその変貌は、学生時代の季村が元来そなえていた「リリシズム」の「回復」として存在していたのである。

ちなみに、この佐々木の文章の冒頭に登場する「同志社詩人」は、同志社大学の学生サークル「文学研究会」の機関誌だったのが、途中から同人誌のようになったもの、と佐々木は記している。一九七〇年の前後、同志社大学は何人かの優れた詩人を輩出した。先輩格の清水昶、正津勉、そして佐々木幹郎、季村敏夫、それに、さらに多くの有名・無名の書き手が「文学研究会」というサークルに集っていたはずである。

さらに、思潮社の現代詩文庫版『佐々木幹郎詩集』に収められている、「過去についての断片」（現代詩文庫版の刊行にあたって書き下ろされた自伝的短文）のなかで、佐々木は自分の同志社時代をこう振り返っている。

大学の授業にはほとんど出席しなかった。文学研究会（清水昶、正津勉がこのクラブの先輩にいた）に所属していたが、ここへも発表のあてのなかった作品「死者の鞭」を、機関誌「同志社詩人」の編集部（各務黙、季村敏夫ら）に託したままで、部室には顔を出さなかった。もっぱら、三派全学連系の急進党派の一員として活動していた。

ここにもちらりと季村敏夫の名前が登場するが、この佐々木の文章の末尾には「一九八一・九・二八」の日付が書き込まれている。したがって、ちょうど季村の第二詩集『わが標べなき北方に』が刊行される前後に記された文面ということになる。

やがて「同志社詩人」に掲載された「死者の鞭」が北川透によって激賞され、佐々木は二〇歳にして鮮烈なデビューを果たし、一九七〇年には詩集『死者の鞭』を刊行。さらに三冊の詩集と二冊の評論集を矢継ぎばやに出版して、佐々木幹郎は若手詩人の代表として七〇年代を駆け抜けてゆく……。

だがここでぼくにとって重要なのは、「死者の鞭」という佐々木の代表作であるのみならず、七〇年前後を代表する一篇、おそらくは日本の戦後詩をも代表するあの長編詩を、佐々木幹郎から「託される」という位置に当時の季村敏夫がいた、という事実である。

佐々木幹郎と季村敏夫の、「死者の鞭」をめぐるこの託し‐託されるという関係は、ふたりの詩人としての資質の差異をも如実に示しているのではないか、とぼくには思われる。一篇の「作品」を残してきっぱり立ち去り、つぎなる場面へと転身してゆく佐々木と、その作品を「編集」しつつ、かつての「いま・ここ」にこだわり、言葉を内向させてゆく季村――。いわば、佐々木が直観の短距離走者として駆け抜けたトラックを、思考の長距離走者である季村は黙々と何周も走りつづけたのではなかったか。そんな印象をぼくは持つのである。

ふたりはともに大学闘争のなかで少なからぬ傷を負い、おそらくは中退ないし除籍という形で大学という場からも離れたと思われるのだが、七〇年代をつうじて、佐々木が東京で果敢に言葉を表出しつづける姿を見据えながら、季村はひたすらひとりの生活者として関西での――ほかならぬ神戸での――日常を生きることに徹していたにちがいない。そして、そのなかから、自らの言葉を再構築する方途を手探りしはじめたにちがいないのだ。

実際、第三詩集『つむぎ唄　泳げ』に収められている「ひよこの庭」は、季村敏夫が七〇年代の困難な生活者としての歩みのなかから獲得した表現の水準を鮮やかに示している。

このようにこうして
暮らすことに
いいしれぬ恐怖の予感を

抱いたこともあったのだが
しるべない五月闇に
パンパカ　パァーンと
おれは消え去った糞のにおいから
立ちあがる
便器のみが濡れねずみで
おれはすこしも濡れていない
それが今の恐怖かもしれぬ
ひと雨ごとに
かわいいものはくさくなる
みるみる鶏冠が
しっぽがひよこの肌を突き破る
だからあのときいったでしょと
背中から女房が
三人のこどもたちまで
早く早くと
トイレのドアを毎朝たたく

そして何日も雨で
雪やなぎの葉末のした

びしょ濡れのシャツのまえに
やっとできたにわとり小屋
夜店のひよこの
なれの果てと
親も子も泥にまみれている
影をつっつきあっては
よるべなく寄りそったあと
やがて夕べから眠っていく

（「ひよこの庭」全行）

冒頭に「このようにこうして／暮らすことに／いいしれぬ恐怖の予感を／抱いたこともあったのだが」という一節があるが、七〇年代から八〇年代にかけて、家庭を持ちはじめた季村らの世代は、その日々のなかでこのような感懐を繰り返し抱いたことだろう。それが朝のトイレでの出来事であるのも示唆的だ。緊密に張り巡らされた家族と職場の時間のなかで、ふっとひとりになる数少ない場面であるからだ。

これには「便器のみが濡れねずみで／おれはすこしも濡れていない／それが今の恐怖かもしれぬ」というとても印象的な一節が続いているが、「濡れねずみ」のイメージに、たとえば、よるべない隊列のなかのひとりとして、放水車によって容赦なく水を浴びせかけられることがあったかもしれない季村の姿を思い浮かべても、それほど的外れでないのではないか、という気がする。

しかし、そこに唐突に「ひと雨ごとに／かわいいものはくさくなる」という、それこそリリカルな殺し文句のような二行が挟み込まれる。「ひよこ」に不意に生える鶏冠やしっぽのように、家族は「早く早く」とトイレの「おれ」をせかす。それによって「おれ」は、しこりのように抱えている不安や恐怖から、ふたたび日常へ踏み出すことを促される。「ひよこ」と家族には、生命との直接的な結びつきがある。トイレでの一瞬の内向的な省察を打ち破る「早く早く」という家族の言葉は、「おれ」にとっておそらく「生きよ、生きよ」という励ましにも等しいのだ。

ところで、背景にある「ひよこ」をめぐるストーリーは、おおよそこうだろう。祭かなにかの夜店でふと買った「ひよこ」を「おれ」の家族は部屋で飼っていた。その「ひよこ」を買う際には、おそらく妻はいさめる側で、「おれ」は積極的だった。その「ひよこ」がある日、不意に成長を遂げ、にわとり特有の生きものの臭いを放ちだす。仕方なしに、雨続きの庭の一角に、家族総出で泥だらけになりながら「にわとり小屋」を組み立て設置する……。

それはどこにでもある、睦まじい家族の姿かもしれない。しかしそこに季村は、頑是なく成長する「ひよこ」にも似た、自分の拠って立つ生の原型のようなものを認めているのである。実際、最後に「影をつっつきあって」「夕べから眠ってゆく」のは、にわとりへと成長を遂げた「ひよこ」たちなのか、「おれ」の家族のほうなのか、読者にはほとんど不分明なまでに重なり合っている。

いずれにしろ、季村がここで示しているのは、不意に襲う内的な不安や恐怖をしこりのように抱えながらも、家族という身近な他者の促し——しかも生理と直結した促し——によって日常を生きている自分の姿である。そしてこの一篇が、いわゆるマイホーム主義の偽善とも露悪ともいっさい無縁なのは、作者の視線が、徹底した相対化を含みつつ、けっして超越的な立場（上から見下ろす位置）に設定されていないからだろう。

自らの生の現場において他者からの促しを内在的に受けとめ、それをいくらかの諧謔（「パンパカパァーン」）と抑制されたリリシズムによって表出すること――このように『つむぎ唄　泳げ』における季村の詩人としての態度を確認するならば、それは、『日々の、すみか』という強固なテクスチュア（テクストの構造）が放つ佇まいからあまりに懸け離れたものと思われるかもしれない。一方で、他者の促しを内在的に受けとめるという姿勢において、季村は震災に際しても基本的に一貫していると思えるとともに、当然ながらその語り口には大きな差異が存在している。季村という本来リリカルな言語主体において地震という出来事の言語はどのような発声を得ることができるのか、あの震災に直面することによって、そういう一回かぎりの実験的な問いのまえに季村の表現は立たされたのだ、と言えるかもしれない。

けれどもここでぼくは、七〇年代の困難な歩みのなかで獲得された『つむぎ唄　泳げ』から『日々の、すみか』へと一足飛びにむかうわけにはいかない。季村の場合、じつはそこにもうひとつ屈折が挟まれているのである。

3　季村版『死者の書』——『性のあわいで』から『うつろかげろふ』へ

実際、『つむぎ唄　泳げ』に続いて編まれた『性のあわいで』において、すでに季村の作品の基調はふたたび大きく変貌しているのである。たとえば『性のあわいで』の「かわいいものこそ先だたせよ」ではじまる「明日はあかるい日と書きます」は、「ひよこの庭」の延長にある作品だが、ここには「経帷子」や「三角頭巾」など、死を思わせるイメージが登場する。いや、それよりなにより、この詩集全体に鏤《ちりば》められているのは、「遺骨」や「遺髪」といった語彙である。ここに漂っているのは、「腐臭」であり、崩壊の予感であり、死への傾斜である。そのような傾向を集中的に示しているのが、巻末に収められている散文詩「棺のなかから」である。

棺のなかから　雨季がもうねじれ腐っておれを貫流している　あれ以後　おれは棺のなかに封じこめられ　あらわになった自然に真向っている　というよりむしろ　むきだしの内面に敵対している　ようやく……自然から追放されてはじめて　おれは放置に襲われている　自然は壊滅した〔中略〕「かまいません　それでも……」

「どうか会わせてください」「お願いです　どうかひとめ……」途切れ途切れに哀訴するとも子の声が　この棺の空洞にまできこえてきたが　おれはどうすることもできないで　腐肉のしたからちらつく骨を　整列されて拉致されていた〔中略〕人工の氷室のなかで　しかも次第に熱くなるバーナーにつつまれながら　不毛の肉片を落としているおれのまわりに　やがて　あのときの笛や野犬の群れが炎とともにおしよせてきた

棺のなかで腐ってゆく肉体を抱え、しかも火葬される直前にある男の意識を記述する、この一種異様な作品はおそらく、折口信夫のあの『死者の書』の現代版として、作者によって意識的に構想されている、と思われる。『死者の書』のもちろん冒頭、反逆者として粛清された「滋賀津彦」（大津皇子）が「した　した　した」というあの不可思議な音とともに目覚める場面である。その意味で、これはそういう実験的な作品として、季村の詩人としての歩みのなかで例外的なものと見なすことも不可能ではないだろう。

しかし、「うつろ篇」と「かげろふ篇」の二分冊からなる第五詩集『うつろかげろふ』の、「うつろ篇」の後半はこの「棺のなかから」の作品世界をふたたび全面展開したような構成になっているほか、「かげろふ篇」にも、その痕跡が濃密に揺曳している。おまけに、「うつろ篇」には日記ないし日録を模した記述もふくまれるのだが、そこには「一九七二年／※月※日」と記された部分もあり、かつそれは「鉄格子のガシャリ、便水のシャー」という繰り返される言葉によって、明らかに獄中での記述という体裁が取られている。

そもそもこの『うつろかげろふ』は、ぼくの手元にある季村の詩集のなかでも、おそらくもっとも意識的に構成されていて、量的にもいちばん大きい詩集なのだが、しかしいかにも読みにくい作品世界になっている。自閉的と言えばこれほど自閉的な世界もないだろうと思われる。しかもそこには、さきに触れたように、「一九七二年」という年代が書き込まれている。それは「公的」には、連合赤軍のあの浅間山荘事件と切り離すことのできない日付だ。季村はここで明らかにひとつの転機に差しかかっていたのだ、と思われる。

『つむぎ唄　泳げ』で獲得された、家族という身近な他者の促しを内在的に受けとめる立場から、季村はふたたび、おそらくは折口信夫の『死者の書』を導きとしながら、七〇年前後の「体験」を反芻しつつ、自らの観念の世界に深く彷徨っていたのだと思う。ただし、『うつろかげろふ』はあくまで一種のメタフィクションのレベルで設定されていて、季村はその世界にすっかり埋没してしまっているのではない。たとえば「うつろ篇」に挿入されているつぎのような一節は、この作品世界が季村のなかで十分距離を置いて構築されたものであることを打ち明けている。

ずれているのであり、すでに材質そ
のものがなかば腐っているのである
か、すでに器としての機能をなくし

ているかのように放置され、しかもむきだしになった棺の空が、とある白昼、水のないガレ場に向ってただよっていたという、ありもせぬ記憶を捏造したりして。

にもかかわらず、この作品に登場する「他者」が、あるいは仮構された女性の人称による語りが、あくまで季村の記憶や観念の厚いフィルターをつうじて読者にかろうじて到達可能なものである、という印象は変わらない。そして、そのことがこの二分冊の作品世界を相当息苦しいものとしていることは、否定しようもない。

しかし九〇年代にかけて、季村はこのような作品世界からふたたび新たな一歩を踏み出した。それが『うつろかげろふ』に続く詩集『都市のさざなみ』だった。あの地震から振り返るとき、そのタイトルが纏ってしまった奇妙な符合を思わないわけにはいかないが、季村はここで自らの観念をあたうかぎり空白にして、他者の言葉や風景が映し出されるスクリーンのごときものとして自らの作品＝言葉を構想したのだった。

4 「感じ」ることの過剰な人間として——『都市のさざなみ』における展開

いくぶん図式的に言えば、家族という他者の促しから、自己の観念・記憶のなかの他者による促しをへて、家族を超えた複数の他者（都市）からの促しへ、という具合に、季村の八〇年代から九〇年代にかけての変遷を理解することができるだろう。これがふたたび、季村によって十分自覚的になされた転位でもあったことは、「うつろ篇」の最後が「レンズが／う／す／く／はり／め／ぐ／ら／さ／れ／・／・／・／・／・／・／・／・／・」で結ばれ、「かげろふ篇」の末尾の一行が「人のいない風景がうつされます」であることからも明らかだと思われる（最初の引用でスラッシュの部分は原文改行）。

たとえば、『都市のさざなみ』のなかの散文詩「線路のみえる、風景」は、『うつろかげろふ』の結びの実現のようにして、こう記されている。冒頭の三連を引いてみる。

■陸橋から見おろす、線路の光景にひかれる。視野のなか、線路は切断されてひかっている。その無機的な鋼の肌。それを際立たせるかのように、敷きつめられた小さな石つぶ。整列する石のまなざし。ファインダーごしに覗けば、縦に四本並んだレールは、なぜか川のひかりににてくる。

■少女が、小さな耳をレールにあてている。そのとき伝わってくるもの、訪れるものがなんであるのか。

■ことばは、どのようにうまれてくるのか。風景のなかの点として佇んでいる身体に、世界からのプレゼントがあるとする。いつもはそんな信号を見過ごしがちだが、その日、そのときに限り、身体が火や水に包まれたとする。

季村は、この詩集のあとがきに相当する「きれぎれに浮かんだこと、など」で、「平明であること。そのことを意識した」と記しているが、その「平明」とはもちろん、たんにこの詩集の「文体」のことだけではなく、季村の意識のあり方それ自体を指している。自らの観念の奥深くに潜行するのではなく、まずもって「訪れるもの」にたいして平らかであること、明らかであること。風のかすかな揺らぎのようにして吹き寄せてくる風景の「そよぎ」にたいして、自己の身体（言葉）を開いていること。季村はそこに、感じることと考えることの差異、両者のあいだの時間的な「遅れ」という問題をも差し挟む。ふたたび、同じ散文詩の七連目を引いてみる。

■羞恥は遅れてやってくる。もともと「考え」るということが苦手、というより「感じ」ることの過剰のため、「感じ」ることの挫折を経験したあとでないと「考え」ることは訪れようもなかった。この遅れさえ意識すれば、それはそれでよいようにおもえるし、そろそろ違う方法を編み出す時機にさしかかっているともいえる。

「感じ」ることの過剰を抱えた人間として、さながら居直るかのようにして、「考え」ることにたいして「感じ」ることをまずもって先立たせること――。これは季村の「詩論」として非常に重要な位置にある命題であるとともに、『うつろかげろふ』からの転換がどこにむかおうとしていたかをも、ふたたび明らかに告げているだろう。自己の内部ではなく外部へ、風景へ、複数の他者の側へ、複数の他者との交通へ。同時にここで、「羞恥」という本来「感じ」ること、ないし感情に属する意識のあり方が、むしろ季村においては「考え」ることの端緒と見なされていることにも、注目しておく必要があるだろう。

ところで、思考にたいするこの感覚の優位には、「ひと雨ごとにくさくなる」と言われたあの「かわいいもの」のイメージもかぶさってくるのではないだろうか。しかしいまやそれは、季村の外部にある「ひよこ」や子供（家族）ではなく、彼の身体それ自身の表面に張り巡らされた感覚機能なのである。

しかしその際にも、さきに引いたこの作品の三連目の末尾が示しているように、季村の「平明」な意識はやはり、風景のなかにひそむまがまがしいものの予感に引き寄せられる。「都市のさざなみ」

のうちに、「身体が火や水に包まれ」る光景を季村は思い描いてしまう。そこには依然として七〇年代の記憶が揺曳していたのだと思われるのだが、同時にそれは、事後的にはあの震災の予兆という意味合いをも帯びてしまう。もちろん、このような脈絡を大仰に強調することは控えるべきだろう。しかし、『都市のさざなみ』から『日々の、すみか』へと、季村の表現が思わぬ形で一種の宿命を背負ったという印象を否むことはできないのだ。

5　季村敏夫と折口信夫

宿命と言えば、季村と折口信夫との関係にも、あの震災をめぐって奇妙な「出会い」があった。『性のあわいで』の「棺のなかから」が折口の『死者の書』を下敷きにしているのではないかという推測をさきに記したが、それとはべつに季村が引用してきた折口の「詩」の一節がある。すなわち、折口の異色作品「砂けぶり」の「人を焼く臭ひでも　してくれ／さびしすぎる」である。『性のあわいで』の「みうしなう形や姿に捧げる詩篇」にはこの二行が引かれ、「大正12年　神戸の海をみたときの折口信夫のオートマチスム」という註が季村によって付されている。さらに、『日々の、すみか』の「のちのこころ」という作品では、折口のこの二行を「空、地、」という同人誌の終刊号で引用した、と綴られている。のちに季村自身、その自らの振る舞いに兆候的なものを感じることになったのだ。

折口は「砂けぶり」を発表する前年、すなわち一九二三年（大正一二）の夏、沖縄への二回目のフィールドワークに出かけた。出発は七月二〇日で、沖縄本島から宮古・八重山をへて、さらに台湾へと彼はむかったのだった。彼は九月一日に門司にもどり、翌朝、神戸港において関東大震災の噂に接する（関東大震災の発生は一九二三年九月一日）。彼はその夜最初の救護船に急遽便乗して三日夜に横浜港に着。四日正午に上陸し、そこから被災地を歩きとおして、夜、谷中清水町の自宅に帰り着いた。したがって、「砂けぶり」の冒頭には「大正大地震の翌々日夜横浜に上陸」という言葉が記されている。

「砂けぶり」は、関東大震災に際しての折口のこの震災体験を踏まえて書かれ、翌年に「砂けぶり」「砂けぶり　二」と題して二回に分けて発表されたものだ。しかも、季村が注記しているように、それは神戸の風景と結びついていた。一九三四年（昭和九）に発表された「短歌小論」のなかで、折口は「砂けぶり」および「砂けぶり　二」の成立事情について、こう述べている（なお、以下の折口信夫「砂けぶり」については、一九七三年に刊行された現代詩手帖臨時増刊号『折口信夫・釋超空』所収の、加藤守雄の論考「「砂けぶり」前後」に大きな示唆を受けている）。

大正十二年の地震後の混乱に飽いて大阪に逃げ帰り、その頃次兄が神戸に住んでゐたのでそれを訪ねて行つた或る日、一人海岸通りの煉瓦塀に沿うて歩きながら、ふと浮んだのがその第一首だといふ風に、今では記憶にこびりついてゐる。或は間違つてゐるかも知れぬが、「横網の安田の庭…」といふので、勿論ずゐぶん手を入れて発表した事とは思ふ。歩きながら、その後何でも二、三首は出来たのであらう。それきりで他はどうして作るやうになつたのか記憶が切れてゐる。大阪の山際にひと月ゐて十一月頃にもどつて来たが、東京へ帰つて見ると、まだ砂煙りと焼け跡ではあつたが、空は青空で夜になると星が明るかつた。

折口が「横綱の安田の庭……」と思い起こしているのは、「砂けぶり」の二連目、ちょうど「人を焼く臭ひでも　してくれ／さびしすぎる」の、いわば上の句に位置している。ぼくがいま手元においている『折口信夫全集　第二二巻』（昭和四二年、中央公論社）所収のものを引くと、以下のとおりである（季村が引いているものと少し語句が異なっているが、折口は初出時のものに何度か手を入れているようなので、そこからくる違いだろうと思われる）。

横綱の安田の庭。
猫一疋ゐる　ひろさ。
人を焼くにほひでも　してくれ
ひつそりしすぎる

「砂けぶり」という「詩」（折口自身の言い方では「非短歌」）には、折口の他の作品には窺い知れないほどの、「日本人」への激しい怒りと絶望が記されている。横浜からの帰途、折口は日本人の「自警団」に取り囲まれ脅された。その際に彼は、言い知れぬ恐怖と怒りを覚えたのである。ふたたび、折口が一九五三年（昭和二八）に口述した「自歌自註」の言葉を引いておく。

九月四日の夕方こゝ（芝増上寺）を通つて、私は下谷・根津の方へむかつた。自警団と称する団体の人々が、刀を抜きそばめて私をとり囲んだ。その表情を忘れない。戦争の時にも思ひ出した。戦争の後にも思ひ出した。平かな生を楽しむ国びとだと思つてゐたが、一旦事があると、あんなにすさみ切つてしまふ。あの時代に値《ア》つて以来といふものは、此国の、わが心ひく優れた顔の女子達を見ても、心をゆるして思ふやうな事が出来なくなつてしまつた。

「砂けぶり」および「砂けぶり　二」には、折口のこのときの体験が、呪詛のような言葉で生々しく記述されている。「砂けぶり　二」から二つの連を引いてみる。

夜《ヨル》になつた―。
また　蝋燭と流言の夜《ヨル》だ。
まつくらな町を　金棒ひいて
夜警にでかけようか

おん身らは　誰をころしたと思ふ。
かの尊い　御名《ミナ》においてー。
おそろしい呪文だ。
萬歳　ばんざあい

数千人の朝鮮人が殺されたと言われる関東大震災のなかのあの出来事を、折口は「日本人」のひとりとして身近に体験したのだった。つまり、季村の引いている二行「人を焼く臭ひでも　してくれ／

さびしすぎる」には、折口信夫の関東大震災でのまがまがしい記憶が、ほかならぬ「神戸」という地名とともに、深く刻み込まれているのである。その折口の詩句を、神戸の震災に遭遇する十数年まえに、季村は「引用」していたのだ。

さらに言うと、『うつろかげろふ』の「かげろふ篇」冒頭には「どこからが体臭、／どこからが死臭、」という二行が置かれているのだが、これを季村は『都市のさざなみ』の「ほ、と、り（部屋）」のやはり冒頭で「何処からが体臭、何処からが死臭」という一行で引き継いでいる。この表現にも、折口の「死者を焼く臭ひ」の残響をぼくは感じる。そのようにして震災以前の季村のテクストに鏤められた、折口の「死者」と「震災」の痕跡――。引用者としての天分に恵まれた季村は、だからこそ、神戸の震災後、自らの引用によって自分自身の「現在」が事後的に不意打ちされるのを戦慄とともに感じたにちがいない、とぼくは思う。

6　地震の言語と人間の言葉――『日々の、すみか』の世界

ぼくはここまでずい分と遠回りをしてきたかもしれない。しかし、詩人としての季村敏夫の「震災体験」を問ううえでは、この程度の迂路はぜひとも必要だと思われたのだ。ひとりの優れた表現者が決定的な出来事と遭遇するとき、その「前史」と「後史」を問わないわけにはいかない。いや、むしろ、当の出来事によって、その表現者の「前史」と「後史」がそのつど新たに定義しなおされるので

ある。逆に言うと、表現者は表現者であるかぎり、自らの表現がどのような後史と結びつき、それによって事後的にどのような前史が形づくられることになるのか、そのことを十全に意識化することは不可能なのだ。季村は、この決して統覚不可能な表現の闇を、二〇世紀すえの日本において、日本語において、もっとも真摯に歩むことになったひとりなのである。

おそらく『日々の、すみか』から『かむなで』までに至る季村敏夫の詩人としての歩みを、ぼくらはふたたびつぎのように表象することができるだろう。家族とともに生きる現場をリリカルに表出する『つむぎ唄　泳げ』と自己の観念の世界あるいは自らの内なる死者の世界を深く彷徨う『うつろかげろふ』を両極としつつ、その両極のあいだの振幅を表現のいわば下部構造として、最終的には自らの身体的な表面——過剰な「感じ」ること——を、家族を超えた複数の他者との交通の場に差し出す『都市のさざなみ』の「平明」な世界へ、と。そして、付け加えて言うなら、そこには折口信夫の死者と震災をめぐるまがまがしい記憶の痕跡が、季村自身の了解をさえ大きく超えて、絶えず揺曳していたのである。

これにたいして『日々の、すみか』の世界においては、『都市のさざなみ』で開かれた身体の表面を、震災が途方もない振動として文字どおり襲うのだ。その振動はおそらく、季村が自らの表現の下部構造としていったん封印していた、『うつろかげろふ』の世界にまで至る。そのとき同時に、『うつろかげろふ』の「死者」たちは、もはや季村の観念や記憶のフィルターのむこうではなく、遥か手前に現実の姿で無数に散乱していたのである。身体の表面ではなく、むしろ観念の内奥を曝け出すようにして、現実の他者へ、現前する死者とその記憶へと、自らの言葉を差し出すこと、そのとき季村が強いられたのは、そのような困難な事態ではなかっただろうか。

あくまで身体的な比喩を用いるなら、内蔵をいったん裏返して、それを新たな身体の表面を蔽う感覚器官として現実の他者へと差し出すことであり、ふたたび折口との関連で言えば、『死者の書』の世界を自らの観念の内部においてではなく、統御不可能な現実のただなかで言葉において生きること、である。ここにおいて、『死者の書』と「砂けぶり」というおそらく季村を深く規定する折口信夫の導きが、たがいに反転しながら結びつく。その地点において、『日々の、すみか』というテクスチュアが、まるで地震の揺れそれ自体に抗するかのように、強固な文字の煉瓦として積み上げられてゆく……。

さて、二〇篇の散文詩を収めた『日々の、すみか』の本文は、引用の名手・季村にふさわしく、魯迅の作品の「引用」からはじまっている。

一九二〇年代動乱期の中国で、阿Qという愚人を野に放った人の作品集をひもといていたとき、はっとすることがあった。「祝福」という小品の、誰ひとり身寄りのない老婆の言葉に出会ったときである。

「人が死んだあとで、魂というものはあるでしょうか。地獄はあるのでしょうか。同じ家の者は死んだあとでまた会えるでしょうか。」

彼女のどの問いにも、作者とおぼしき男は「なにもいえない」とつぶやき、そのまま口をつぐんだ。心おだやかならず、暗いおもいが立ちはだかった。おおつごもりの、その夜、痩せさらばえた老婆は野垂れ死ぬ。

虐殺につぐ虐殺の時代の、新年を祝福する日。そんなやすらぎの一日に、つましい老婆の死を書き留め「知識は罪悪である」と、男は魔王の形相で立ち去った。

冒頭の作品、一〇連からなる「祝福」の前半四連である。『日々の、すみか』はこのように、三六字に収められた一行から数行の散文を一連とし、そのあいだに基本的に二行空きを取る形で編み上げられている（紙数の関係でここでは一行空きで引いている。以下同様）。したがって、連と連の佇まいは、柱か杭が立ち並んでいるような視覚的な印象を与える。こういう文字構成は『都市のさざなみ』のいくらかの作品にも見られるのだが、三六字詰めという縦長のバランス（『都市のさざなみ』は三〇字詰め）と、とりわけ一連一連が短く刈り取られているために、柱か杭という印象がいっそう強まる。文体的にも、余計な修辞をいっさい削ぎ落とした断定口調である。

ところで、ここで季村が引いている魯迅の「祝福」は、『吶喊』（『魯迅選集第1巻』岩波書店、所収）につづく魯迅の第二小説集『彷徨』（『魯迅選集第2巻』岩波書店、所収）に収められた短編である（執筆は一九二四年二月）。故郷魯鎮《ろちん》の親戚の家へ帰った「わたし」は、新年を祝う「祝福」という祭典の準備のさなかに、祥林嫂《しょうりんそう》という女性と出会う。彼女はかつてその家で「女中」をしていたが、事情があっていまはその家も追われ、「乞食」に身をやつしている。彼女は最初「寡婦」として「女中」をしていたのだが、ほとんど拉致同然の形で二度目の結婚を強いられ、その夫をも間もなくチフスで失い、おまけにひとり息子を狼に食われるという悲惨な目に遭う。以来彼女は、気が触れたようになってしまっていたのである。季村が引いている「老婆」の言葉は、その彼女が、いまはひとりの知識人として成長したかつての坊ちゃんである「わたし」に語りかける問いとして、この物語の最初のほうに記されている（祥林嫂の実年齢は四〇歳前後だが、すっかり白髪になって老婆同然、という設定である）。

季村は、震災で焼け出された老人たちと避難所で寝食をともにしながら、祥林嫂の問いは七〇年後のいま、ここでの問いそのものだ、と感じる。同じ作品の後半から引いてみる。

事態があった。あの日、たまたまその場所に在った魂は一瞬に抹殺された。つましく、おだやかにそよいでいたものは局地的に襲われた。

出来事は遅れてあらわれた。月夜に笑い声がまき起こり、その横で顔を覆っている人影が在った。おもいもよらぬ放心、悲嘆などが入り混じり、その後、私達のなかで出来事は生起した。

まざまざと敗北を知った。街とともに自分が壊れていくのを知らされた。多くを語っても「なにもいえない」ことを告げたとき、やっと私達はほほえみを灯すことができるようになった。

あの日の災厄により私達が蒙りうけたのは、誰のものでもない出来事そのもの、限定された地域での、個別の事態そのものであった。多くの老人たちは、放心して何日も横になったままであった。そのなかのひとりの「焼けだされたけど、こうして一日生きれたことが幸せです」このささやきが私達に刻印された。

ふたたび魯迅の「祝福」に戻ると、祥林嫂が「魂はあるのか」「地獄はあるのか」「死んだ者はまた会えるのか」という三つの問いをつぎつぎと発し、「わたし」がそのすべてにたいして「なにもいえない」と答えたその夜、あるいは翌日に、彼女は死ぬ。それにたいして季村は、むしろその「なにもいえない」ところからはじまる関係があることを語る。末尾の老人の言葉は、祥林嫂の問いにたいする、七〇年後のいま、ここでのかすかな応答の端緒として「私達に刻印された」のだ。

それとともに、ここで地震という出来事が「遅れてあらわれ」るものとして季村によって捉えられている、その感覚をも押さえておきたい。出来事の言語は、その直接的な発声ののちに、その残響のなかでむしろありありと顕現するのだ。非日常的な出来事の輪郭を際立たせるのは日常である、というこの逆説。それが日常というものが抱えている真の恐ろしさだろう。地震の言語が私たちの身体全体に鳴り響いているとき、私たちはその声を聞き取るすべを知らない。地震の直接的な言語がもはや残響となって響いているときになってようやく、私たちは――顔を覆うという、いわゆる身振り言語をふくめて――それぞれの言葉で口々に地震の言語を話すのだ。放心、悲嘆、月夜に「笑い声」さえまじる、さながらバベルの塔の崩壊ののちのような言語混乱のなかで、地震という出来事が真に「生起」するのである。ふたたび言うなら、そのような言語混乱のさなかに、季村は垂直に自らの言葉を刻みつづけたのだ。以下は「しずけさに狂い」より。

「悲惨な」という形容詞で名づけられるとき、その場から決定的に墜落してしまう。時間を後戻りし、私達は後向きになって遡る。空気や風のわずかな違いがあとでわかったとしても、「明らかに生き残ったのだから」、私達は、場からの遅れを生きることになる。

いたるところ行列があり、渋滞があり、都市のただなかで放たれる野糞のような状態であった。寒さにふるえる白いお尻は、妙な角度で首を傾ける犬に見つめられていた。私達は悲しいほど滑稽であり、だからこそ死者から峻別されて在り、ひとつひとつの姿をおもいだして「言葉」で拾い集めていた。

大急ぎで言葉を「拾い集め」、圧倒的な地震の言語をなんとか人間の言葉に「翻訳」し、失われた人間の言葉を回復すること——。『日々の、すみか』の文体は、その困難な戦いの渦中において、一面で『つむぎ唄　泳げ』以前へと遡行するかのように硬質である。季村は、自らの表現者としての歴史を、さながら個体発生が系統発生を反復するように、この一冊のなかで繰り返すことを強いられているかのようだ。『つむぎ唄　泳げ』以前への遡行？　だがそれはここでは、自己の観念へと閉塞する振る舞いの対極に位置している。現実にたいする防衛機制としての硬質さではなく、現実を呼び込み、現実それ自体に語らせるための、あるいはすでにして現実それ自体が語っているがゆえの、硬質さなのだ。
震災という圧倒的な出来事が季村という表現者を媒体として、その表現の強度をもっとも硬質に結晶させたものが、この詩集のなかで何度か語られる「いまだあらざりしもの」という名称だろう。

あの日は、「いまだあらざりしもの」からの贈与におもえた。時に暴虐の限りを尽くすヤハウェの顕現におもえた。炎のなかに吸いこまれていった鰹節屋のおばちゃんやホルモン屋のおばあちゃんの涕《なみだ》が肺腑を鷲掴みにして氷りつく。私達も少なからぬ借財を……。だがこのあざとさは即刻にやめるべきだ。それが何度目であろうと、ふりかえり泣いてみせたりもする私達には、現前とした行為の敢行しかありはせぬ。

あの日、これは旅なのだと、今の今までともにいた他者たる私達の側から放たれた他火なのだとさとった。私達から外部へあらわれでた炎が、私達自身を襲う。そのことが燦燦と輝く太陽のもと、大いなるまなざしに包まれ繰り広げられたとしたら。「神」は私達の細部にまで覆いかぶさり、私もあなたも、今や神なのだという、信仰心の稀薄なものには、なんとも不遜なおもいまで浮かぶのであった。
私達とて魂を球形の炎とおもいなし、生きとし生けるもの、同じような炎の保持者として畏れを抱いていた古代の人々のことを知らぬ訳ではない。しかしあの日は私達から招き寄せられ、来るべき日がそのことを踏み絵として命じていたなら、あのものたちの死後に佇む生を、なんと形容すればよいのか。

（「いまだあらざりしもの」より）

自らの観念の内臓を裏返し曝け出すようにして辿られた理路――ここに綴られているのはそのような「思考」の典型だと思う。もはや季村が考えて語っているというよりも、「いまだあらざりしもの」が季村をとおして考えて語っている、そのような「思考」だと思う。だとすれば、それはまさしく古来、「ヤハウェ」の神のまえで預言者たちが果たしてきた役割そのものではないか。

一方で『日々の、すみか』には、どんなに踏みつけられ蹂躙されても、草のように立ち上がってくる、季村のリリシズムを感じさせる作品もいくつか挿まれている。

「もう、いい。もういいから」放たれた言葉と、残したかったおもい。ときどきおもい起こすことがあり、そのままうつむく。

横顔がゆれ、これで見納めと、髪を切り。胸に焼きつけ。そのまま背中を向ける。うつむいて。うずくまって。しゃがみこんで。横顔ゆれ。

もはや、もう。私達は、なにをも、おもいだせなく。いっさいを空の青さに従わせる。

それが川でなくてなんだろう。そうまでねがわれた光を遠ざけ、逃れていく。

（「夏の衣」より）

おそらく死者との別れ（葬儀）の場面を回想して綴られたものだろう。もちろん、かつての『つむぎ唄　泳げ』のリズムはここには存在しようもなく、むしろ全体は手痛い断念の色合いに染め上げられているのだが、句点で絶えず切断されながらもリリシズムが息づいていると思う。『日々の、すみか』という強固なテクスチュアに覆われた、果肉のようなリリシズム――。同時に、この詩集において季村のリリシズムが、右の例のように、一行一行がさながら短歌と見まがうような短詩型を纏う方向へと傾斜していることにも、注意が必要だろう。

ふたたび折口信夫を参照するならば、折口は震災体験をひとつの契機として、短歌を四行の分かち書きとする書法にむかう。一九三〇年（昭和五）に刊行された歌集『春のことぶれ』はすべてそのような書法で詠まれたものだ。その一方で、「砂けぶり」「砂けぶり　二」という「非短歌」は、その時期の作品を集成した折口の詩集『古代感愛集』にもまた歌集『春のことぶれ』にも収録されえない、きわめて境界的な作品となる。つまり、季村においても折口においても、震災体験が短歌と詩の境界に位置するような作品を産みだすことになった、という一面があるのである。

ともあれ、『日々の、すみか』における季村の表現は、そのような短詩型への傾斜をふくみつつ果たされたリリシズムの最後の確保をへながら、ある決定的な形象を獲得することによって、ついに震災体験にたいしてひとりの表現者としての自立（自律）をみごとに証し立てる。そのような比類のない自律的な形象の位置にあるのが「夜のひまわり」である。

数えきれないひまわりが、うなりをあげ夜を旋回している光景を想像して頂きたい。もはやそこに、ひとの気配があってはならないだろう。

皓々とした月光。死者と死者のあいだで息づくひまわり。

〔中略〕

ひまわりを育む土に殺戮の記憶が塗りこめられている。腐乱することが誕生であり、死者の腐肉を存分に吸いとった土から花々は蘇生し、私達とてまた始まることを認められないなら、殺戮の痕跡を吸いとることができない。

吸いとることができないなら、私達には歴史をつくれないということであり、茎の先端の花のいぶきや、土のなかの根のふるえも、とらえることはできないのだ。

〔中略〕

うちふるえるものは、そうすればよい。畏れもまた同様である。おののきの始まりで躓き、言葉の表情を奪われると、いのるということがわからなくなり、ひきつりが始まる。今までの言葉は自分のものでなくなり、私達は異邦の領域に向かう。

ひとつひとつの記憶を鳴らし、向こうの夜を旋回するひまわりを、私達は死者のひきつりを通してとらえようとする。

（「夜のひまわり」より）

『日々の、すみか』を読み進めながら、この作品に出会ったときの感銘にも忘れがたいものがある。震災の死者たちを畏れながら、しかしその腐肉からなる土のうえに、新たな歴史が創出されねばならない、と季村は語る。しかし決定的なのは、そのような「思想」ではなく、それが「数えきれないひまわりが、うなりをあげ夜を旋回している光景」とともに語られていることだ。これまで誰がこのような「ひまわり」を描きえただろうか。「もはやそこに、ひとの気配があってはならないだろう」と記されているように、それは一方でたいへんニヒリスティックな光景であるとともに、そのような光景のもとで、人間を超えた植物の不気味なまでの生命力に新たな歴史への希望が託されているのだ。日の光ではなく月の光のもとで、さらなる光をもとめて旋回するひまわりの群れ――。

被災体験のさなかに綴られた『日々の、すみか』にたいして、体験から十分距離が取れていないのではないかという批判は、おそらく不可避であるだろう。どんな出来事であれ一〇年は寝かせておく必要があるというのが、確かに創作における鉄則であるからだ。しかし、そのような批判にたいして、一方で、震災体験に寄りそい、むしろそれに憑依されるようにして綴られた季村の作品の意義が強く擁護されねばならないとともに、そこから「夜のひまわり」という比類のない自律的な形象が獲得された事実もまた、繰り返し強調されねばならない。

「夜のひまわり」という形象は、震災による人間の敗北につぐ敗北のなかで、季村敏夫という詩人によって獲得された明らかな「勝利」であり、彼をとおして地震の言語から人間の言葉がかろうじて回復されたことの決定的な証しそのものとなっている、とぼくは思う。

おわりに――『かむなで』、そして「近代」の記憶へ

震災に寄りそいながら、無防備なまでに言葉という身体を差し出し、そのただなかで強固なテクスチュアとして編み上げられた『日々の、すみか』――。それは季村敏夫にとって、文字どおり一回かぎりの「出来事」となるだろう。とはいえもちろん、震災体験そのものがそれで終わるわけではない。街の復興が、仮設住宅の消滅が、震災の記憶を消し去るのではとうていない。むしろ記憶は埋《うず》もれることによって遍在するのだ。『かむなで』の巻頭に置かれた「おとづれ」を全行引いてみる（連と連のあいだ、原文は二行空きだが、やはり一行空きで引用する）。

通り過ぎる
時が　そうであるように
一日一瞬は過去となる

通り過ぎる
災いが　そうであるように
嵐は早く過ぎ去ればよい

あらわれては消え
そのあとを次なるものが

通り過ぎたあと
のこるものがある

通り過ぎてからでないと
悲しみの本当の意味はわからない

いきなり名づけ
立ち去ったのは
だれなのか

うしろ姿を見送るもの
痛みを負えぬものよ
「光あれ」

たたずむものが動きだす
ゆっくりと沈み
ゆっくりと浮上する

記憶よ
記憶のなかのわたしたちよ
名づけられぬものよ

このように静謐な気象をたたえた『かむなで』は、『日々の、すみか』から一転して、自らの余白のなかに言葉を浮かび上がらせる。まるで水面に文字のひとつひとつを静かに並べてゆくような息遣いである。ここで『日々の、すみか』の「私達」という人称は「わたしたち」という表記へと開かれる。これが季村の新たな震災体験のはじまりであることは疑いない。テクスチュアとしては一見『都市のさざなみ』への回帰を示しながら、しかしそこには『日々の、すみか』での言語体験が不可逆的に組み込まれているのである。

タイトルの「かむなで」について季村は詩集の「跋」で、それが神戸の高取山の別称であることに触れて、こう記している（〔　〕内は引用者付記）。

〔高取山は〕神撫山とも呼ばれ、麓に在る長田神社のかむなび〔神の鎮座する山や森〕であった。「かむなで」の里は、幼いわたしたちのまほろばであった。ある日そこで、むごたらしい出来事があった。人間は受苦的存在というものの、荒涼たるひと撫でだった。

過酷きわまりない震災体験を「神のひと撫で」だったと捉えかえす季村のこの表現行為――。あの『日々の、すみか』での「『いまだあらざりしもの』からの贈与」という命名から、この「かむなで」という名称の「発見」に至る道程にも、目も眩むような季村の震災体験が横たわっているにちがいない。『都市のさざなみ』（一九九二）、『日々の、すみか』（一九九六）、そして『かむなで』（一九九九）、季村敏夫のこの三冊には、一九九〇年代において日本語が経験した――経験せざるをえなかった――振幅が、もっとも大きなふり幅で刻まれているだろう。

季村はその間、作品を執筆するだけでなく、あの震災を記憶する「神戸もやいの会」を呼びかけ、さらに「震災・まちのアーカイブ」の設立にも携わり、震災体験を市民のネットワークのなかで掘り下げる活動を展開してきた。震災一次資料の整理、会報の発行、ブックレットや叢書の刊行。それらに一貫しているのは、震災体験を近代日本の精神史のなかに位置づけようとする試みであり、またそこから新たな「エチカ」をどのようにして汲み上げることができるか、という問いかけである。

一連のブックレット、叢書のなかには、水俣を訪れてなされた石牟礼道子との座談をテープ起こしした「死なんとぞ、遠い草の光に」も含まれている。一九九六年七月十三日に行われたその座談のサブタイトルは「水俣、ショアー、阪神大震災のことなど」である(これはのちに『石牟礼道子対談集――魂の言葉を紡ぐ』河出書房新社、二〇〇〇年、にも収録された)。

ふたたび私的な回想を記しておくなら、『日々の、すみか』が刊行されて間もなくのことだっただろうか、季村から映画『ショアー』のビデオを送ってほしい旨、連絡があったのである(「ショアー」という言葉自体はヘブライ語で「災厄」を意味する。あのナチによるユダヤ人の大量虐殺は、元来「燔祭」という宗教的な意味を持つ「ホロコースト」に変えて、現在は「ショアー」の名前で呼ばれている)。

『ショアー』というのは、ユダヤ系フランス人、クロード・ランズマンが監督した「ホロコースト」を描いた九時間半にわたるドキュメンタリーである。一九八五年に完成されたものだが、日本での公開は一九九五年初頭、奇しくも一〇年遅れであの震災、さらにはオウム事件とも重なってしまった。ぼくは一九九四年の年末にその日本語版制作に友人・知人とともに関わり、その延長で関西での自主上映に携わっていた。一九九五年秋には神戸でも上映が行われた。震災の現場で、しかもその年の秋に『ショアー』を上映することについては、基本的に自然災害である震災と明らかに人災である「ショアー」を同一視できるのか、といったことをふくめて、さまざまな議論があった。そのうえで行われた上映会だったが、六〇〇人以上の観客が訪れてくださり、自主上映としては大成功だった。

あの上映会に季村敏夫が参加していたのかどうかは分からないが、『日々の、すみか』が届けられた際、「背後に『ショアー』との激烈な出遭いが隠されてありますす」との私信が添えられていたのである。季村は阪神大震災の記憶とともに、あの『ショアー』との「出遭い」も携えて水俣を訪れたのだった。水俣、ショアー、阪神大震災……。これは身勝手な言い方になるかもしれないが、それはぼくらが『ショアー』を日本で、とりわけ神戸で上映する際に、いちばん願っていた方向のひとつだった。しかもそれが、ほかならぬ季村敏夫によって果たされたのだ。

最後にふたたび『かむなで』から「ひびき」と題された作品の後半を引いておく。

歩きはじめる
もしかして
わたしたちのほうが
災厄をのぞんでいたとしたなら
なだらかな地形によりそい
歩きはじめる
地の　ひびき
人の　ひびき
音は　だれがもたらすのか

土地の形によりそい
時の起伏を身に受け

震災の記憶のさらなる深化とともに、近代という「時の起伏」を辿りなおしてゆく季村敏夫の言葉がどのような変容を遂げてゆくのか、ぼくはひとりの読者として、祈るような思いとともに、今後も注視しつづけたい。

【付記】

その後季村敏夫は、引き続き震災体験を問いなおす詩集『木端微塵』(書肆山田、二〇〇四年)で山本健吉賞を授与されるとともに、現在は、かつて満州(中国東北部)を皇軍兵士のひとりとして転戦した父親の記憶をたどる連作を綴っている。このような記憶の層もまた、あの震災と『ショアー』によって季村のうちに開かれた断層のひとつ、と言えると思う。

あとがき

山住勝広

本書の出版企画は、1999年夏、神戸で開催したシンポジウムの後に始まった。シンポジウムは、ユーリア・エンゲストローム教授の『拡張による学習』の日本語訳を新曜社から刊行した直後に行ったものであり、科学研究費の補助を受け、当時勤めていた大阪教育大学に教授を招聘して、活動理論による最新の研究について講演いただいたものだった。

この1999年の時点ですでにエンゲストローム教授は、複数の異なる活動システムの間での協働の関係を分析しデザインする第三世代活動理論の基本的な枠組みを固めておられ、かつ医療現場などの発達的ワークリサーチにおいてそれを精力的に展開されていた。ノットワーキングの概念もまた、序章で詳述したように、そうした第三世代活動理論のキー・コンセプトとして開拓されたのである。

神戸におけるシンポジウムでは、本書に貴重な論稿をお寄せくださった方々にも講演を行っていただいた。とくに、1995年1月17日の阪神・淡路大震災からの復興をめぐり、それぞれ異なる分野の最先端から、震災後の社会における人間活動の新たな価値創造について語っていただいた。本書の原点は、こうした執筆者の方々とのノットワーキングの試みにあった。

しかし、企画から刊行までに、世紀を越えた8年の歳月が経過してしまった。ひとえに私自身の至らなさによるものである。そのため、早々と玉稿をお寄せくださった執筆者の方々に多大なご迷惑をおかけしてしまった。この場を借りて心からお詫び申し上げる次第である。執筆者の方々のおかげで本書は、その名の通り、異なる学問分野を越境する学際的な企てとなることができた。厚く感謝申し上げるものである。

昨年10月末から11月初めにかけて、私は5度目のフィンランドへの旅を行っていた。ヘルシンキ大学活動理論・発達的ワークリサーチセンターと関西大学人間活動理論研究センターの共催による国際ワークショップ'Knotworking, Learning and Teaching'を開催するためである。このワークショップで私は、エンゲストローム教授らヘルシンキ大学の研究グループの面々と、教育のノットワーキングという新たな研究課題を確かめ合うことができた。教育のノットワーキングは、学習者、学校などさまざまな教育機関、そして仕事場やコミュニティなど学校外の学びの提供者の間で、学びの軌跡を共同で生み出すために互いに交渉し合い、ノット（結び目）を創発していくことである。序章や第2章に述べられている、患者とその家族、異なるさまざまな医療機関の間に交わされるケア・アグリーメント（診療協定）と同じようにして、ラーニング・アグリーメント（学びの協定）の創発が考えられるのである。本書の共編者になっていただき、この8年間、第三世代活動理論が切り拓く人間活動の新しい社会的地平を私に指し示し続けてきてくださったユーリア・エンゲストローム先生に、心からお礼を申し上げたく思う。

本書が今日までサヴァイヴできたのは、ひとえに新曜社の塩浦暲さんの暖かい励ましがあったからである。長い道のりでそのたびいただいてきたご忍耐とご支援がなければ、本書が日の目を見ることは決してなかった。「ノットワーキングの概念はネットワークの概念を超え、なぜ求められるのか」

という塩浦さんの問いかけは、私にとってずっと、本書がめざしてきた研究の羅針盤だった。最後に塩浦さんに心からお礼を申し上げたい。ありがとうございました。

２００８年１月15日

引用・参考文献

まえがき――――ノットワーキングの可能性

Benkler, Y. (2006). *The wealth of networks: How social production transforms markets and freedom*. New Haven, CT: Yale University Press.

Borden, I. (2001). *Skateboarding, space and the city: Architecture, the body and performative critique*. New York: Berg. (齋藤雅子・中川美穂・矢部恒彦訳 (2006). 『スケートボーディング, 空間, 都市――身体と建築』新曜社 .)

Cocker, M. (2001). *Birders: Tales of a tribe*. New York: Grove Press.

Cussins, A. (1992). Content, embodiment and objectivity: The theory of cognitive trails. *Mind, 101*, 651-688.

Engeström, Y. (2006). Development, movement and agency: Breaking away into mycorrhizae activities. In K. Yamazumi (Ed.), *Building activity theory in practice: Toward the next generation*. Suita, Osaka: Center for Human Activity Theory, Kansai University, Technical Reports No.1.

Engeström, Y., Engeström, R., & Vähäaho, T. (1999). When the center does not hold: The importance of knotworking. In S. Chaiklin, M. Hedegaard, & U. J. Jensen (Eds.), *Activity theory and social practice: Cultural-historical approaches*. Aarhus: Aarhus University Press.

von Hippel, E. (2005). *Democratizing innovation*. Cambridge: The MIT Press.

Knorr-Cetina, K. (2003). From pipes to scopes: The flow architecture of financial markets. *Distinktion, 7*, 7-23.

Majchrzac, A., Jarvenpaa, S. L., & Hollingshead, A. B. (2007). Coordinating expertise among emergent groups responding to disasters. *Organization Science, 18*, 147-161.

Obmasick, M. (2004). *The big year: A tale of man, nature, and fowl obsession*. New York: Free Press.

Siltala, J., Freeman, S., & Miettinen, R. (2007). *Exploring the tensions between volunteers and firms in hybrid projects*. Helsinki: Center for Activity Theory and Developmental Work Research (Working Paper 36).

Tapscott, D., & Williams, A. D. (2006). *Wikinomics: How mass collaboration changes everything*. New York: Portfolio.

Victor, B., & Boynton, A. C. (1998). *Invented here: Maximizing your organization's internal growth and profitability*. Boston: Harvard Business School Press.

序章　ネットワークからノットワーキングへ

バラバシ, A.-L. (2002). 青木薫訳『新ネットワーク思考――世界のしくみを読み解く』NHK 出版.

ベイトソン, G. (2000). 佐藤良明訳『精神の生態学』(改訂第２版) 新思索社.

ベイトソン, G. (2006). 佐藤良明訳『精神と自然――生きた世界の認識論』(普及版) 新思索社.

ボーデン, I. (2006). 齋藤雅子ほか訳『スケートボーディング，空間，都市――身体と建築』新曜社.

カプラ, F.(2006). ペブル・スタジオ訳「学ぶコミュニティにおける創造性とリーダーシップ」センター・フォー・エコリテラシー『食育菜園――マーティン・ルーサー・キング Jr. 中学校の挑戦』家の光協会.

コール, M. (2002). 天野清訳『文化心理学――発達・認知・活動への文化 - 歴史的アプローチ』新曜社.

Cole, M., & Engeström, Y. (1993). A cultural-historical interpretation of distributed cognition. In G. Salomon (Ed.), *Distributed cognitions*. Cambridge: Cambridge University Press.

キューバン, L. (2004). 小田勝己ほか訳『学校にコンピュータは必要か――教室の IT 投資への疑問』ミネルヴァ書房.

ダニエルズ, H. (2006). 山住勝広・比留間太白訳『ヴィゴツキーと教育学』関西大学出版部.

Engeström, Y. (1991). Non scolae sed vitae discimus: Toward overcoming the encapsulation of school learning. *Learning and Instruction: An*

International Journal, 1, 243-259.

Engeström, Y. (1993). Developmental studies of work as a testbench of activity theory: Analyzing the work of general practitioners. In S. Chaiklin, & J. Lave (Eds.), *Understanding practice: Perspectives on activity and context*. Cambridge: Cambridge University Press.

Engeström, Y. (1995, June). *Activity theory and the transformation of work and organizations*. Lecture at the Third International Congress for Research on Activity Theory, Moscow, Russia.

Engeström, Y. (1996a). Development as breaking away and opening up: A challenge to Vygotsky and Piaget. *Swiss Journal of Psychology, 55,* 126-132.

Engeström, Y. (1996b). Developmental work research as educational research: Looking ten years back and into the zone of proximal development. *Nordisk Pedagogik/Journal of Nordic Educational Research, 16,* 131-143.

エンゲストローム, Y. (1999). 山住勝広・松下佳代・百合草禎二・保坂裕子・庄井良信・手取義宏・高橋登訳『拡張による学習――活動理論からのアプローチ』新曜社.

Engeström, Y. (2001). Expansive learning at work: Toward an activity theoretical reconceptualization. *Journal of Education and Work, 14*(1), 133-156.

Engeström, Y. (2003). Process, pipelines and teeming. In *Process: Encounters in live situations/shifting spaces*, #2. Helsinki: Museum of Contemporary Art.

Engeström, Y. (2005a). *Developmental work research: Expanding activity theory in practice*. Berlin: Lehmanns Media.

Engeström, Y. (2005b). Knotworking to create collaborative intentionality capital in fluid organizational fields. In M. M. Beyerlein, S. T. Beyerlein, & F. A. Kennedy (Eds.), *Collaborative capital: Creating intangible value*. Amsterdam: Elsevier.

Engeström, Y. (2006). Development, movement and agency: Breaking away into mycorrhizae activities. In K. Yamazumi (Ed.), *Building activity*

theory in practice: Toward the next generation. Suita, Osaka: Center for Human Activity Theory, Kansai University, Technical Reports No.1.

Engeström, Y., Engeström, R., & Vähäaho, T. (1999). When the center does not hold: The importance of knotworking. In S. Chaiklin, M. Hedegaard, & U. J. Jensen (Eds.), *Activity theory and social practice: Cultural-historical approaches*. Aarhus: Aarhus University Press.

Engeström, Y., Lompscher, J., & Rückriem, G. (Eds.) (2005). *Putting activity theory to work: Contributions from developmental work research*. Berlin: Lehmanns Media.

Engeström, Y., Pasanen, A., Toiviainen, H., & Haavisto, V. (2005). Expansive learning as concept formation at work. In K. Yamazumi, Y. Engeström, & H. Daniels (Eds.), *New learning challenges: Going beyond the industrial age system of school and work*. Suita, Osaka: Kansai University Press.

Foot, K. (2002). Pursuing an evolving object: A case study in object formation and identification. *Mind, Culture and Activity, 9*(2), 132-149.

複数文化研究会編 (1998). 『<複数文化>のために――ポストコロニアリズムとクレオール性の現在』人文書院.

グラノヴェター, M. S. (2006). 大岡栄美訳「弱い紐帯の強さ」野沢慎司編・監訳『リーディングス　ネットワーク論――家族・コミュニティ・社会関係資本』勁草書房.

Gutiérrez, K., Rymes, B., & Larson, J. (1995). Script, counterscript, and underlife in the classroom — Brown, James versus Brown v. Board of Education. *Harvard Educational Review, 65*(3), 445-471.

Hutchins, E. (1991). Organizing work by adaptation. *Organizational Science, 2*(1), 88-115.

John-Steiner, V. (2000). *Creative collaboration*. Oxford: Oxford University Press.

金光淳(2003). 『社会ネットワーク分析の基礎――社会的関係資本論にむけて』勁草書房.

Kramsch, C. (1993). *Contexts and culture in language teaching*. Oxford: Oxford University Press.

レイヴ，J., & ウェンガー，E.（1993）．佐伯胖訳『状況に埋め込まれた学習――正統的周辺参加』産業図書．

Leont'ev, A. N.（1978）. *Activity, consciousness, and personality*. Englewood Cliffs, NJ: Prentice Hall.

レヴィ＝ストロース，C.（1976）．大橋保夫訳『野生の思考』みすず書房．

Luria, A. R.（1979）. *The making of mind: A personal account of Soviet psychology*. Cambridge, MA: Harvard University Press.

マキネン，K.（2005）．荒牧和子訳『カレワラ物語――フィンランドの国民叙事詩』春風社．

Oshima, J.（2005）. The design study as a new culture of the lesson study. In K. Yamazumi, Y. Engeström, & H. Daniels（Eds.）, *New learning challenges: Going beyond the industrial age system of school and work*. Suita, Osaka: Kansai University Press.

大島純・野島久雄・波多野誼余夫（2006）．『新訂　教授・学習過程論――学習科学の展開』放送大学教育振興会．

Pratt, M. L.（1992）. *Imperial eyes: Travel writing and transculturation*. London: Routledge.

プレティ，J.（2006）．吉田太郎訳『百姓仕事で世界は変わる――持続可能な農業とコモンズ再生』築地書館．

パットナム，R. D.（2006）．柴内康文訳『孤独なボウリング――米国コミュニティの崩壊と再生』柏書房．

Sato, M.（2005）. Toward dialogic practice through mediated activity: Theoretical foundation for constructing learning community. In K. Yamazumi, Y. Engeström, & H. Daniels（Eds.）, *New learning challenges: Going beyond the industrial age system of school and work*. Suita, Osaka: Kansai University Press.

Virkkunen, J.（2006）. Hybrid agency in co-configuration work. *Outlines: Critical social studies, 8*（1）, 61-75.

Выготский, Л. С.（1930/1984）. Орудие и знак в развитии ребенка. В кн. Л. С. Выготский, *Собрание сочинений, Том 6*. Москва.

Vygotsky, L. S.（1978）. *Mind in society: The development of higher*

psychological processes. Cambridge, MA: Harvard University Press.
Vygotsky, L. S. (1987). Lectures on psychology. In *The collected works of L. S. Vygotsky. Vol. 1. Problems of general psychology*. New York: Plenum.
Vygotsky, L. S. (1997). The instrumental method in psychology. In *The collected works of L. S. Vygotsky. Vol. 3. Problems of the theory and history of psychology*. New York: Plenum.
ウェンガー, E., マクダーモット, R., & スナイダー, W. M. (2002). 櫻井祐子訳『コミュニティ・オブ・プラクティス――ナレッジ社会の新たな知識形態の実践』翔泳社.
Wertsch, J. V., Tulviste, P., & Hagstrom, F. (1993). A sociocultural approach to agency. In E.A. Forman, N. Minick, & C. A. Stone (Eds.), *Contexts for learning: Sociocultural dynamics in children's development*. New York: Oxford University Press.
山住勝広 (1997).「ヴィゴツキーと精神の社会文化的研究」山住勝広・上野たかね・手取義宏・馬場勝『学びのポリフォニー――教科学習の最近接発達領域』学文社.
山住勝広 (1998).『教科学習の社会文化的構成――発達的教育研究のヴィゴツキー的アプローチ』勁草書房.
Yamazumi, K. (2001). Orchestrating voices and crossing boundaries in educational practice: Dialogic research on learning about the Kobe Earthquake. In M. Hedegaard (Ed.), *Learning in classrooms: A cultural-historical approach*. Aarhus: Aarhus University Press.
山住勝広 (2004).『活動理論と教育実践の創造――拡張的学習へ』関西大学出版部.
Yamazumi, K. (2005). School as collaborative change agent. In K. Yamazumi, Y. Engeström, & H. Daniels (Eds.), *New learning challenges: Going beyond the industrial age system of school and work*. Suita, Osaka: Kansai University Press.
山住勝広編 (2006).『社会変化の中の学校』関西大学人間活動理論研究センター Technical Reports No.2.
Yamazumi, K. (2006a). Activity theory and the transformation of pedagogic

practice. *Educational Studies in Japan: International Yearbook of Japanese Educational Research Association, 1,* 77-90.
Yamazumi, K. (Ed.) (2006b). *Building activity theory in practice: Toward the next generation*. Suita, Osaka: Center for Human Activity Theory, Kansai University. Technical Reports No.1.
Yamazumi, K., Engeström, Y., & Daniels, H. (Eds.) (2005). *New learning challenges: Going beyond the industrial age system of school and work*. Suita, Osaka: Kansai University Press.
Yaroshevsky, M. (1989). *Lev Vygotsky*. Moscow: Progress Publishers.
安田雪 (1997).『ネットワーク分析――何が行為を決定するか』新曜社.
Young, M. F. D. (1998). *The curriculum of the future: From the 'new sociology of education' to a critical theory of learning*. London: RoutledgeFalmer.

第1章　境界領域の活動へ

ダニエルズ, H. (2006). 山住勝広・比留間太白訳『ヴィゴツキーと教育学』関西大学出版部.
Daniels, H., et al. (2005). Studying professional learning for inclusion. In K. Yamazumi, Y. Engeström, & H. Daniels (Eds.), *New learning challenges: Going beyond the industrial age system of school and work*. Suita, Osaka: Kansai University Press.
Daniels, H., Leadbetter, J., Soares, A., & MacNab, N. (2006). Learning in and for cross-school working. In K. Yamazumi (Ed.), *Building activity theory in practice: Toward the next generation*. Suita, Osaka: Center for Human Activity Theory, Kansai University. Technical Reports No.1.
Edwards, A. (2007). Relational agency in professional practice: A CHAT analysis. *Actio: An International Journal of Human Activity Theory, 1,* 1-17.
エンゲストローム, J., & トイヴォネン, T.(2002). 丸田知美訳「Let's Aula」『広告』351号, 17-24.
Engeström, Y. (1991). Non scolae sed vitae discimus: Toward overcoming

the encapsulation of school learning. *Learning and Instruction: An International Journal, 1,* 243-259.

Engeström, Y. (1996). Development as breaking away and opening up: A challenge to Vygotsky and Piaget. *Swiss Journal of Psychology, 55,* 126-132.

エンゲストローム, Y. (1999). 山住勝広・松下佳代・百合草禎二・保坂裕子・庄井良信・手取義宏・高橋登訳『拡張による学習――活動理論からのアプローチ』新曜社.

Engeström, Y. (2001). Expansive learning at work: Toward an activity theoretical reconceptualization. *Journal of Education and Work, 14*(1), 133-156.

Engeström, Y. (2005). *Developmental work research: Expanding activity theory in practice*. Berlin: Lehmanns Media.

Engeström, Y. (2006). Development, movement and agency: Breaking away into mycorrhizae activities. In K. Yamazumi (Ed.), *Building activity theory in practice: Toward the next generation*. Suita, Osaka: Center for Human Activity Theory, Kansai University. Technical Reports No.1.

Engeström, Y., Engeström, R., & Suntio, A. (2002). Can a school community learn to master its own future? An activity-theoretical study of expansive learning among middle school teachers. In G. Wells, & G. Claxton (Eds.), *Learning for life in the 21st century: Sociocultural perspectives on the future of education*. Oxford and Malden: Blackwell.

Engeström, Y., Engeström, R., & Vähäaho, T. (1999). When the center does not hold: The importance of knotworking. In S. Chaiklin, M. Hedegaard, & U. J. Jensen (Eds.), *Activity theory and social practice: Cultural-historical approaches*. Aarhus: Aarhus University Press.

Engeström, Y., & Kallinen, T. (1988). Theatre as a model system for learning to create. *The Quarterly Newsletter of the Laboratory of Comparative Human Cognition, 10* (2), 54-67.

ギデンズ, A. (2001). 佐和隆光訳『暴走する世界――グローバリゼーションは何をどう変えるのか』ダイヤモンド社.

Hargreaves, A., Earl, L., Moore, S., & Manning, S. (2001). *Learning to*

study of practitioners building collaborative medical care for children. In C. M. Allwood, & M. Selart (Eds.), *Decision making: Social and creative dimensions*. Dordrecht: Kluwer.

Engeström, Y., Engeström, R., & Kärkkäinen, M. (1995). Polycontextuality and boundary crossing in expert cognition: Learning and problem solving in complex work activities. *Learning and Instruction, 5,* 319-336.

Engeström, Y., Engeström, R., & Vähäaho, T. (1999). When the center does not hold: The importance of knotworking. In S. Chaiklin, M. Hedegaard, & U. J. Jensen (Eds.), *Activity theory and social practice: Cultural-historical approaches*. Aarhus: Aarhus University Press.

Engeström, Y., Virkkunen, J., Helle, M., Pihlaja, J., & Poikela, R. (1996). Change laboratory as a tool for transforming work. *Lifelong Learning in Europe, 1*(2), 10-17.

Tomasello, M. (2000). *The cultural origins of human cognition*. Cambridge: Harvard University Prcss.（大堀壽夫ほか訳（2006).『心とことばの起源を探る――文化と認知』勁草書房.）

Vygotsky, L. S. (1987). Thinking and speech. In *The collected works of L. S. Vygotsky. Vol. 1. Problems of general psychology.* New York: Plenum.

第３章　ノットワーキングによる発達環境の協創

ブロンフェンブレナー, U. (1979/1996). 磯貝芳郎・福富護訳『人間発達の生態系――発達心理学への挑戦』川島書店.

Engeström, Y. (1987). *Learning by expanding: An activity-theoretical approach to developmental research*. Helsinki: Orienta-Konsultit.（山住勝広・松下佳代・百合草禎二・保坂裕子・庄井良信・手取義宏・高橋登訳（1999).『拡張による学習――発達研究への活動理論的アプローチ』新曜社.）

Engeström, Y. (1991). Developmental work research: A paradigm in practice. *The Quarterly Newsletter of the Laboratory of Comparative Human Cognition, 13*(4), 79-80.

Engeström, Y. (1996). Developmental work research as educational research: Looking ten years back and into the zone of proximal

Young, M. F. D. (1998). *The curriculum of the future: From the 'new sociology of education' to a critical theory of learning*. London: RoutledgeFalmer.

Vygotsky, L. S. (1987). Thinking and speech. In *The collected works of L. S. Vygotsky. Vol. 1. Problems of general psychology*. New York: Plenum.

第２章　拡張的学習の水平次元

Chatwin, B. (1987). *The songlines*. London: Jonathan Cape.（芹沢真里子訳 (1994).『ソングライン』めるくまーる.）

Cussins, A. (1992). Content, embodiment and objectivity: The theory of cognitive trails. *Mind, 101*, 651-688.

Cussins, A. (1993). Nonconceptual content and the elimination of misconceived composites! *Mind & Language, 8*, 234-252.

Cussins, A. (2001). Norms, networks, and trails. Unpublished paper.

Deleuze, G., & Guattari, F. (1987). *A thousand plateaus: Capitalism and schizophrenia*. Minneapolis: University of Minnesota Press.（宇野邦一ほか訳 (1994).『千のプラトー――資本主義と分裂症』河出書房新社.）

Engeström, R. (1995). Voice as communicative action. *Mind, Culture and Activity, 2*, 194-214.

Engeström, Y. (1987). *Learning by expanding: An activity-theoretical approach to developmental research*. Helsinki: Orienta-Konsultit.（山住勝広・松下佳代・百合草禎二・保坂裕子・庄井良信・手取義宏・高橋登訳 (1999).『拡張による学習――活動理論からのアプローチ』新曜社.）

Engeström, Y. (1999). Innovative learning in work teams: Analyzing cycles of knowledge creation in practice. In Y. Engeström, R. Miettinen, & R-L. Punamäki (Eds.), *Perspectives on activity theory*. Cambridge: Cambridge University Press.

Engeström, Y. (2001a). Expansive learning at work: Toward an activity theoretical reconceptualization. *Journal of Education and Work, 14*(1), 133-156.

Engeström, Y. (2001b). Making expansive decisions: An activity-theoretical

A comparison of current approach to learning. In Y. Engeström, J. Lompscher, & G. Rückriem (Eds.), *Putting activity theory to work: Contributions from developmental work research*. Berlin: Lehmanns Media.
山住勝広 (2004a).『活動理論と教育実践の創造——拡張的学習へ』関西大学出版部.
山住勝広 (2004b).「越境する実践者の学び——拡張的学習の新しい形態」『成人の学習』(日本社会教育学会年報第48号) 東洋館出版社, 71-84.
Yamazumi, K. (2005). School as collaborative change agent. In K. Yamazumi, Y. Engeström, & H. Daniels (Eds.), *New learning challenges: Going beyond the industrial age system of school and work*. Suita, Osaka: Kansai University Press.
Yamazumi, K. (2006a). Activity theory and the transformation of pedagogic practice. *Educational Studies in Japan: International Yearbook of Japanese Educational Research Association, 1*, 77-90.
Yamazumi, K. (Ed.). (2006b). *Building activity theory in practice: Toward the next generation*. Suita, Osaka: Center for Human Activity Theory, Kansai University. Technical Reports No.1.
Yamazumi, K. (2006c). Learning for critical and creative agency: An activity-theoretical study of advanced networks of learning in New School project. In K. Yamazumi (Ed.), *Building activity theory in practice: Toward the next generation*. Suita, Osaka: Center for Human Activity Theory, Kansai University. Technical Reports No.1.
Yamazumi, K. (2007). Human agency and educational research: A new problem in activity theory. *Actio: An International Journal of Human Activity Theory, 1*, 19-39.
山住勝広・島田美千子 (2006).「新しい放課後教育活動としてのニュースクール——大学と小学校の間に生まれる新しい学校」山住勝広編『社会変化の中の学校』関西大学人間活動理論研究センター Technical Reports No.2.
Yamazumi, K., Engeström, Y., & Daniels, H. (Eds.) (2005). *New learning challenges: Going beyond the industrial age system of school and work*. Suita, Osaka: Kansai University Press.

change: Teaching beyond subjects and standards. San Francisco: Jossey-Bass.

柄谷行人（2004）．『トランスクリティーク——カントとマルクス』(定本 柄谷行人集 第3巻）岩波書店．

Katz, L. G., & Chard, S. C.（2000）. The project approach: An overview. In J. L. Roopnarine, & J. E. Johnson（Eds.）, *Approaches to early childhood education*（3rd Rev. ed.）. Upper Saddle River, NJ: Prentice-Hall.

Lieberman, A., & Miller, L.（2004）. *Teacher leadership*. San Francisco: Jossey-Bass.

Meier, D.（2002）. *In schools we trust: Creating communities of learning in an era of testing and standardization*. Boston: Beacon Press.

Moll, L. C., & Greenberg, J. B.（1990）. Creating zones of possibilities: Combining social contexts for instruction. In L. S. Moll（Ed.）, *Vygotsky and education: Instructional implications and applications of sociohistorical psychology*. Cambridge: Cambridge University Press.

OECD教育研究革新センター編（2001）．嶺井正也監訳『カリキュラム改革と教員の職能成長——教育のアカウンタビリティーのために』アドバンテージサーバー．

Ohanian, S.（1999）. *One size fits few: The folly of educational standards*. Portsmouth, NH: Heinemann Educational Books.

Powell, W. W.（1990）. Neither market nor hierarchy: Network forms of organization. *Research in Organizational Behavior, 12*, 296-336.

Scott, W. R., Ruef, M., Mendel, P. J., & Caronna, C. A.（2000）. *Institutional change and healthcare organizations: From professional dominance to managed care*. Chicago: The University of Chicago Press.

Seltzer, K., & Bentley, T.（2001）. *The creative age: Knowledge and skills for the new economy*. London: Demos.

島田美千子・山住勝広（2007）．「食から学ぶ私たちの未来——放課後学習活動『ニュースクール』の食楽プロジェクト」関西大学人間活動理論研究センター Technical Reports No.5.

Tuomi-Gröhn, T.（2005）. Studying learning, transfer and context:

development. *Nordick Pedagogik/Journal of Nordic Educational Research, 16*, 131-143.

Engeström, Y., Brown, K. Christoper, L.C., & Gregory, J. (1991). Coordination, cooperation and communication in the court: Expansive transitions in legal work. *The Quartely Newsletter of the Laboratory of Comparative Human Cognition, 13*(4), 88-97.

Engeström, Y., Engeström, R., & Vähäaho, T. (1999). When the center does not hold: The importance of knotworking. In S. Chaiklin, M. Hedegaard, & U. J. Jensen (Eds.), *Activity theory and social practice: Cultural-historical approaches*. Aarhus: Aarhus University Press.

保坂裕子 (2003).「教師チームの総合カリキュラム開発にみる拡張的学習――コラボレーションとノットワーキング」『教育方法学研究』第 29 巻 , 37-48.

保坂裕子 (2004).「アクション・リサーチ――変化から見えてくるもの」無籐隆・やまだようこ・南博文・麻生武・サトウタツヤ編『質的心理学――創造的に活用するコツ』新曜社 .

保坂裕子 (2005).「小中連携実践にみる発達課題と学校改革の取り組み――移行期における文化的発達についての活動理論的研究の展望」関西大学『教育科学セミナリー』第 36 号 , 27-36.

Kerosuo, H., & Engeström, Y. (2003). Boundary crossing and learning in creation of new work practice. *Journal of Workplace Learning, 15*(7/8), 345-351.

小泉令三 (1995).「中学校入学時の子どもの期待・不安と適応」『教育心理学研究』43, 58-67.

小泉令三 (1997).『小・中学校での環境移行事態における児童・生徒の適応過程――中学校入学・転校を中心として』風間書房 .

Rogoff, B. (2003). *The cultural nature of human development*. Oxford: Oxford University Press. (當眞千賀子訳 (2006).『文化的営みとしての発達――個人, 世代, コミュニティ』新曜社 .)

Star, S. L. (1989). The structure of ill-structured solutions: Boundary objects and heterogeneous distributed problem solving. In L. Gasser, & M. N. Huhns (Eds.), *Distributed artificial intelligence*, Vol.II, London: Pitman.

Yamazumi, K., Engeström, Y., & Daniels, H. (2005). *New learning challenges: Going beyond the industrial age system of school and work.* Suita, Osaka: Kansai University Press.

第4章　コスモポリタニズム、アメリカ文学、外国語としての英語

Bergson, H. (1934). *La pensée et le mouvant: Essais et conférences.* Paris: Librairie Félix Alcan. (ベルクソン, H. (1998). 河野与一訳『思想と動くもの』岩波文庫.)

Bourne, R. (1917). *Education and living.* New York: The Century Co.

Bourne, R. (1977). *The radical will: Selected writings 1911-1918.* Berkeley: University of California Press.

ドゥルーズ, G. (2002). 守中高明・谷昌親・鈴木雅大訳『批評と臨床』河出書房新社.

ドゥルーズ, G., & パルネ, C.(1980). 田村毅訳『ドゥルーズの思想』大修館書店.

Engeström, Y. (2006). Development, movement and agency: Breaking away into mycorrhizae activities. In K. Yamazumi (Ed.), *Building activity theory in practice: Toward the next generation.* Suita, Osaka: Center for Human Activity Theory, Kansai University. Technical Reports No.1.

ハイアム, J.(1994). 斎藤眞他訳『自由の女神のもとへ――移民とエスニシティ』平凡社.

Kerouac, J. (1991). *On the road.* New York: Penguin.

ローレンス, D. H. (1999). 大西直樹訳『アメリカ古典文学研究』講談社文芸文庫.

レヴィ＝ストロース, C. (1976). 大橋保夫訳『野生の思考』みすず書房.

ヌスバウム, M. C. 他 (2000). 辰巳伸知・能川元一訳『国を愛するということ』人文書院.

パス, O. (1982). 高山智博・熊谷明子訳『孤独の迷宮――メキシコの文化と歴史』法政大学出版局.

パス, O. (2001). 牛島信明訳『弓と竪琴』ちくま学芸文庫.

スナイダー, G. (2000). 山里勝己・田中泰賢・赤嶺玲子訳『惑星の未来を想像する者たちへ』山と渓谷社.

スナイダー, G., & 山尾三省 (1998).『聖なる地球のつどいかな』山と渓谷社.

ソンタグ, S.（2004）．木幡和枝訳『良心の領界』NTT出版．
ソルマン, G.（2006）．秋山康男訳『みんながアメリカを嫌う』朝日新聞社．
巽孝之（2000）．『アメリカ文学史のキーワード』講談社．
トクヴィル, A.（1987）．井伊玄太郎訳『アメリカの民主政治』（下），講談社学術文庫．
トムリンソン, J.（2000）．片岡信訳『グローバリゼーション』青土社．
ホイットマン, W.（1967）．杉木喬訳『ホイットマン自選日記』（上），岩波文庫．
ホイットマン, W.（1968）．杉木喬訳『ホイットマン自選日記』（下），岩波文庫．
ホイットマン, W.（1998）．酒本雅之訳『草の葉』（上）（中）（下），岩波文庫．
ウルフ, T.（1955）．大沢衛訳『天使よ故郷を見よ』（上），新潮文庫．
薬師院仁志（2005）．『英語を学べばバカになる』光文社新書．

第5章　即興としての災害救援

渥美公秀（2001）．『ボランティアの知――実践としてのボランティア研究』大阪大学出版会．
渥美公秀・杉万俊夫（2003）．「災害救援活動の初動時における災害NPOと行政との連携――阪神・淡路大震災と東海豪雨災害との比較から」『京都大学防災研究所年報』46, B, 93-98.
Berliner, P.F.（1994）. *Thinking in jazz: The infinite art of improvisation.* Chicago, IL: U of Chicago Press.
河本英夫（1995）．『オートポイエーシス――第三世代システム』青土社．
厚東洋輔（1999）．「ボランティア活動と市民運動」『奈良女子大学社会学論集』6, 125-141.
中田豊一（2000）．『ボランティア未来論』コモンズ．
西宮ボランティアネットワーク編著（1995）．『ボランティアはいかに活動したか――もうひとつの阪神大震災　西宮ボランティアネットワークの60日間』ＮＨＫ出版, 6-13.
大澤真幸（1990）．『身体の比較社会学Ｉ』勁草書房．
楽学舎編 (2000).『看護のための人間科学を求めて』ナカニシヤ出版．
杉万俊夫・渥美公秀（2003）．「東海豪雨災害時の災害NPOと行政との連携を教訓とした地域防災体制の構築」京都大学防災研究所研究発表会．

鈴木勇・渥美公秀（2001）.「『集合的即興』の概念からみた災害救援に関する研究——アメリカ合衆国ノースリッジ地震における災害ボランティア組織の事例」『ボランティア学研究』2, 61-86.
鈴木勇・菅磨志保・渥美公秀（2003）.「日本における災害ボランティアの動向——阪神・淡路大震災を契機として」『実験社会心理学研究』42, 2, 166-186.
多田富雄（1997）.『生命の意味論』新潮社 .
冨山一郎（1995）.『戦場の記憶』日本経済評論社 .
渡邊としえ（2000）.「地域社会における５年目の試み——『地域防災とは言わない地域防災』の実践とその集団力学的考察」『実験社会心理学研究』39, 2, 188-196.
Weick, K. E., (1998). Improvisation as a Mindset for Organizational Analysis, *Organization Science*, Vol.9. No.5, 543-555.
Weick, K. E., (2001). *Making sense of the organization*. Oxford, UK: Blackwell.

第６章　多声の空間

江川直樹・星田逸郎・米谷良章・平山洋介（1994）.『御坊市島団地再生計画基本構想報告書』御坊市.
平山洋介（1998）.『ワークショップ・ハウジング——島団地再生事業のプロセスとその意味』御坊市.
平山洋介（2002）.『住まいの改善を目指して——島団地再生事業の経験とその意味』御坊市.
平山洋介（編著）（2005a）.『暮らしの改善を目指して——島団地再生事業の経験から』御坊市.
平山洋介（2005b）.「貧困地区改善の戦略——島団地再生事業の経験から」岩田正美・西沢晃彦編『貧困と社会的排除——福祉社会を蝕むもの』ミネルヴァ書房.

第７章　地震の言語と人間の言葉

ベンヤミン , W.（1996）. 浅井健二郎編訳 , 久保哲司訳『ベンヤミン・コレクション１　近代の意味』ちくま学芸文庫 .

ベンヤミン, W. (1984). 丘沢静也訳『ドイツの人びと』晶文社.
石牟礼道子 (2000). 『石牟礼道子対談集——魂の言葉を紡ぐ』河出書房新社.
笠原芳光・季村敏夫共編著 (1997). 『生者と死者のほとり——阪神大震災・記憶のための試み』人文書院.
季村敏夫 (1974). 『冬と木霊』国文社.
季村敏夫 (1981). 『わが標べなき北方に』蜘蛛出版社.
季村敏夫 (1982). 『つむぎ唄　泳げ』砂子屋書房.
季村敏夫 (1983). 『性のあわいで』砂子屋書房.
季村敏夫 (1988). 『うつろかげろふ』砂子屋書房.
季村敏夫 (1991). 『都市のさざなみ』書肆山田.
季村敏夫 (1996). 『日々の、すみか』書肆山田.
季村敏夫 (1999). 『かむなで』書肆山田.
季村敏夫 (2004). 『木端微塵』書肆山田.
折口信夫 (1930). 『春のことぶれ』梓書房.
折口信夫 (1939). 『死者の書』『日本評論』第14巻1号〜3号.
折口信夫 (1947). 『古代感愛集』青磁.
折口信夫 (1967). 『折口信夫全集　第22巻』中央公論社.
佐々木幹郎 (1970). 『死者の鞭』国文社.
佐々木幹郎 (1982-1996). 『佐々木幹郎詩集』思潮社.
魯迅 (1956). 増田渉・松枝茂夫・竹内好編, 竹内好訳, 『魯迅選集　第1巻』岩波書店.
魯迅 (1956). 増田渉・松枝茂夫・竹内好編, 竹内好訳, 『魯迅選集　第2巻』岩波書店.

平山 洋介（ひらやま ようすけ）【6章】

1958年生まれ。神戸大学工学部卒，同大学院自然科学研究科博士課程修了。学術博士。現在，同大学院人間発達環境科学研究科教授。住宅・都市計画を専攻。Asia-Pacific Network for Housing Research の設立・運営に参加。著書に『東京の果てに』（ＮＴＴ出版，2006），『不完全都市――神戸・ニューヨーク・ベルリン』（学芸出版社，2003），『コミュニティ・ベースト・ハウジング』（ドメス出版，1993），編著に *Housing and Social Transition in Japan*（Routledge, 2007），共著書に，『見えない震災』（みすず書房，2006），*Housing and the New Welfare State*（Ashgate, 2007），*Housing and Social Change*（Routledge, 2003），*Comparing Social Policies*（Policy Press, 2003）などがある。日本都市計画学会計画設計賞，東京市政調査会藤田賞ほかを受賞。

細見 和之（ほそみ　かずゆき）【7章】

1962年，兵庫県に生まれる。大阪大学大学院人間科学研究科博士後期課程修了。人間科学博士。現在，京都大学国際文明学系教授。専攻は，アドルノを中心とした現代思想，日本の近現代詩を軸とした比較文学。詩人。主な著書に，『アドルノ――非同一性の哲学』（講談社，1996），『アイデンティティ／他者性』（岩波書店，1999），『言葉と記憶』（岩波書店，2005），『アドルノの場所』（みすず書房，2004），『ポップミュージックで社会科』（みすず書房，2005）など。主な訳書に，ベンヤミン『パサージュ論Ⅰ～Ⅴ』（共訳，岩波書店，1993-95），アドルノ『社会学講義』（共訳，作品社，2001）など。詩集に，『バイエルの博物誌』（書肆山田，1995），『言葉の岸』（思潮社，2001），『ホッチキス』（書肆山田，2007）などがある。

保坂 裕子（ほさか　ゆうこ）【3章】

1974年，大阪府に生まれる。京都大学大学院教育学研究科博士後期課程修了。現在，兵庫県立大学環境人間学部准教授。専門は，人間活動理論。学校教育実践を中心とした活動システム間における，人間の発達をめぐる諸問題について研究している。論文に，「教師チームの総合カリキュラム開発にみる拡張的学習――コラボレーションとノットワーキング」（『教育方法学研究』2003），共著書に，『質的心理学の方法』（新曜社，2007），共訳書に，ユーリア・エンゲストローム『拡張による学習』（新曜社，1999）などがある。

山住 勝利（やまずみ　かつとし）【4章】

1967年，神戸市に生まれる。大阪大学大学院言語文化研究科博士後期課程修了。博士（言語文化学）。現在，関西大学人間活動理論研究センター特任研究員。大阪大学非常勤講師。専門は，アメリカ文学，アメリカ文化，人間活動理論。共著書に，*New Learning Challenges: Going beyond the Industrial Age System of School and Work*（Kansai University Press, 2005），論文に，"Should You Stay or Should You Go? On Development between the Worlds of Children and Adults"（*Actio: International Journal of Human Activity Theory*, *1*, 2007）などがある。

渥美 公秀（あつみ　ともひで）【5章】

1961年，大阪府に生まれる。ミシガン大学大学院 Ph.D.（心理学）取得修了。現在，大阪大学コミュニケーションデザイン・センター教授。特定非営利活動法人日本災害救援ボランティア・ネットワーク理事長。専門は，グループ・ダイナミックス，災害ボランティア論。主な著書に，『ボランティアの知――実践としてのボランティア研究』（大阪大学出版会，2001），『地震イツモノート』（監修，木楽舎，2007）などがある。

編者・執筆者紹介（執筆順）

山住 勝広（やまずみ　かつひろ）編者 【序章，1章，2章（訳）】

1963年，神戸市に生まれる。1992年，神戸大学大学院文化学研究科博士課程修了。博士（学術）。現在，関西大学文学部教授，関西大学人間活動理論研究センター・センター長。専門は，教育方法学，学校教育学，人間活動理論。

著書に，『教科学習の社会文化的構成』（勁草書房，1998），『活動理論と教育実践の創造』（関西大学出版部，2004），編著書に，『学びあう食育』（中央公論新社，2009），共編著書に，*New Learning Challenges*（Kansai University Press, 2005），共著書に，『学びのポリフォニー』（学文社，1997），*Learning in Classrooms*（Aarhus University Press, 2001），*Learning and Expanding with Activity Theory*（Cambridge University Press, 2009），共訳書に，ユーリア・エンゲストローム『拡張による学習』（新曜社，1999），ハリー・ダニエルズ『ヴィゴツキーと教育学』（関西大学出版部，2006）などがある。

ユーリア・エンゲストローム（Yrjö Engeström）編者 【2章】

1948年，フィンランドのラハティに生まれる。ヘルシンキ大学にて教育学，社会心理学，政治史，倫理学を学び，1987年，ヘルシンキ大学から教育学の博士号（Ph.D.）を取得。現在，ヘルシンキ大学教育学科教授（成人教育学と発達的ワークリサーチを専門とする博士課程を担当），ヘルシンキ大学活動・発達・学習研究センター・センター長，カリフォルニア大学サンディエゴ校コミュニケーション学科名誉教授，関西大学人間活動理論研究センター研究顧問教授（Visiting Research Professor）。

著書に，『拡張による学習』（新曜社，1999），*Developmental Work Research*（Lehmanns Media, 2005），*From Teams to Knots*（Cambridge University Press, 2008），共編著書に，*Cognition and Communication at Work*（Cambridge University Press, 1996），*Perspectives on Activity Theory*（Cambridge University Press, 1999），*Putting Activity Theory to Work*（Lehmanns Media, 2005），*New Learning Challenges*（Kansai University Press, 2005）など，その他に250を超える多数の論文がある。

新曜社

ノットワーキング
結び合う人間活動の創造へ

初版第1刷発行　2008年2月 8日
初版第4刷発行　2020年3月18日

編　者　山住勝広
ユーリア・エンゲストローム

発行者　塩浦　暲

発行所　株式会社 新曜社
〒101-0051　東京都千代田区神田神保町 3-9
電話 03-3264-4973㈹・FAX 03-3239-2958
e-mail　info@shin-yo-sha.co.jp
URL　http://www.shin-yo-sya.co.jp/

印刷所　長野印刷商工

製本所　積信堂

ISBN978-4-7885-1084-5 C1036